"十四五"职业教育国家

21世纪高职高专财经类

商务礼仪
案例与实践
（附微课 第2版）

Shangwu liyi
anli yu shijian

王玉苓 ◎ 主编
范晓璇 于爽 ◎ 副主编

人民邮电出版社
北 京

图书在版编目（CIP）数据

商务礼仪：案例与实践：附微课 / 王玉苓主编
. -- 2版. -- 北京：人民邮电出版社，2021.7（2023.9重印）
21世纪高职高专财经类规划教材
ISBN 978-7-115-56397-2

Ⅰ. ①商… Ⅱ. ①王… Ⅲ. ①商务－礼仪－高等职业
教育－教材 Ⅳ. ①F718

中国版本图书馆CIP数据核字(2021)第070169号

内 容 提 要

本书以文字、图片、视频等形式综合介绍商务礼仪知识，且侧重礼仪训练、案例分析、自我实践，以期提高读者的商务礼仪素养。

全书共十章，首先对商务礼仪进行了概述，然后对商务人士形象塑造、日常事务礼仪、职场沟通礼仪、商务会面礼仪、商务推销礼仪、商务专题活动礼仪、商务会议与谈判礼仪、商务宴请礼仪、涉外商务礼仪等内容进行了阐释。

课程简介、课程标准、电子课件、参考答案、补充教学案例（含文字、图片、视频）、模拟试卷等配套教学资料的索取方式参见"更新勘误表和配套资料索取示意图"，也可通过QQ（3032127）向编辑咨询。

本书为高职高专商务礼仪课程教科书，也可供普通读者学习和参考。

◆ 主　　编　王玉苓

　　副 主 编　范晓璇　于　爽

　　责任编辑　万国清

　　责任印制　李　东　胡　南

◆ 人民邮电出版社出版发行　　北京市丰台区成寿寺路 11 号
　　邮编　100164　　电子邮件　315@ptpress.com.cn
　　网址　https://www.ptpress.com.cn
　　固安县铭成印刷有限公司印刷

◆ 开本　787×1092　1/16
　　印张　12.75　　　　　　　　　2021 年 7 月第 2 版
　　字数　339 千字　　　　　　　2023 年 9 月河北第 12 次印刷

定价：42.00 元

读者服务热线：(010)81055256　印装质量热线：(010)81055316
反盗版热线：(010)81055315
广告经营许可证：京东市监广登字 20170147 号

第 2 版前言

本书自 2018 年 4 月出版以来，被众多职业院校的老师选为授课教材。据编辑反馈，采用本书授课的院校数量逐年增加，截至 2020 年年底已达六七十所。听到这个消息，编者既感到高兴，又深感责任重大。

为使选用本书的院校师生能用到更好的教材，我们这次主要针对以下几个方面做了修订和完善。

（1）改正了原书中已知的错误，并对不当之处进行了调整。

（2）各章新增了"微课堂"小栏目，期望以此增强学生的学习兴趣。

（3）丰富、扩充了礼仪训练、案例评析等内容。

（4）补充了一些知识，更新、调换了部分案例，使之更有时代感。

（5）调整了小栏目，加强了课堂思考讨论、练习类的内容，方便教师开展互动性课堂教学，增强教学效果。

（6）完善、丰富了本书的配套教学资料。

课程简介、课程标准、电子课件、参考答案、补充教学案例（含文字、图片、视频）、模拟试卷等配套教学资料的索取方式参见"更新勘误表和配套资料索取示意图"，也可通过 QQ（3032127）向编辑咨询。

为更好地落实立德树人这一根本任务，编者团队在深入学习党的二十大报告后，在本书重印时对局部内容进行了微调，更新了素质教育指引等配套教学资料。

扫描"更新勘误表和配套资料索取示意图"中的二维码，可直接查看即时更新的勘误表及意见建议记录表，其中有编辑邮箱，期待同行和其他读者批评指正！

今后，我们会对本书继续修订完善，争取不辜负选用本书的老师、同学及其他读者的信任！

王玉苓

2021 年 2 月

目　录

第一章　商务礼仪概述 ················ 1

第一节　商务礼仪的内涵与特点 ········1
一、商务礼仪的内涵 ···············1
二、商务礼仪的基本特点 ··········3
第二节　商务礼仪的原则与功能 ········4
一、商务礼仪的基本原则 ··········4
二、商务礼仪的功能 ···············6
第三节　学习商务礼仪的方法 ··········8
本章要点 ····························9
知识巩固与礼仪训练 ················9

第二章　商务人士形象塑造 ·········· 11

第一节　仪容 ························11
一、自然美 ························11
二、修饰美 ························12
三、内在美 ························14
第二节　仪态 ························15
一、端正体姿 ······················15
二、眉目传意 ······················17
三、动人微笑 ······················18
四、规范手势 ······················20
第三节　服装 ························21
一、穿着得体，受益无穷 ··········21
二、男士商务着装 ················22
三、女士商务着装 ················24
第四节　配饰 ························25
一、配饰礼仪准则 ················25
二、配饰选用技巧 ················26

本章要点 ···························29
知识巩固与礼仪训练 ··············30

第三章　日常事务礼仪 ·············· 32

第一节　商务接待 ····················32
一、制订客户接待方案 ············32
二、迎客、乘车、乘电梯等礼仪 ····33
三、接待中的细节礼仪 ············35
第二节　商务拜访 ····················37
一、拜访礼仪 ····················37
二、拜访技巧 ····················38
三、拜访的"雷区" ···············38
第三节　电子通信 ····················39
一、电话礼仪 ····················39
二、电子邮件礼仪 ················43
三、微信、QQ 礼仪 ···············45
第四节　礼物馈赠 ····················45
一、馈赠礼物的技巧 ··············46
二、接受礼物的礼仪 ··············48
本章要点 ···························48
知识巩固与礼仪训练 ··············49

第四章　职场沟通礼仪 ·············· 51

第一节　求职礼仪与艺术 ············51
一、求职的基本方式 ··············51
二、面试礼仪与艺术 ··············54
三、重视面试细节礼仪 ············63
第二节　上司与下属沟通的礼仪与
　　　　艺术 ······················64

一、得到下属爱戴的沟通礼仪与
　　艺术 ·············· 64
二、赢得上司好感的沟通礼仪与
　　艺术 ·············· 67
第三节　同事间沟通的礼仪与艺术 ···· 69
一、善结同事缘的礼仪与艺术 ···· 69
二、同事交往的"雷区" ···· 71
本章要点 ·············· 72
知识巩固与礼仪训练 ·············· 72

第五章　商务会面礼仪 ·············· 75
第一节　称呼 ·············· 75
一、称呼方式 ·············· 75
二、称呼礼仪原则与技巧 ···· 77
三、称呼"雷区" ·············· 79
第二节　介绍 ·············· 79
一、介绍类型 ·············· 79
二、介绍礼仪要领 ·············· 80
第三节　握手 ·············· 82
一、握手的渊源与历史发展 ···· 82
二、完美握手秘诀 ·············· 83
第四节　名片 ·············· 85
一、名片的起源与功能 ···· 85
二、名片设计与内容 ···· 86
三、递接名片礼仪要点 ···· 87
本章要点 ·············· 89
知识巩固与礼仪训练 ·············· 89

第六章　商务推销礼仪 ·············· 91
第一节　无声语言礼仪与技巧 ···· 91
一、仪表服饰恰当得体 ···· 91
二、表情与举止适宜 ···· 93
三、时空距离恰到好处 ···· 93
第二节　有声语言礼仪与技巧 ···· 94
一、敬重对方 ·············· 95
二、懂得赞美 ·············· 96
三、善于聆听 ·············· 98
四、话题得当 ·············· 99

五、用语礼貌 ·············· 100
六、巧对拒绝 ·············· 103
七、施礼于人 ·············· 104
本章要点 ·············· 106
知识巩固与礼仪训练 ·············· 106

第七章　商务专题活动礼仪 ·············· 108
第一节　请柬及商务专题活动的注意
　　　　事项 ·············· 108
一、请柬 ·············· 108
二、商务专题活动的注意事项 ···· 110
第二节　新闻发布会礼仪 ···· 110
一、新闻发布会的礼仪规范 ···· 111
二、新闻发布会的借机造势 ···· 113
第三节　开业典礼礼仪 ···· 113
一、开业典礼准备工作 ···· 114
二、参加者礼仪与典礼程序 ···· 115
三、开业典礼要先声夺人 ···· 115
第四节　庆典仪式 ·············· 116
一、庆典仪式准备工作 ···· 116
二、出席者礼仪与仪式程序 ···· 117
三、庆典的出奇制胜 ···· 117
第五节　展览会礼仪 ·············· 118
一、展览会各方礼仪 ···· 119
二、展览会的别出心裁 ···· 120
本章要点 ·············· 121
知识巩固与礼仪训练 ·············· 121

第八章　商务会议与谈判礼仪 ·············· 123
第一节　商务会议礼仪 ···· 123
一、商务会议各方的礼仪 ···· 123
二、商务会议发言技巧 ···· 126
第二节　商务谈判礼仪 ···· 127
一、谈判流程与谈判语言艺术 ···· 127
二、谈判签字礼仪 ···· 129
三、涉外谈判的礼仪与艺术 ···· 131
本章要点 ·············· 137
知识巩固与礼仪训练 ·············· 137

第九章 商务宴请礼仪……………139

第一节 中餐宴请礼仪……………139

一、中餐类别……………139

二、时空选择……………140

三、点菜艺术……………141

四、位次规则……………142

五、餐具礼节……………144

六、赴宴礼仪……………145

第二节 西餐宴请礼仪……………147

一、西餐菜序……………147

二、位次原则……………148

三、餐具规范……………150

四、吃之得法……………151

五、西餐礼节……………153

本章要点……………155

知识巩固与礼仪训练……………155

第十章 涉外商务礼仪……………157

第一节 涉外商务礼仪的基本原则……………157

一、平等互敬……………157

二、入乡随俗……………158

三、维护形象……………158

四、以右为尊……………159

五、女士优先……………159

六、遵守时间……………160

七、热情有度……………161

第二节 涉外商务礼仪的基本特点……………161

一、差异性……………161

二、多样性……………162

三、趋同性……………163

四、自律性……………163

五、包容性……………164

第三节 涉外商务礼仪之道……………164

一、准备工作充分细致……………164

二、付小费的学问……………165

三、涉外礼物馈赠技巧……………166

四、商务参观的礼节……………167

五、公众场所礼仪细节……………167

本章要点……………168

知识巩固与礼仪训练……………169

附录1 千姿百态的民俗风情……………171

一、亚洲主要国家的民俗风情……………171

二、欧美主要国家的民俗风情……………173

三、大洋洲主要国家的民俗风情……………177

四、拉丁美洲国家的民俗风情……………177

五、非洲主要国家的民俗风情……………178

附录2 我国少数民族民俗拾趣……………179

一、满族……………179

二、蒙古族……………179

三、回族……………180

四、藏族……………180

五、朝鲜族……………181

六、维吾尔族……………181

七、傣族……………182

八、彝族……………182

附录3 世界三大宗教礼俗与主要节日礼俗……………183

一、世界三大宗教……………183

二、世界主要节日礼俗……………184

附录4 五花八门的禁忌……………186

一、数字禁忌……………186

二、颜色禁忌……………186

三、花卉禁忌……………186

四、生活禁忌……………187

五、我国台湾地区民间送礼禁忌……………187

六、我国香港地区的禁忌……………187

附录5 称谓集萃……………188

一、传统称呼称谓……………188

二、古代年龄称谓……………188

三、婚龄称谓 ·················189

附录6　花卉知识··············190

一、花色象征 ···············190
二、数量寓意 ···············190
三、常见花卉别称 ···········191
四、我国花语 ···············191
五、欧美花语 ···············191
六、授花对象 ···············192

附录7　礼仪趣味知识··········193

一、寿品寓意 ···············193
二、城市别号 ···············193
三、交友雅称 ···············194

主要参考文献················195

更新勘误表和配套资料索取示意图·······196

第一章

商务礼仪概述

礼仪文化是与人类文明发展相伴相依的。随着人类社会的发展，礼仪文化在人际交往中的作用越来越重要，特别是商务礼仪文化，已成为现代商务活动和对外交流不可或缺的组成部分，并且在商务实践中得到不断充实与发展，形成较为规范、系统的文化体系，在商务活动中起着无可替代的作用。

当今，经济全球化和信息共享的网络化，使人类进入一个既无限延展，又不断浓缩的空间。在这个数十亿人共同工作、生活的大千世界，国家、地区范围的商务沟通日益频繁与密切，商务礼仪文化如同一门国际通用语言，成为联系与沟通不同国家、不同地区商务人员的媒介。在商务交往中，商务人员的手势或眼神所传达的含义是否恰当，参加宴会时，餐具的使用是否符合礼仪规范，商务会议或谈判时，着装、举止是否适宜等，都影响着商务活动的进程与效果。可见，熟练掌握与运用商务礼仪已成为现代人从事商务活动与进行商务交往的必要条件。本章是对商务礼仪的总体阐述，后续各章将分述商务礼仪的具体规范。

第一节　商务礼仪的内涵与特点

常言道："商场如战场。"驰骋商场时，适宜的言谈举止、得体的服装配饰、优雅的仪态仪表是商务活动取得成功的关键。因此，熟练掌握商务礼仪知识是立足商场、走向成功的资本。

一、商务礼仪的内涵

商务礼仪是指人们在商务交往中，为了相互尊重而约定俗成，并共同认可的行为规范与程序。据说瑞典沃尔沃总部有 2 000 多个停车位，早到的人总是把车停在远离办公楼的地方，天天如此。有人问："你们的停车位是固定的吗？"他们答："我们到得比较早，有时间多走路。晚到的同事或许会迟到，需要把车停在离办公楼近的地方。"久而久之，这种有意识、自觉地礼让停车位的行为，便成为沃尔沃人约定俗成、共同认可的行为规范与准则。

商务礼仪是在人类社会的经济活动中产生和发展起来的。在我国古代，儒家有"明允笃诚"之说。"诚者，真实无妄之谓。""诚者，圣人之性。""诚者，圣人之本。""诚，信也。"孔子曰："人而无信，不知其可也。""民无信不立。""富与贵，是人之所欲；不以其道得之，不处也。"可见，自孔子始，诚信便为儒家一贯崇奉的信条。

徽州是南宋大儒朱熹的故乡，得天独厚的人文环境和儒家文化的浸染，使其形成了"儒风独茂"的地方特色。生长于这片散发着浓厚传统文化气息的土地上的徽商，尽管他们"先贾后儒"

"先儒后贾""亦贾亦儒"的从商路径有异，但都自然而然地将传统儒学思想融入商业活动，逐渐形成了约定俗成的商务规范与准则。以儒道经商成为徽商立业和待人接物的根本，诚信无欺成为徽商共同遵循的商业道德。

清代徽商詹谷在崇明岛为江湾某业主主持商务时，正值业主年老归家，将全部业务交由他料理。詹谷尽心操持，排险克难，苦心经营，终获厚利。后来，业主之子来到崇明岛接摊承业，詹谷不存半点私心，将历年出入账簿尽数交还。他无私的品质赢得了后人的敬佩与叹服[①]。清代婺源人朱文炽在珠江经营茶叶生意时，只要新茶超过业内规定的保质期，一律按陈茶出售，并在交易契约上注明"陈茶"二字，以示诚信不欺。一个"诚"字，让朱文炽在经营了二十余年的茶叶生意上亏蚀老本数万两银子，但他"卒无怨悔"[②]。徽商以诚信为商德而誉满四海，以诚信为商德而赢长久之利。这就是徽商能屹立商界的原因。

进入近现代后，随着我国市场经济的不断发展和商务活动的日益频繁，特别是国际贸易的发展，商务礼仪的地位与作用日益凸显。越来越多的商务人士认识到外貌仪表、着装配饰、言谈举止、行为规范等对商务活动成败具有极大影响。这进一步推动了商务礼仪的形成与发展，推动了东西方商务礼仪文化的相互影响与融合，商务礼仪成为人们从事商业活动必须遵循的规范与准则，成为商业集团和商业人士驰骋商场的制胜法宝。

🎭 礼仪故事

让人感动的东方饭店

余世维博士在"成功经理人"讲座[③]中讲述自己在曼谷东方饭店的亲身经历。

我在那里住的时候，早上一起来，服务生就迎上来问候："早，余先生！""你怎么知道我姓余？""余先生，我们饭店有个规定：客人晚上休息的时候，这个楼层的服务生要记住每一个房间客人的名字。"这让我很欣慰。

我乘电梯下楼时，已经有一位小姐站在那里："早，余先生，吃早餐吗？""哎呀，你也知道我姓余呀！""上面的电话刚刚打过来，说余先生下来了。"她带我到餐厅去，一进门服务生就问："老位子吗，余先生？去年4月17日您来过这里，坐在靠近湄南河的第二个窗口。"我说："老位子！"我欣然落座，原来他们的计算机里有我的用餐记录。"余先生，老菜单吗？早上一杯番茄汁，两个煎蛋，煎双面……"这样的资料他们记得一清二楚。

回到台湾三年后，我居然收到他们的一封信："亲爱的余先生，您已经三年没来我们饭店了，我们全饭店的人都非常想念您……今天是您的生日，祝您生日愉快！"读信后我跑到卧室里大哭一场，太感动了！我发誓这辈子再经过曼谷一定还去住东方饭店。值得一提的是，信封上还贴了一张6元钱的邮票，区区6元钱就赢得了我的心。

点评： 曾经下榻曼谷东方饭店的余先生，在回到台湾三年后的生日之际，因收到东方饭店的生日贺信而十分感动。感动他的是东方饭店对宾客的体贴与关爱，对宾客的细致与周到，对服务工作的敬业精神与良苦用心。东方饭店的所作所为，与其说是礼待宾客之道，不如说是经商之道。试想，有这样服务的饭店，又有谁不愿再度前往呢？由此可见，任何一个商业组织的生存发展，都离不开知礼、懂礼和施礼，只有以礼待客，才能在激烈的商业竞争中立于不败之地。

---

① 本事件见于光绪《婺源县志》卷35。
② 本事件见于光绪《婺源县志》卷35。
③ 编辑注：本故事整理自余世维先生在中国人寿的"成功经理人"讲座实录《管理者常犯的第一个毛病：拒绝承担个人的责任!》，本文在互联网上流传很广，未能查到最原始出处。

二、商务礼仪的基本特点

商务礼仪的基本特点主要表现在以下几个方面。

1. 规范性

规范性是指人们在商务活动中待人接物时，必须遵守一定的规矩与标准。

这种规范性是商务场合的"通用语言"，一方面约束人们的言谈话语、行为举止、仪态仪表，另一方面也是衡量、判断和检验自己与他人是否具有良好的教养与修养、是否具有深厚的学识与专业素养、是否具有高尚的思想品质与职业道德的尺度。

礼仪故事

故事一

一位出国探亲的女士在挪威首都奥斯陆的公交站台等车，排在她前面的是一个七八岁的小男孩。小男孩大概是因为口渴而离开队伍去买了瓶饮料，回来后径直站到了队伍的最后，她看见后就招呼他排到她前面来。小男孩摇摇手，羞涩地笑道："不啦，我刚才脱离了队伍，再排在那里是不符合规则的。"该女士不无感慨："在一个小孩的脑海里，规则意识已根深蒂固，没有任何纪律和外在约束，这完全是一种自觉行动！这种自觉行动体现了一个人的社会责任感。"[①]

故事二

有一家分公司准备召开一次重要的会议，请来了总公司总经理和董事会的部分董事，并邀请当地政府要员和同行业的重要人士出席。由于参会的重要人物很多，分公司领导决定用长 U 字形桌子来布置会场，分公司领导的座位设于长 U 字横头的下首。会议当天，参会贵宾进入会场，按座签指定的位置入座。当坐在横头下首的分公司领导宣布会议开始时，突然发现会场气氛有些不对：部分贵宾或交头低语，或起身退场。分公司领导不知道发生了什么事情，场面非常尴尬。其实，造成这种尴尬场面的原因是没有按照严格的礼仪规范安排座次。

2. 变化性

世界上万事万物都有产生、发展和演变的过程，商务礼仪也是如此，它不仅具有独特的形成、发展轨迹，同时还具有不断发展变化的规律与特征。众所周知，商务礼仪是为维系和发展人类商务活动过程中的人际关系而产生的，从产生之日起，它就不是孤立静止、一成不变的，而是随着商务领域的拓展与深入，商务活动内容的多样性与复杂性，以及人类文明与社会进步等外部环境的变化而不断发展变化的。不息的变化是商务礼仪发展的规律和特征。

以现代社会为例，人类进入信息化的 21 世纪后，电子、网络等新兴科学技术的应用，使商务往来突破了传统的书信、文件往来和电报、电话沟通等交流方式，方便、快捷、高效的网络成为商务人士求职、信息交流、商务沟通和业务处理的主要方式，于是电子商务礼仪应运而生，并且在商务礼仪中占有重要地位。

3. 多样性

自商务礼仪产生至今，没有人能够说清楚世界上究竟有多少礼仪种类。不同的国家和地区、不同的民族和宗教信仰、不同的社会发展阶段和文化背景、不同的风俗习惯和商务场合等都会形成不同的商务礼仪，使得商务礼仪的内涵与表达形式具有**多样性**的特点。以商务场合的见面礼仪为例，就有握手礼、点头礼、亲吻礼、鞠躬礼、合十礼、拱手礼、脱帽礼、问候礼等。

---

① 本故事梗概见于《思维与智慧》2016 年第 12 期《敬畏规则》（李良旭）一文。

不仅如此，有时同样的礼仪表达形式（言辞、手势等），在不同国家和地区所体现的内容很可能大相径庭，甚至在一个国家的不同地区也有不同的含义（见表1.1）。

表 1.1　手势在不同国家所表达的含义

手势	中国	美国	英国	法国	日本	印度	其他国家
👍	棒、厉害	顺利	搭车	搭车	男人、父亲	搭车	在孟加拉国意味着侮辱和挑衅
☝	最小的或倒数第一	打赌			女人、女孩、恋人	想去厕所	在缅甸表示想去厕所；在尼日利亚等国家表示打赌
👌	数字 0 或 3；"OK"，可以	征求对方意见或表示同意、赞扬、了不起	零、不值钱	金钱		正确、不错	在韩国、缅甸表示金钱；在菲律宾表示想得到钱或没有钱；在印度尼西亚表示一无所有或一事无成；在突尼斯表示无用、傻瓜

思考与练习

（1）使用标准手势，自我练习并熟练掌握其表达的不同信息。

（2）小组成员相互练习提问，在指正对方的同时提出建议。

4．共通性

虽然商务礼仪具有多样性的特点，但从商务活动的规律、商务礼仪维系和发展人际关系的社会功能来看，其共通性体现在商务活动中共同遵循的规范与准则方面。商务礼仪是商务活动中人员的沟通"媒介"和"通用语言"，如谢谢、对不起、再见等礼貌用语，以及各类庆典仪式、签字仪式的流程等。正是这一**共通性**，才使国家之间、民族之间和地区之间的商务往来有了基础和条件。

第二节　商务礼仪的原则与功能

纵观历史上成功的商务活动，无一不体现商务礼仪"原则"的威力和遵循这一"原则"带来的利好。这是商务礼仪存在的必然要求和功能价值所在。那么，商务礼仪的原则有哪些？功能又何在呢？

微课堂
平等互敬

一、商务礼仪的基本原则

在遵从商务礼仪时，一般应掌握以下四项基本原则。

1．平等互敬

心理学家的研究证明：任何人都有友爱待人和受人尊敬的心理需求，渴望平等地与他人沟通和交往。因此，在人际交往中，既不能卑躬屈膝，也不能盛气凌人。平等原则也适用于商界范围，同事之间、上下级之间、买者与卖者之间都应当**平等相待**，只有这样才能建立起和谐的人际关系。

互敬，包括自尊和敬人两个方面。这里的自尊是指在商务场合要自重、自爱，维护自己的人格形象。敬人是指不仅要尊重交往对象的人格、爱好和习俗，还要真心诚意地接受对方，重视并恰到好处地赞美对方。英国作家高尔斯华绥曾说："尊敬别人，就是尊敬自己。"俄国作家陀思妥耶夫斯基曾说："对别人不尊敬的人，首先就是对自己不尊敬。"

思考与练习

（1）假设你是一家大公司的创始人兼董事长，你的对手公司陷入困境需要二次创业，有意避开和你的竞争。该公司的董事长（也是公司创始人）和你认识，你们彼此敬重却谈不上有私人交情，他登门求借10亿元，虽然数目巨大，但你的公司的确有这笔钱，你是借还是不借？

（2）按古礼，儿子无论官位多高、学问多大，在父亲面前也应该站着。如果你是儿子，同时你的身份是老师，你的学生到你家来拜访你，你的父亲也在场，此时谁应站着，谁应坐着？

问题：结合平等互敬的原则，分组讨论上述两个问题，每个人拿出自己的解决方案。完成讨论后扫描二维码阅读相应故事，重新讨论故事中的解决办法是否合适。

2. 严于律己，宽以待人

"严于律己，宽以待人"是中华传统文化特别强调的一种美德，这一美德同样适用于商业领域。律己以严则身正，待人以宽则彼悦。在商务交往中，只有身正、彼悦，才能获得更多的客户，才能实现预期的商业诉求。

律己即自律，主要体现在两个方面：一是要按照一定的道德标准和社交礼节，严格规范自己的言谈举止，对错误不回避、不掩饰，知错即改；二是要注重每一个细节，于细微处彰显个人品质和人格魅力，以良好的形象赢得他人的尊重和敬佩。因此，在商务交往中，要坚持"宁可让人待己不公，也不可自己非礼待人"（作家爱默生语）的原则。

微课堂
宽以待人

宽以待人即以宽宏、大度的态度来对待客户或商业伙伴。有句古话叫作"金无足赤，人无完人"，世间没有不犯错误的人，海纳百川，有容乃大。对于对方无主观故意和非原则性的过失，可礼貌性提醒纠正或视为未曾发生；对于原则性问题，则要通过合理的方式、方法处理解决，以保证商务交往氛围更加和谐、融洽，实现商业价值的最大化。

礼仪故事

顾珏是清代著名的雕刻家。传说，他在嘉定一个小巷里租了一间门面，以雕刻笔筒之类的小手工品为业。朋友好奇地问："你手艺那么好，为什么不尝试雕刻一些大型的东西呀？"顾珏摇了摇头，说："你有所不知，在街的另一头，有个叫楚子墨的工匠一直以木刻为生，我不能抢人家的饭碗啊。"此话传到楚子墨的耳朵里后，他却觉得自己技艺精湛，对顾珏的好意根本不领情。

钦差大臣徐默是一位爱好雕刻的雅士，听说顾珏的雕刻水平极高，便出高价向顾珏求购一件木雕。没想到，顾珏却委婉推辞道："说到木雕，其实我们这里还是楚子墨先生雕刻得最好。我的只是自娱自乐，实在登不上大雅之堂。"

徐默信以为真，便去找楚子墨。得到钦差大臣的看重，楚子墨备感荣幸，于是倾尽全力为徐墨雕刻了一件美妙的山水图木雕，使其满意而归。自此，楚子墨名声大噪。为了感激顾珏的推荐之情，楚子墨主动和顾珏交流。最终，两人成为好友。

几年后，顾珏离开嘉定，北上京城。临行时，楚子墨将特地雕刻的一件木雕送给他作为送行礼物。按照传统的礼尚往来礼节，顾珏应回赠一件礼物，于是顾珏便拿出以前雕刻的一件作品送给楚子墨。跟随顾珏进屋的楚子墨见到墙上挂满的木雕，顿时就惊呆了。那些作品栩栩如生，美不胜收，其雕工相比自己有过之而无不及。楚子墨这才恍然大悟，他感激地对顾珏说："顾兄之所以不卖木雕，原来真是为了不夺我饭碗。"这就是顾珏的经商之道。

3. 诚而有信

诚而有信是商务礼仪的基本原则，也是商务活动得以延续的保证。诚乃信之本，无诚，何以言信？诚而有信，方为买卖。<u>在商务交往中，待人处事要真诚，尊重事实，实事求是，讲求信用，一诺千金。</u>越是真诚守信，对方接受自己的思想、观点、愿望和要求的可能性就越大，建立良好的商务关系就越容易，取得商业成功的概率也就越大。

🎭 礼仪故事

乔致庸是我国清代著名的商人，也是乔家大院的第一位掌门人。一次，包头东城万利聚商号的吴东家因资金周转不开，向乔致庸借了八万两银子。当时，吴东家承诺一年后连本带息全部还清。可是一年的期限到了，吴东家不仅没还一分钱，而且还对借钱的事闭口不提。

乔致庸正准备派人去催款，吴东家主动找上门来。他可怜巴巴地向乔致庸哭诉："我现在穷得叮当响，家里仅剩下一个用来卖花生的破箩筐了，哪里还得起你那八万两银子呀！"乔致庸心里明白吴东家无非是想赖账。他看了看吴东家，安慰道："既然你已到了这步田地，我也不能逼你，就把那个破箩筐拿来抵债吧！"吴东家一听，心里顿时乐开了花，立即送来了破箩筐。

吴东家走后，伙计不解地问："一个破箩筐怎么能值八万两银子，您这不是白白送他吗？"乔致庸笑笑说："你照我的吩咐去做，吴东家自会把钱送来。"随后，乔致庸便让伙计把那破箩筐挂在店里最显眼的地方，标价八万两银子出售。人们听说后，都跑来看，自然也就知道了破箩筐背后的故事。后来，很多生意人知道了这件事，都不愿意跟吴东家做生意了。直到这时，吴东家才意识到问题的严重性，只得乖乖地把欠款还清，赎回了那只破箩筐[①]。由此可见，诚信才是商家的经商之道。

乔致庸画像

4. 入乡随俗

礼源于俗，礼与俗具有密不可分的关系。《礼记·曲礼上》记载："入竟（境）而问禁，入国而问俗，入门而问讳。"**问禁、问俗、问讳**皆系尊敬、尊重主人之意，这一礼俗也是商务交往中必须遵循的原则。地域、民族和文化背景不同，商务礼仪、习俗也有很大的差异。只有知礼明俗，入乡随俗，才能在商场游刃有余，构建和谐、融洽的商务关系，以利于商务活动的拓展。

进入商场，要入乡随俗，讲求禁忌，遵守规则。一般情况下，不谈或少谈私事，正式场合不谈性、等级、薪资等敏感性话题。开业庆典上要制造喜气洋洋的气氛，这是约定俗成的"规则"。商业合同什么时候签字、竣工的工程什么时候举行交接仪式，这类商务活动都有具体的规范和程序。这些都是商业领域特有的规范。

肯德基刚进入中国市场时，按照西餐的就餐习惯配备了塑料刀叉等餐具，后来发现不少人更喜欢用手拿着食物直接吃，于是便撤掉了刀叉等餐具，顾客就餐更方便、更舒服、更享受。后来，入乡随俗的肯德基在中国遍地开花，受到年轻消费者的青睐。

二、商务礼仪的功能

商务礼仪覆盖了商务活动的每一个角落，渗透于商务往来的每一个环节，在现代商务活动中占有重要地位，有着其他商业手段所不能比拟的独特功能。这些功能具体表现在以下几个方面。

---

① 本故事整理自《芳草》2013年第10期《八万两银子的破箩筐》一文，作者秦湖。

1. 塑造好的形象

商务礼仪是研究、塑造和维护组织和个人形象的一门学问。拥有一个良好的形象，无论对组织还是对个人来说都是一笔无形资产，是无价的财富。

🧑 礼仪故事

故事一

松下幸之助是日本松下电器的创始人。据说，有一次松下幸之助收到一家眼镜公司的来信，信中写道："在电视里我看到眼镜影响了您的形象，请到我的店里来，我会为您配一副眼镜。"起初，松下幸之助对这封信没有理睬，但这个公司三番五次地给他写信，最后该公司的经理过来邀请松下幸之助去他店里一趟。松下幸之助看对方是一位 60 多岁的老者，不像是骗子，就答应去一趟。到了之后，松下幸之助才发现这是一家规模很大、实力很雄厚的眼镜店，并不像想借助他的名气招揽生意的样子。他不解地询问经理邀请他来配眼镜的原因。经理说："因为职业需要，您会经常去国外出差，您戴的眼镜不好，外国人会误认为日本没有高级眼镜店。为了不让外国人看不起我们，我必须为您配一副好眼镜。"

故事二

一位总经理雇用了一个没带任何介绍信的小伙子到他的办公室做事，他的朋友对此事感到很奇怪。这位总经理说："其实，他带来了不止一封介绍信。你看，他在进门前先蹭掉脚上的泥土，进门后又先脱帽，随手关上了门，这说明他很懂礼貌，做事很周到、仔细。当看到一位残疾老人时，立即起身让座，这表明他心地善良，知道体贴别人。那本书是我故意放在地上的，所有的应试者都不屑一顾，只有他俯身捡起，放在桌上。当我和他交谈时，发现他衣着整洁，头发梳得整整齐齐，指甲修得干干净净，谈吐文雅，思维敏捷。怎么，难道你不认为这些细节是极好的介绍信吗？"

上述礼仪故事说明，在商务交往中，合乎礼仪的言谈举止和神情仪表不仅能够有效地塑造个人和组织形象，而且能够在与人交流沟通的过程中赢得他人的好感和认同，从而使商务交往更加顺畅。这就是商务礼仪的功能与价值所在。

2. 实现有效的沟通

如果说市场经济社会是人们商务交往作用的产物，那么商务礼仪就是沟通和协调商务交往的工具。商务礼仪是商务活动中体现平等、尊重、自律、包容和诚信的行为准则，是所有商业组织和商务人士认可并且自觉、自愿遵守的礼仪规则。

市场经济社会是由无数个商业组织和商务人士构成的。由于所处社会政治、经济、文化背景和利益集团不同，以及自然状况、性格爱好、思想意识和价值取向等各方面的差异，人们在商务交往中难免会发生不同程度的矛盾或冲突。此时商务礼仪则能起到矛盾冲突的调节器和润滑剂作用，调整、改善或平衡商业组织或商务人士之间的关系，增进彼此的理解和信任，为交往双方架设沟通的桥梁，营造和谐友善的交往氛围，以实现利益的双赢。

🧑 礼仪故事

相传，一次李嘉诚和一位外籍客商在融融温情的气氛中洽谈生意①。很快，双方达成共识，摊开了合同书，客商毫不犹豫地签了字。轮到李嘉诚签字时，他却卖起关子，若有所思，而没有提笔。客商很不愉快，大声说道："李先生，我不希望我的合作伙伴是优柔寡断的人，在签合同前几分钟还在算计别人。"此时李嘉诚才如梦初醒，微笑着回答："实在很抱歉，为了慎重起见，

---

① 本故事整理自 2013 年 5 月 3 日湖州日报《李嘉诚为客人算计》一文，作者唐剑峰。

我不得不去缜密算计一番。经过我的算计，这合同得重签。""你为什么反悔？"客商气愤地质问。"你为什么不问我刚才算计的结果呢？"李嘉诚笑着反问。"你算计的结果是什么？"客商疑惑地问道。"我刚才算计的是利益问题。这笔生意中，你所得到的利润远远没有我所得到的多，我必须让利。所以这个合同中的价格需重新确定，自然，合同也得重签。"客商听完，激动地握紧了李嘉诚的双手。李嘉诚的算计原来是换位思考，设身处地为别人着想，这不但体现出李嘉诚的修养与气度，更彰显出他的人格魅力。

思考与练习

扫描二维码查看他人乘自动扶梯的照片，思考自己喜欢生活在什么样的环境中，以后自己乘自动扶梯应注意什么。

3. 提升文明修养

商务礼仪往往是衡量一个人文明程度的准绳，不仅反映一个人的交际技巧和应变能力，而且还反映一个人的气质风度、阅历见识、道德情操和精神风貌。从这个意义上讲，礼仪即教养，有道德才能高尚，有教养才能文明。

礼仪故事

据说，国内有一个生产医疗设备的厂家准备和国外客商签订长期合作协议，在双方洽谈业务的过程中，厂长通晓生产线行情、考虑问题缜密，给外商留下了精明能干的良好印象。双方约定第二天正式签约。由于时间充裕，厂长就请外商到车间参观。车间秩序井然，外商深感满意。不料，就在这时厂长突然感到喉咙不适，他本能地咳了一声，到车间的墙角吐了一口痰，然后连忙用鞋去擦，地上留下一片痰迹。

第二天一早，翻译送来了外商的一封信，信中写道："尊敬的厂长先生，我十分佩服您的才智和聪明，但是您在车间里吐痰的一幕使我彻夜未眠。恕我直言，一个厂长的卫生习惯可以反映一个工厂的管理素质。况且，我们今后将生产的是用于治病的输液管。贵国的成语说得好：人命关天！请原谅我的不辞而别……"

点评：即便行走在城市的街头，随地吐痰也不是一种可以原谅的行为，更何况在生产医用设备的车间。因此，要注意提高自身素质，使自己的行为举止和气质修养与环境相协调。如今，中国正走向世界舞台，礼仪是中国走向世界，与世界各国交往的第一张"名片"。我们必须注重学习商务礼仪，提高文明修养，在世界各国面前树立良好的形象。

第三节　学习商务礼仪的方法

上一节，我们介绍了商务礼仪的功能，知道了它的重要作用，那么，我们应该如何学习它呢？

学习商务礼仪既需要勤奋，也需要讲究学习方法。方法得当，事半功倍。在此，为学习者提供以下几种学习方法。

（1）联系实际。商务礼仪是一门应用学科。学习商务礼仪的最佳方法是必须坚持知行合一。注重社会实践，学以致用、用以促学、学用相长。

思考与练习

递给对方笔、钥匙、剪刀这种小事会让对方不愉快吗？扫描二维码查看几张照片，尝试思考如何递、接物品会让对方感觉更舒服。

我们的吃相如何？观看《餐桌吃相"八不"》教学视频，尝试在吃饭时做些改进，请朋友给些评价。

递物照片　　　　餐桌吃相"八不"

（2）循序渐进。学习商务礼仪应有主次之分，要抓住重点，切忌眉毛胡子一把抓。从自己最熟悉、最喜欢的内容入手，会取得事半功倍的效果。应当注意的是，学习是一个渐进的过程，对一些硬性规范与要求等，要反复运用体验，才能真正掌握。

（3）自我监督。古人曰："吾日三省吾身。"强调做人要反躬自省，注意提高个人修养。学习商务礼仪与做人一样，也应做到自我监督、自我管理。只有如此，才能发现自己学习中存在的问题和不足，补齐短板，融会贯通。

推荐扫描二维码阅读《顾炎武的另类读书法》一文，结合本节正文意见仔细斟酌自己学习本课程的方法并加以落实。

（4）多头并进。任何学科和知识体系都是相互联系、相互作用的。商务礼仪不是一门孤立的学科，它与社会科学、人文科学都有着密切的联系。因此，我们必须拓宽学习领域，才能转换思维和观念，打开思路，拓宽商业视野。这有助于对商务礼仪知识体系的掌握和灵活运用。

（5）勤查勤问。一个人无论有多么深厚的礼仪知识储备，也总会遇到一些意想不到、超乎寻常的状况。勤查勤问，就是破解问题的制胜法宝：一是事前要查阅相关礼仪资料，做到心中有数；二是面对突发状况，要不耻下问，做到"入竟（境）而问禁，入国而问俗，入门而问讳"，体现应有的尊重与礼貌，避免不必要的尴尬与麻烦。

本 章 要 点

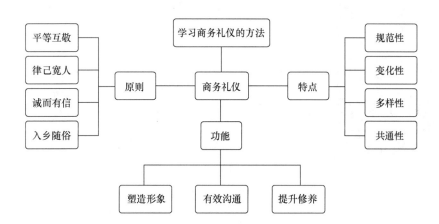

知识巩固与礼仪训练

一、知识判断

1. 学习与践行商务礼仪等于拥有一张通行天下的名片。　　　（　　）
2. 学习商务礼仪可以塑造出优雅的个人形象。　　　　　　　（　　）
3. 商务礼仪是一种无形资产，是企业参与竞争的附加值。　　（　　）
4. 商务礼仪是一种规范，只要一成不变地遵从就能达到目的。（　　）
5. 在商务交往中，对待小人物不需要给予尊重。　　　　　　（　　）
6. 商务交往中的最大忌讳是言而无信。　　　　　　　　　　（　　）
7. 敬一人，则千万人悦；慢一人，则千万人怨。　　　　　　（　　）

8. 运用商务礼仪，可以内求团结，外求发展。 （　　）

9. 一分耕耘，一分收获，只要勤奋努力，就能学好商务礼仪。 （　　）

10. 敬人者，人恒敬之；爱人者，人恒爱之。 （　　）

诚信为本案例

二、知识问答

　　扫描二维码观看视频，以 5 人为一组，讨论"诚信为本"在商业经营中的效应，然后每组选派代表阐释理由。

三、礼仪训练

礼仪训练参考
视频

　　扫描二维码，结合演讲视频，以班级为单位举行一次演讲，演讲主题为"一名商务人士成功的启示"（以商务人士为例，从商务礼仪视角分析成功的秘诀）。

四、案例评析

雨果与稿纸推销员[①]

　　有一天，法国作家雨果在大街上看到一位衣衫褴褛的稿纸推销员，心中顿生怜悯之情。他将 1 法郎丢进卖稿纸人的怀中，急忙走开了。

　　走了没多久，雨果忽然觉得这样做很不妥。于是，他立即转身返回，从稿纸推销员那里取了一摞稿纸，并抱歉地对稿纸推销员笑了笑，说道："对不起，刚才我一时大意忘记取稿纸了，希望你不要介意。其实，我知道你是一个商人，你有稿纸要卖，而且上面有明确的标价。"

　　五个月后，雨果在一个社交场合遇到了一位着装整齐的推销商。这位推销商迎上前去，紧紧握住雨果的手，自我介绍道："先生，您可能已经忘记了我，我也不知道您的名字，但是，我永远

维克多·雨果

忘不了您。您就是那个用一句话重新给了我自尊的人。没有遇到您之前，我一直觉得自己就是一个推销稿纸的乞丐，直到那次您告诉我，我是一个商人，我才知道我不是乞丐，而是一个商人，我要好好经营自己的生意，我要积极热情地生活。现在，我已经取得了一些成绩，我有了自己的商店。以后我还要继续努力，扩大经营，拥有自己的文具公司。先生，谢谢您！"

　　雨果没有想到，自己当初简简单单的一句话，竟然使得一个处境窘迫的人重新树立起对生活和事业的信心，并且通过自己的努力获得了一定的成功。

　　问题：

　　1. 从商务礼仪视角分析雨果与稿纸推销员的关系。

　　2. 运用商务礼仪知识，分析稿纸推销员获得成功的原因。

　　3. 运用商务礼仪知识，试评价雨果的为人处世之道。

　　4. 从商务礼仪角度审视这则案例能够让你得到的收获。

---

① 本故事整理自《思维与智慧》2013 年 4 月（上）《雨果的一句话》一文，作者王吴军。

第二章

商务人士形象塑造

一次，松下电器的创始人松下幸之助去理发，理发师对他说："你毫不重视自己的容貌修饰，就好像把产品弄脏一样，你作为公司代表都如此，你的产品还会有销路吗？"一席话说得他无言以对。从此以后他接受了理发师的建议，开始注意自己的仪表。

外貌仪表是展现商务人士自我的一个窗口，它不仅能够反映文化修养的高低、审美情趣的雅俗和喜怒哀乐的情感，也能够反映对待工作和生活的态度。因此，注重塑造自身优美的外观形象，既是维护自己人格尊严的需要，又是尊重他人的行为规范，这对任何一个商务人士来说都是非常重要的。本章将从仪容、仪态、服装、配饰四个方面对商务人士形象塑造予以论述。

第一节 仪 容

仪容主要指人的容貌。从商务礼仪角度对仪容的要求是仪容美，仪容美包括**自然美、修饰美**和**内在美**。

> **微课堂**
> 仪容美

一、自然美

容貌是与生俱来的，但无论是相貌平平，还是天生丽质，在崇尚和追求自然之美这一点上都是相同的。人的自然之美是无法用一个概念或定义去诠释的，每个人都有自己的看法和观点，但根据第一印象法则：发型的适宜和牙齿的洁净最为重要；其次，手部的洁净也很关键。所以，追求自然之美要注意以下几个方面。

1. 从"头"做起

商务交往中，首先引起他人注意的是人体的"三角区"，即两肩到头顶的位置。头顶是引起他人注意的"制高点"，所以，保持容貌的自然美应先从头发做起。

（1）保持头发的干净整洁。保持头发的干净整洁，即勤于清洗、修剪、梳理。

（2）头发长短男女有别，以适中为度。男士一般以短发为主，前发不覆额，侧发不掩耳，后发不及衣领，最好不留大鬓角，也不宜剃光头。女士头发应视身高、年龄、职业等而定，基本原则是发长与身高成正比，兼顾年龄、职业等因素。

> **思考与练习**
> 小组讨论，对个人发型的选择发表各自意见并相互提出建议。

（3）发型选择符合主体因素。选择发型时，总的原则是男士讲究阳刚之美，女士体现阴柔之秀。具体来讲，发型应与自己的体态、年龄、脸型、职业等相匹配（见表2.1）。

表 2.1 不同体态、年龄、脸型、职业的女性发型选择建议

类 型		女性发型选择建议
体态	身材苗条	宜选择较长的发型
	颈部短	最好留短发或把头发向上梳；颈部缺陷明显的人，可留长发遮盖
年龄	年轻	发型选择较为自由，但不宜梳复杂发型
	年长	不宜选择过分时尚的发型
脸型	鹅蛋型	适合采用中分、左右均衡的发型，可增强端庄的美感
	圆脸型	应避免后掠式或齐耳的内卷式发型，可将头发分层削薄，让两颊旁的头发盖住脸颊；或将头前部和顶部的头发吹高，给人以蓬松感
	方脸型	要尽量用发型从视觉上缩小脸部的宽度，脸颊两侧的头发要尽量垂顺，以产生紧凑服帖感，使头部形态显得清秀
	长脸型	额头较高的，可把头发梳平些，刘海稍长（齐眉或将眉盖住），以从视觉上缩短脸的长度
	菱形脸	可用蓬松的刘海遮盖额部，使额角显得宽一些，两颊宜用垂直发，腮两侧尽量用大卷使下巴柔和些
	心形脸	不宜留短发，前顶部的头发不宜吹高，要让头发紧贴头顶和太阳穴，以从视觉上减小额部的宽度
	下宽上窄	头前部的头发应向左、右两侧展开，以表现额部的宽度
职业	时尚前卫的职业	发型要活泼大方，以显出朝气与活力
	文秘接待	应选择端庄的发型，以示职业的庄重

重点提示

保护牙齿的要点如下。

（1）"善待"牙齿。避免用牙齿代替工具去咬坚硬的东西，以免造成牙齿损坏。

（2）戒掉陋习。商务人士宜少饮浓茶、咖啡，拒绝吸烟，避免"茶锈"和"烟渍"附着于牙齿。

（3）牙齿保洁。养成刷牙和漱口的良好习惯。

（4）美发自然得体。美发，包括护发、烫发、染发和佩戴假发、发饰、帽子等。商务人士不论采用哪种方法，都要美观大方、自然得体。

2. 牙齿洁净

洁白整齐的牙齿是仪容自然美的重要体现。即使发型、妆容再精雕细琢，服饰装扮再引人注目，可是开口讲话时，露出一口黄（黑）牙，会破坏整体美。因此，牙齿清洁整齐很重要。

3. 保持其他部位的自然美

除了注重发型、牙齿等外，还要注意以下几方面的问题。

（1）养成定期检查、清理分泌物的习惯。一是注意眼部、鼻腔和耳部分泌物的检查与清理；二是注意口腔内外卫生和口边沉积物的清理；三是如果戴眼镜，要注意眼镜尤其是镜片的清洁。

（2）定期修剪胡须、鼻毛等。除有特殊宗教信仰与风俗习惯之外，男士不蓄须留鬓，养成每天剃须，经常检查和修剪鼻毛的习惯。

（3）维护手部卫生。建立良好的卫生习惯，坚持饭前、便后洗手。注意指甲的修剪，不蓄长指甲，指甲的长度以不长过手指指尖为宜。除透明指甲油外，不宜涂染任何颜色的指甲油、做任何造型的美甲。

二、修饰美

仪容**修饰美**是指依照规范与个人条件，对容貌进行必要的修饰，扬长避短，从而塑造出美好的个人形象。

🛡礼仪故事

林肯的胡须

美国历史上著名的总统之一——林肯，出身于一个拓荒者家庭，他竞选总统之前的职业是律师。林肯在竞选总统时名气并不是很大。他在竞选过程中，收到了一个小姑娘的来信，信中说："您的相貌太平常了，您的下巴光秃秃的，不够威严，不像男子汉。如果您蓄上一大撮胡子，那么我们全家都会投您的票。"林肯采纳了小姑娘的意见，蓄上一大撮胡子，这为他的形象增添了几分光彩，让他赢得了许多选民的好感。林肯仅通过对胡须加以修饰，就使自己原来的形象得到了改善，变得更完美、更有魅力，因而获得了更多选民的支持和认同。

点评：这是一个流传很广的故事，虽然我国有"嘴上无毛，办事不牢"的俗语，但也不能确定林肯的胡须究竟给其竞选带来多大的好处，不过本故事从侧面反映出容貌修饰的重要性。商务人士如不注重与身份相匹配的容貌修饰，不仅影响工作的开展，也在一定程度上影响个人和公司形象。

化妆是修饰美的重要手段，能够有效弥补自身缺陷和不足，突出优势和长处，予人以美感，予己以自信。化妆对于商务人士尤其是女士来说，不仅是一种修饰美化艺术，更是一种工作态度、生活态度。因此，必须重视和掌握化妆的基本原则和礼规。

1. 化妆的原则

化妆时需要遵循以下几个原则。

（1）美化。化妆意在使人更加美丽，商务妆既要合乎大众审美，又要体现时尚个性，要修饰得法、矫正适度、避短藏拙；不可以标新立异，自行其是，否则不仅无法达到修饰美的目的，反而可能起到老化、丑化和怪异化的作用。

（2）自然。商务妆是职场女性的日常妆，应以真实自然、清新淡雅、妆容适度为宜，体现职业女性温柔知性、精明干练、优雅大方的个性气质和精神风貌。切忌修饰过度的浓艳妆或舞台妆。职场女性化妆的最高境界是"清水出芙蓉，天然去雕饰""妆成有却无"。

（3）得法。万事皆有法，化妆作为一种美化艺术，虽然讲究个性，但也较难无师自通，最好经过专业学习。化商务妆的法则是工作时化妆宜淡，社交时化妆可稍浓，香水不宜涂在衣服和容易出汗的地方，口红不宜过艳。

（4）协调。高水平的化妆强调的是整体效果，也就是妆容的统一性和协调性。注意妆容的妆面协调、整体协调、场合协调、身份协调，以体现自己独到的审美理念和不俗品位。

2. 化妆的礼规

化妆的礼规可概括为"六勿"。

（1）勿当众化妆。当众修饰、化妆是一种不礼貌的行为，如确实需要补妆，应在专用化妆间或洗手间进行。当众修饰、化妆看似小事，其实后果严重。一是会给人心不在焉，不懂得尊重与礼貌的感觉，使在场的人感到被轻视、冷落；二是会让人感觉表现欲极强，有卖弄之嫌，易招致他人反感；三是当众涂抹的不雅行为有碍观瞻。

（2）勿在异性面前化妆。化完妆是美的，但往往化妆过程并不雅观，而且化妆涉及女性的隐私，因而不可在异性面前化妆。

（3）勿妨碍别人。商务场合忌化过于浓重的妆容、使用气味过于刺激的化妆品、香水等。一般场合就化淡妆，选择清新淡雅香型的化妆品，

👓视野拓展

如果女士身在职场，发现自己妆容宜补妆，这时应在什么地方补妆呢？可扫描二维码观看视频。

社交场合的妆容和化妆品可稍浓烈一些。

（4）勿出现残缺妆面。要保持妆容的完美，如果妆面花掉或残缺，应及时避人补妆，否则给人邋遢、不精致、不严谨的印象。

（5）勿借用化妆品。借用别人的化妆品尤其是口红，既不卫生，又不礼貌，应尽量避免借用。

（6）勿论他人妆容。化妆是个人之事，不要非议或评论他人妆容。

思考与练习

小组讨论，对个人的妆容发表各自意见并相互提出建议。

3. 面部化妆的方法与技巧

面部化妆应以突出五官中最美的部分、掩盖不足为目的（见表2.2）。而且要因时制宜：参加商务晚宴时，可通过浓妆塑造女性华丽高贵的形象；上班时，则以淡妆塑造清新自然、优雅大方的形象。

表2.2　女士面部化妆的方法与技巧

前提条件	护肤	护肤十大要诀：一是洁面，切勿不卸妆便睡觉；二是每天喝大量的白开水清洗肠胃；三是少吃煎炸食物；四是吃大量新鲜蔬菜；五是不吸烟；六是每天清洗化妆棉和化妆刷；七是不借用他人的化妆品；八是用不含油分的化妆品；九是保证充足的睡眠；十是做有效的运动
化妆的重点	眉毛	修饰眉毛可衬托眼睛，改善脸型。眉毛修饰后的标准位置是眉头在鼻翼与内眼角的延长线上；眉峰在鼻翼与眼珠正中的延长线上，大约在眉头的2/3处；眉尾在鼻翼与外眼角的延长线上；眉头与眉尾在同一水平线上。修饰方法是握住眉笔顺着眉毛的自然形状一根根描画，从眉峰画向眉尾时稍向下倾斜
		不同的脸型要配以不同的眉型，如长脸型，描画一字眉较合适；圆脸型宜选择眉峰高或上扬的眉型，使脸部在视觉效果上拉长；宽脸型宜拉近眉头间的距离；窄脸型要适当拉开眉头间的距离
	眼睛	眼睛的标准位置是，眼尾应位于发际线至嘴角的中间，两眼间距离应恰好等于眼睛的长度。如果眼睛过高，应强调下眼线；如果眼睛过低，应强调上眼线及眼尾部分。两眼间距离过宽，用眉笔加画眉头，眼头处应用深色眼影加以修饰；两眼间距离过窄，眉头处可拔一些眉毛，并用眼影强调眉尾。眼睛下垂应强调下眼尾，眼线向上画，并加强眼影；眼睛上扬要使用色调温和适度的眼影，强调下眼尾，使之平衡
	唇部	唇部是面部最灵活的部分，俗话说："眼取其神，唇取其色。"东方人皮肤偏黄，宜选用暖色系口红（正红色、红色、紫色和粉红色等）；口红颜色还应与服饰颜色相匹配
		唇妆第一步是勾画唇线，唇线的勾画可用唇刷，也可用唇线笔。先画上嘴唇的轮廓，由嘴唇中间向上以弧线画出唇峰，然后向嘴角延伸，要一气呵成，左右两边的唇线必须对称；画下嘴唇唇线，应由左右两侧向中间描画，然后张开嘴，画嘴角轮廓，上下嘴唇唇线的连接应自然、清晰。第二步是用唇刷蘸取唇膏或直接用唇膏均匀地涂满整个嘴唇，注意涂抹时不能超出唇线

三、内在美

仪容的内在美是指通过个人的勤奋和努力，不断提高自身的文化、艺术素养和思想道德水准，培养出高雅的气质，使自己秀外慧中、表里如一。仪容的内在美是最高的境界，正如国际影星奥黛丽·赫本所说：若要优美的嘴唇，要讲亲切的话；若要可爱的眼睛，要看别人的好处；若要美丽的头发，就允许小孩子一天抚摸一次；若要优雅的姿态，走路时要记住行人不只你一个。

重点提示

仪容美是内外统一的美

总之，仪容美是自然美、修饰美、内在美三个方面的高度统一。仪容的内在美是最高的境界，仪容的自然美是人们的心愿，仪容的修饰美是仪容礼仪关注的重点。三者相辅相成，缺一不可，忽略或缺少任何一个，都会使仪容黯然失色。

好看是……

一个好看的人，因为外表整洁，一定是有良好的卫生习惯；因为服饰自然和谐，一定是有正确的审美观；因为表达观点简洁明快，一定是读过适量的书；而直视对方、微笑、适当倾听，也可以看出他对待事物积极、客观的态度，并且心怀善意。所以，使自己好看并不是一件容易的事。那些仅在视觉上给我们冲击的人，即使会让我们记住，却不一定能赢得我们好看的评价。

点评：好看，不仅是指拥有美丽的容貌。对商务人员来说，好看应是秀外慧中、内外兼修，这样才能在商务活动中散发出独特的魅力与光彩，耀眼出众，令人过目不忘。

第二节　仪　态

仪态是指人们身体所呈现出的各种姿态，包括举止动作、神态表情和相对静止的体态。也就是说，人们的一颦一笑、举手投足、体态变化与语言一样都有自己的规律和传情达意的功能。不同的仪态显示人们不同的精神状态和文化修养，传递不同的信息，故而又有体语（体态语）之说。美国心理学家艾伯特·梅拉比安经多年研究后认为：一个信息的传递＝7%语言＋38%语音＋55%体语。由此可见仪态在信息传递中所起的作用大于语言和语音。正如画家达·芬奇所说："从仪态了解人的内心世界、把握人的本来面目，往往具有相当的准确性和可靠性。"仪态是反映个人涵养的一面镜子，也是构成一个人外在美的主要因素。

英国哲学家弗朗西斯·培根曾说："就形貌而言，自然之美要胜于粉饰之美，而优雅的行为之美又胜于单纯的仪容之美。"在商务交往愈加频繁的今天，仪态是商务人士的一张无形名片，它不印在纸上，而是体现在神态表情和言谈举止上，折射出人蕴含于内的品质修养、文化修养和素质能力。良好的仪态有助于赢得他人的信任与喜爱，能助推自己的事业走向成功。

仪态主要包括站姿、坐姿、步态等。"站如松，坐如钟，行如风，卧如弓"是我国古人对体姿的要求。而从体姿美的角度讲，它也适用于现代商务场合。

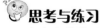

微课堂
仪态美

一、端正体姿

端正体姿方面的典范是周恩来总理。周恩来在南开中学读书时，南开中学教学楼的镜子上印着《镜铭》："面必净，发必理，衣必整，钮必结。头容正，肩容平，胸容宽，背容直。气象：勿傲，勿暴，勿怠。颜色：宜和，宜静，宜庄。"周恩来认真按照《镜铭》上的要求去做，自觉加强修养，努力做到体姿端正，在半个多世纪的革命生涯中，形成了独特的"周恩来风格"的体态语，可谓"举手投足皆潇洒，一颦一笑尽感人"。

一位欧洲女作家说："他（周恩来）的眼睛总是闪着光，人人都发现它是不可抗拒的。周恩来在演讲时步履矫健，昂首挺胸，神色自然，仪态大方，他身上洋溢着自信与激情。他时而平静，时而激动，时而温和，时而愤怒，而这一切都是那样得体和恰如其分。独具魅力的体态语，帮助周恩来把自己塑造成一位受欢迎的交谈伙伴、一位杰出的演说家、一位老练的谈判高手、一位劝说行家。"

思考与练习

商务人员端正体姿应掌握哪些要领？在不同的商务场合，适宜的体姿有哪些？不雅的体姿有哪些？读者可参阅图2.1～图2.6及表2.3。

（1）教师示范标准体姿，每个人按照标准要求练习体姿。

（2）小组成员之间互练，互相提出建议，选派代表进行体姿表演。

图 2.1　男站姿　　图 2.2　女站姿　　图 2.3　男坐姿　　图 2.4　女坐姿　　图 2.5　男走姿　　图 2.6　女走姿

表 2.3　端正体姿的要领及不同商务场合的体姿、体姿注意事项

体姿	端正体姿的要领	不同商务场合的体姿	体姿注意事项
站姿（见图2.1、图2.2 及框内的二维码）	1. 一是平，即头平正、双肩平、两眼平视；二是直，即腰直、腿直，后脑勺、背、臀、脚后跟成一条直线；三是高，即重心上提，看起来显得高 2. 通常情况下，男士可采取双手相握、叠放于腹前的前腹式站姿，双脚稍分开与肩同宽 3. 女士可为前腹式站姿，但双腿基本并拢，穿紧身短裙时，脚跟靠紧，脚掌分开呈"V"状或"Y"状；穿礼服或旗袍时，可双脚微分	1. 在表彰、奖励等场合应采取严格的标准站姿 2. 在发表演说、新闻发言、报告宣传时，可用双手支撑在讲台上，两腿轮流放松 3. 做文艺演出、联谊会的主持时，双腿并拢站立，女士可站成"丁"字步。门迎人员的双腿可以平行站立，双腿分开不宜超过肩宽；双手可以交叉或前握垂放于腹前，也可以背后交叉，右手放到左手的掌心上，但要收腹	1. 忌歪头、缩颈、耸肩、含胸、塌腰、撅臀；忌身躯歪斜、浑身乱抖、弯腰驼背 2. 忌手位失当（抱在脑后、手托下巴、抱在胸前、插入衣兜）；腿位不雅（双腿分开过宽、双腿扭在一起） 3. 忌下意识地做小动作，如摆弄打火机、香烟盒、玩弄衣带、发辫、咬手指甲等
坐姿（见图2.3、图2.4 及框内的二维码）	1. 落座要轻、动作要缓，不论是坐椅子还是坐沙发，最好不要坐满。坐定后，男士双膝并拢或微微分开，两脚自然着地，双目正视他人，面带微笑 2. 女士"坐莫动膝，立莫摇裙"，腰背挺直，手臂放松，双腿并拢，目视于人 3. 离座动作缓慢轻稳，不能猛起猛出，不宜发出声响；离座要右脚向后收半步，然后起立，起立后右脚与左脚并齐，再从容移步；应等身份高者先离座，身份同等可同时离座 4. 通常情况下，与他人谈话时，可把双手轻搭在沙发扶手上，但不可手心朝上；也可双手相交放在腿上，但不可相交超过手腕二寸；还可以将左手掌搭在腿上，再将右手掌搭在左手背上	1. 谈判、会谈时，上身正直，端坐于椅子中部，不要让全身重量只落于臀部，双手放在桌上或大腿上均可，双脚按标准坐姿摆放 2. 倾听他人教导指点、传授知识时，对方是长者、尊者、贵客时，坐姿要端正，要坐在座椅、沙发的前半部或边缘，身体稍向前倾	1. 忌双腿过度分开；忌高架"二郎腿"或"4"字形腿；忌腿脚抖动摇晃；忌左顾右盼、摇头晃脑；忌上身前倾后仰或弯腰屈背 2. 忌双手抱脑后，或抱膝盖，或抱小腿，或放于臀部下面；忌双腿向前直伸或脚尖指向他人 3. 忌双手撑椅；忌跷脚又摸脚；忌坐下后随意挪动椅子

体姿	端正体姿的要领	不同商务场合的体姿	体姿注意事项
走姿（见图2.5、图2.6及框内的二维码）	上身基本保持站立体姿，挺胸收腹，腰背笔直；两臂以身体为中心，前后自然摆动，前摆约35°，后摆约15°，掌心朝向身体；起步时身子稍向前倾，重心落于前脚掌，膝盖伸直，脚尖向正前方伸出，行走时双脚踩在一条线上	1. 喜庆场合，步态应轻盈、欢快，有跳跃感 2. 悲伤场合，步态应缓慢、沉重，有忧伤感 3. 参观展览，步态应轻柔；进入办公场所，登门拜访客户，步态应轻而稳 4. 迎接外宾，步态应稳健，节奏稍缓；办事往来各部门之间，步态应快捷稳重；陪同参观，应照顾来宾行走速度，并善于引路	忌含胸驼背行走；忌东张西望行走；忌双手插兜行走；忌"S"形曲线行走
蹲姿	下蹲时一脚在前，一脚在后，两腿向下蹲，前脚全着地，小腿基本垂直于地面，后脚脚跟提起，脚尖着地。女士应靠紧双腿，男士则可适度地将双腿分开。臀部向下，基本上是以后腿支撑身体	蹲姿是特殊情况下采用的暂时性体姿，如集体合影前排需要蹲下时、捡拾地上物品时等	1. 弯腰捡拾物品时，两腿分开、臀部向后撅起是不雅的姿态；两腿展开平衡下蹲，其姿态也不优雅 2. 下蹲时注意内衣"不可以露，不可以透"

二、眉目传意

眼睛是心灵的窗户。我国有"眼睛会说话，眉毛会唱歌"的俗语。世界上一些著名的作家、诗人也有关于眼睛的描述，美国大文豪爱默生曾说："人的眼睛和嘴巴所说的话一样多，不需要字典，就能从眼睛的语言中了解整个世界。"印度诗人泰戈尔也曾说："一旦学会了眼睛的语言，表情的变化将是无穷无尽的。"这些足以说明，眼睛是体态语言中最能表达感情、沟通思想的媒介，眼部神态既表达了人的各种情绪、精神面貌，又能表现出对他人的态度。那么，商务人士应该掌握哪些丰富的眼语，又如何将其有效地用于商务交往中呢？（见表2.4）。

表2.4 丰富的眼语之意

项目	眼神及其含义
类型	凝视型：目光凝滞，若有所思。思考型：不眨其眼，凝视一处。忧虑型：双眉不展，目光下视。欢快型：目光明快，喜形于色。愤怒型：双眉紧蹙，怒目而视。惊恐型：双目圆睁，惊恐万状。暗示型：目光严肃，寓意深切。轻蔑型：目光冷淡，虚眼斜视。风流型：挤眉弄眼，目光轻佻
时间	友好：注视对方的时间，应占全部相处时间的1/3左右
	关注：注视对方的时间，应占全部相处时间的2/3左右
	轻视：注视对方的时间，不到全部相处时间的1/3
	敌意：注视对方的时间，超过全部相处时间的2/3
	兴趣：注视对方的时间，长于全部相处时间的2/3
角度	平视也叫正视，一般适用于身份、地位平等者之间的商务交往
	侧视是平视的一种特殊情况，即位居交往对象一侧，面向对方，平视对方
	仰视即主动居于低处，抬眼向上注视他人，适用于面对敬重之人
	俯视即向下注视他人，一般用于身居高处之时，既可表示对晚辈的宽容、怜爱，也可表示对他人的轻慢、歧视

续表

项目	眼神及其含义
部位	注视对方双眼，表示重视对方，但时间不宜过久
	注视对方额头，适用于正规的公务活动
	注视眼部至唇部，是商务场合面对交往对象时所用的常规方法
	注视眼部至胸部，多用于关系密切的男女之间
	注视眼部至裆部，适用于注视相距较远的熟人，但不适用于关系普通的异性
方式	直视即直接注视交往对象，适宜于商务交往
	凝视是直视的一种特殊情况，即全神贯注地进行注视，时间不宜长久
	盯视即目不转睛，长时间地凝视人的某一部位，不宜多用
	扫视即视线移来移去，上下左右反复打量，不可多用，对异性尤其慎用
	环视即有节奏地注视不同的人或事物，适用于同时与多人打交道
	旁视即与人交往时不注视对方，反而望着别处，是不宜采用的一种眼神

除眼睛之外，眉毛也具有传情达意的功能。眉语也十分丰富，经常使用的约有 20 种，分别表达不同的语义（见表 2.5）。在商务交往中，应保持双眉自然平直的状态，注意控制皱眉、挑眉等表情，以高雅的仪表风度和良好的个人修养塑造完美的形象。

三、动人微笑

微笑是世界上最动人的语言。我国有"回眸一笑百媚生""相逢一笑泯恩仇"的词句。被誉为 20 世纪伟大的心灵导师的戴尔·卡耐基也说："人格中最可贵的因素就是那令人倾心的微笑。"因为微笑能照亮所有看到它的人，像穿过乌云的太阳，带给人们温暖。微笑同样也是商务领域最流行、最通用的语言，相逢一笑，能够拉近彼此的距离，增进相互间的友谊，化解相互间的矛盾。

表 2.5　部分眉毛动作语义

动作	语义	动作	语义
扬眉	喜悦	横眉	轻蔑
展眉	宽慰	皱眉	为难
飞眉	兴奋	锁眉	忧愁
喜眉	欢愉	挤眉	戏谑
竖眉	愤怒	低眉	顺从

思考与练习

扫描二维码，观看三张照片，指出眉目传达出的情感：

期待（　）　喜悦（　）　惊喜（　）

1. 微笑的内涵

微笑的内涵极为丰富，主要有以下几种象征意义。

（1）微笑是自信的象征。置身商场，无论顺境还是逆境，甚至遭遇严重危机，若仍然能够保持微笑，会给人充满自信、充满力量的感觉。这个时候的微笑像阳光一样，可以驱散阴云，冲破黑暗，将阴郁、沮丧、恐惧、苦恼的情绪一扫而空。

（2）微笑是礼貌的表示。在商务交往中，如沐春风的微笑会使对方倍感礼貌、友善、亲切、温暖，能化解彼此的陌生感，营造出一种和谐、融洽的氛围。因此，要让微笑之花始终绽放在自己脸上，把微笑当作礼物慷慨地赠予对方。

（3）微笑是友好的反映。微笑的力量是不可小觑的，在商务交往中，亲切、和善的微笑犹如一种磁力，能够吸引对方关注，打动对方的心，释放和传递快乐、友好的信息，引发双方的互动。在商务场合能够与他人和睦相处、关系融洽，往往是微笑的结果。

（4）微笑是心理健康的表露。真诚的微笑是心理健康的表示或标志。商场上，身心健康的商务人士脸上会自然流露出友好的微笑，能发出真诚微笑，表明其是一个心理健康、性格成熟、快乐且有安全感的人，也是一个乐意帮助别人，愿意分担他人的忧伤、减轻他人的痛苦，愿与人共享快乐的人。正如瑞典一句谚语所说："与人分享的快乐是双重的快乐，与人分担的痛苦是减半的痛苦。"善于发出友好微笑的商务人士，无疑会得到别人真挚、热情的帮助。所以，每一个商务人士都要学会和善于运用微笑。

 **视野拓展**

名人话微笑

只有在你的微笑里，我才有呼吸——狄更斯

真正值钱的是不花一文钱的微笑——查尔斯·史考伯

忘记了它而微笑，远胜于记住它而愁苦——罗西塔

生活就是面对真实的微笑，就是越过障碍注视未来——雨果

美是力量，微笑是它的剑——里德

当他微笑时，世界爱了他；当他大笑时，世界便怕了他——泰戈尔

点评：众多名人对微笑的诠释，道破微笑的本质和力量。这对商务人士是很好的启迪：在与形形色色的交往对象相处时，要善于运用微笑，为商务活动的成功助力。

2. 微笑是商务交往的通行证

微笑能够使交往气氛融洽。商务场合中充满微笑，不仅使自己，也会使他人感到世界的美好、生活的幸福。当初次与客户见面时，互相给对方一个微笑，能够净化情绪气氛，拉近与对方的心理距离，消除相互间的拘束感；当与同事见面打招呼时，一个微笑能够增进人际关系，彼此间会显得亲近友好；当上司对下属报以微笑时，能够消除下属的紧张和压力，使下属感到上司平易近人、和蔼可亲；当服务人员与顾客相互致以微笑时，能够改善和纠正不良心理，带给他人快乐，既给顾客宾至如归的感觉，又体现顾客对服务人员的尊重和理解……可以说，微笑是商务交往成功的催化剂。

微笑是缓解紧张气氛的润滑剂。微笑能有效地化解矛盾与隔阂，消除烦躁与疲劳。有这样的一件事：由于飞机误点，有个法国旅游代表团到达上海虹桥机场时，午饭也未来得及吃，加上旅途中的其他不顺，团队人员情绪都非常激动，大有一触即发之势。接待他们的一位翻译敏锐地意识到此时此景任何解释都无济于事，首要的是行动。友善的微笑、热情的服务、可口的菜品和舒适的环境，使客人的情绪开始平静下来。接着，翻译和导游又进一步开展微笑服务，热情地向法国客人介绍上海的风土人情。翻译和导游的微笑、热情的服务，使法国客人转怒为喜。临别时，他们表示对上海之行很满意。

在职场中，往往会出现这样的事情：同事对你所做的不理解，下属为做错事而不安。此时，语言解释不如代之以微笑。友善和蔼的微笑会得到同事的理解，会消除上司的不满。微笑如果运用得当，还可以起到表示歉意和谅解的作用。比如，在拥挤不堪的电梯上，你不小心碰撞了他人，这时，向对方微微一笑表示"我不是故意的，很抱歉，请你原谅"。如果对方是有修养的人，他

会从你的微笑中读懂你的歉意，并接受你的道歉。

微笑是人类友善、和睦、诚信等美好感情的表现。因此，古今中外的一些成功企业家在企业经营活动中都卓有成效地使用微笑这一"武器"。

🐱 礼仪故事

美国希尔顿酒店的创始人康拉德·希尔顿（1887—1979）仅用几十年的时间就把一家名不见经传的小旅馆（1907年开办家庭式旅馆以应付生计并庆祝自己的生日）发展成为分店遍布全球的酒店集团。当人们问希尔顿成功的秘诀时，他自豪地说："是微笑的影响力。"希尔顿每到分设在各国的希尔顿酒店视察时，他首先问下属的一句话便是："你今天对顾客微笑了没有？"希尔顿说："如果缺少服务员的美好微笑，就好比花园里失去了春日的阳光和微风。假若我是顾客，我宁愿住进那只有残旧地毯，却处处可见微笑的旅馆，也不愿走进只有一流的设备，却见不到微笑的地方……"希尔顿用微笑开启了成功之门。如今希尔顿酒店集团已成为全球最大规模的酒店集团之一。

美国RMI制钛公司主营钛产品。据说RMI公司曾经生产效率不高，利润很低。丹尼尔出任总经理[①]后，推行了被华尔街日报称为"地道的老式笑话"的计划，四处张贴夸张的标语，要求大家保持微笑。车间的墙上写着："如果你看别人不笑，你对他笑。"丹尼尔大部分时间乘坐小车在厂区内巡视，跟工人们打招呼、开玩笑，全公司千余名工人的名字他几乎都叫得出。丹尼尔上任三年，未投资分文，却使生产效率提高了80%。RMI公司的总部在俄亥俄州的奈尔市，后来人们都把这个城市称为俄亥俄州的"微笑市"。

成功的事业是商务人士的追求目标，如何实现这一目标？在能力、才华、智慧不相上下的人群中，你能拥有更多的微笑，成功便会在很大程度上属于你。

3. 微笑礼仪要求

微笑虽美，但使用有方，不可滥用，要注意以下三点。

（1）诚挚大方。微笑一定要源自内心的真诚，自然大方，不可故作笑颜、假意逢迎。"皮笑肉不笑"的强作笑脸，会给人一种假惺惺的虚伪感，效果会适得其反。

（2）恰如其分。微笑一定要运用适度，使用频率不可过多、微笑程度不能过大，尤其与异性交往时更要适度，否则会引起对方的反感，甚至误会。

（3）修正不雅笑姿。微笑使人感到体贴和亲近，尤其是女性的微笑，犹如桃花初绽，涟漪乍起，给人以温馨甜美的感觉。商务人士要保持端庄优雅的笑姿，注意和修正生活中的不雅笑姿。如扯起一边嘴角的微笑，易给人虚伪的感觉；哼着鼻子的冷笑，易给人阴沉的感觉；缩着头捂着嘴笑，易给人不大方的感觉。

思考与练习

扫描二维码，学习图示手势，两人一组相互演练并提出建议。

四、规范手势

手势同语言一样，内容丰富并富于变化，可以用来传递各种感情信息和思想内容。据语言学家统计，表现手势的动词有近200个，其传情的细微和精确可想而知，如招手致意、挥手告别、握手问好、摆手拒绝、合手祈祷、拍手称赞、拱手答谢，手抚是爱、手搓是恨、手指是怒、手甩是憾、手搂是亲、手捧是敬、手颤是怕、手遮是羞，举手赞同、垂手听命等。手

[①] 本故事是一则经典的管理学事例，丹尼尔出任RMI总经理在1976年，原始来源编辑未能查证。

势是商务交往中不可缺少的、最有表现力的一种"体态语言"，规范手势的使用，会在商务交往中起到锦上添花的作用。

规范手势的运用有以下原则。

（1）简洁明确。规范手势简洁明确，易于被人看懂和接受。

（2）恰如其分。一般来说，手势过大、过多显得张扬浮躁；手势过小显得猥琐暧昧；手势生硬会使人敬畏疏远。规范手势是恰如其分的。

（3）真实自然。规范手势的运用要服从内容表达的需要，服从对象、场合的需要，真实而不要刻意模仿，以免妨碍自己真实情感的流露。

（4）和谐统一。规范手势的动作要与整个面部表情乃至体姿和谐一致，并要避免下意识的动作；同时还要注意其在不同国家及不同民族的不同含义。

🎤 礼仪故事

"V"形手势的来历

商务场合常用的"V"形手势是英国首相温斯顿·丘吉尔发明的，用以表示胜利。有一次，丘吉尔在地下掩体内举行记者招待会，突然地面警报声大作，丘吉尔闻声举起右手，用食指和中指同时按住作战地图上的两个德国城市，大声地对与会者说："请相信，我们会反击的！"

这时，在场的一名记者发问道："首相先生，您有把握吗？"丘吉尔转过身，目光锐利地望着记者们，立即将按在地图上的两指指向天花板，情绪激动地大声回答说："一定胜利！"

丘吉尔这一镇定威严的神态举止被记者们拍了下来，登在了第二天出版的报纸上。从此，这一"著名"的手势便在英国城乡广泛流行开来，并很快在全世界得到了普及。

但是，这一手势如果手心向内，在澳大利亚、新西兰、英国则是一种侮辱人的信号，代表"up yours"；在欧洲各地有时也用此手势来表示数字"2"。

丘吉尔与"V"形手势

第三节 服 装

意大利影星索非亚·罗兰说："你的服装往往表明你是哪一类人。它们代表着你的个性。一个和你会面的人往往会不自觉地根据你的衣着来判断你的为人。"英国剧作家莎士比亚说："服装往往可以表现人格。"我国学者郭沫若也说过：衣裳是文化的表现，是思想的形象，更是一个民族文化修养素质的具体化。从上面的论述中我们可以看到，古今中外的艺术家和学者不约而同地强调服装对于人形象塑造的重要性。的确，服装在商务交往中往往反映了一个人的社会地位、身份职业、个性特点、性格爱好、文化修养及审美品位。**端庄适宜的服装**是一个人自我尊严的表达，也是尊重他人的表现。用服装为自己塑造一个美好的外观形象，在商务交往中产生的效应是不容忽视的。

一、穿着得体，受益无穷

俗话说："一样米养百样人。"世界上有各种各样的人，每个人都有好恶之心。在商务场合要想与不同的人合拍，让他人愿意与你交往，重要的是给他人留下一个好印象。

外表衣着往往是第一印象之所在，影响着他人对自己的评价。第一印象是十分重要、持久的，通常是不会轻易改变的。也就是说，第一印象的好与坏在很大程度上决定着交往的成败。有一位到新单位报到的男青年，身着短裤去面见他的领导，领导对他的评价是生活随便、不拘小节。因此，领导从未交给他重要的工作，无论他做什么事情，都得不到领导的欣赏和信赖。穿着得体的重要性可见一斑。

在单位，穿着得体的下级易得到领导的赏识；在社会上，穿着得体的人出入公共场合，容易得到服务人员的热情礼遇、友好对待和周到服务；在商场上，穿着得体的人联系业务时，也比穿着邋遢的人容易成功……所以，若要给他人留下一个美好、难忘的印象，就必须注意穿着得体。

穿着得体是一种礼貌，体现了一个人的文化素质和文明程度，也体现了一个人对他人、对社会的尊重态度。一个人如果衣着随便地去参加正式的商务宴会，他的穿着就是对他人的失礼。据说，国内有一家企业的厂长，由于赶时间去机场迎接外国朋友，没有来得及换下沾有油渍的工作服和洗净满是油污的双手，结果外国朋友感到对方不尊重自己，很不高兴，从而影响了双方的关系。商务人士在与他人打交道的过程中，要建立和维系双方良好的关系，穿着得体是一个不可忽视的重要因素。

穿着得体会令人产生一种庄严的职业感，让人精神抖擞、信心倍增。求职应聘场合，衣着得体的求职者往往是企业优先考虑的人选；参加商务会议或谈判，穿着正装、系上新领带、熨挺衣服、擦亮鞋子，能增强自信，会使人看起来精神抖擞。

礼仪故事

穿着得体是一种态度

1921年，30岁的胡适应邀到上海商务印书馆考察。当时的商务印书馆规模庞大，人才济济。有意换一个环境的胡适想通过实地考察来决定是否"跳槽"。

7月，胡适来到上海，一身奇装异服：绸长衫、西式裤、黑丝袜、黄皮鞋，显得不中不洋。第一次和胡适见面的商务印书馆旗下杂志《小说月报》的编辑茅盾说："我从来没有见过这样的打扮，也许，这倒像了胡适的为人。"是呀，绸长衫、黄皮鞋和衣服、裤子都不协调，留学多年的胡适为什么要这么穿呢？

过了一阵子，茅盾才想明白了：胡适要通过自己的服装向世人宣告自己的人生态度，让别人知道自己是一个中西合璧的"文化人"，既浸透传统文化的精华，又极具西方的开放眼光。

点评：穿着得体不仅是一种尊重他人的体现，也是一种人生态度的反映，胡适当时的穿着体现了这种无声语言的力量。作为商务人员更不应轻视、忽视穿衣戴帽，应以得体的穿着更好地服务于商务活动，助推事业走向成功。

二、男士商务着装

俗话说："人靠衣裳马靠鞍。"驰骋商场的男士以着装塑造良好形象，不能仅仅会选取服装，还要懂得着装的礼仪规范，掌握着装的搭配技巧。只有这样，才能穿出风采，穿出气派。商务人员如何选取服装、着装的礼仪规范是什么、应该掌握哪些搭配技巧呢？

1. 西装穿着礼仪规范

可以说，西装是国际流行的商务正装。穿西装讲究颇多，一般应注意以下几项。

（1）穿好衬衫。穿西装必须穿衬衫，衬衫最好不要太旧，衣领一定要硬挺，外露的部分一定要平整干净。衬衫下摆要掖在裤子里，衣领不要翻在西装外，衬衫衣袖应略长于西装袖子。

（2）少穿内衣。穿西装切忌穿过多内衣。衬衫内除了背心之外，最好不要再穿其他内衣。如果确实需要穿内衣，内衣的领圈和袖口不要露出来。如果天气较冷，衬衫外面可以穿上一件毛衣或毛背心，但毛衣一定要紧身，不要过于宽松，以免显得过于臃肿，影响西装的穿着效果。

（3）打好领带。在正式商务场合，穿西装要系好领带。领带的长度要适当，以到皮带扣处为宜。如果穿毛衣或毛背心，应将领带下部放在毛衣领口内。系领带时，衬衫的第一个纽扣要扣好。如果佩戴领带夹，一般位置应在衬衫的第四个与第五个纽扣之间。

（4）鞋袜搭配。穿西装一定要搭配皮鞋，不能穿布鞋或运动鞋。皮鞋的颜色要与西装配套，皮鞋要洁净光亮；搭配合适的袜子，袜子颜色要比西装深一些，在皮鞋与西装之间形成一种过渡。

（5）扣好衣扣。西装上衣可以敞开穿，但双排扣西装上衣不宜敞开穿（见图2.7）。穿单排扣西装在扣扣子时，如穿的是两枚扣子的西装，不要把两枚扣子都扣上，一般只扣上面一枚（见图2.8）；如是三枚扣子，只扣中间的扣子，因为全部扣上显得拘谨，扣上面一枚显得土气，只扣下面一枚显得流气。

（6）口袋装饰。西装的衣袋和裤袋是装饰物，一般不应该装东西。如果确实需要，尽可能少放，千万不要把口袋塞得很满，也不可以将两手插在衣袋和裤袋里，否则既破坏西装整体造型，也有失风度。

（7）拆掉商标。西装左袖上的商标，在穿着之前应先拆掉。

图2.7　双排扣西装　　　　　　　　图2.8　单排扣西装

2. 其他男士商务服装

西装是商务男士着装不可或缺的，但并不是唯一的。随着时代的进步和发展，生活节奏的加快和工作压力的增大，使商场中奋斗的男士也追求一种时尚、放松、悠闲的心境。反映在服饰观

史蒂夫·乔布斯

念上，就是商务休闲装以不可阻挡之势侵入了正规服装的领地。比尔·盖茨、史蒂夫·乔布斯就是其中的代表。

针织衫搭配衬衫是比尔·盖茨最心仪的搭配。在日常出行、去学校演讲、接受采访、开公司年会中，都能看到盖茨这样的经典搭配。盖茨虽偏爱这一搭配，却也不是一成不变的。他经常会在衬衫和针织衫的颜色搭配上下功夫，而且搭配出来的效果也非常不错。

史蒂夫·乔布斯的标志性着装是黑色长袖高领套头衫、蓝色牛仔裤，脚踏一双运动鞋。多年来，人们一直怀疑乔布斯从未换过衣服。但他去世后，人们发现在他的柜子里有上百件这样的衣服。

中山装是中国男式礼服的代表性服装，同时也是中国男士商务着装的组成部分。着中山装时一定要注意与自身的年龄、职业及场合相协调，才能显示出特有的魅力。

礼仪故事

中山装的由来

相传，孙中山先生在日本居住期间，看到日本学生所穿服装简朴、方便、灵巧、大方，于是他就将这种学生装的领子和口袋等部位加以改进：改成单立领，前身门襟九个扣子，左右上下四个明袋，袋褶向外露，后身有背带缝，中腰处有一腰带。这就是最早的中山装。

重点提示

似乎涉及男士着装必讲西装，但有时只讲西装和社会现实似乎不符。男士选择商务服装应注意"入乡随俗"，如新员工入职前宜观察公司多数员工的着装习惯，免得使自己显得过于另类；商务拜访也一样，有的公司或个人过于追求公司形象，要求员工一律西装革履，然而往往适得其反，因为这样与穿着随意的客户打交道，不易拉近彼此的心理距离。当然，服装的选择需要综合考虑环境、具体业务、个人条件等因素，没有一定之规，应多观察、学习、总结。

三、女士商务着装

礼仪故事

有位女职员是财税专家，她有很好的学历背景，常常为客户提供很好的建议，在公司里的表现一直很出色。但奇怪的是，每当她到客户的公司提供服务时，对方主管总不太重视她的建议，她的才能无法得到全然展现。她倍感苦恼，因此特意向一些资深人士求教。

一位时装专家找到了问题的症结。他发现这位财税专家在着装方面有明显的缺憾：她 26 岁，身高 147 厘米，体重 43 千克，看起来机敏可爱，但她平时喜欢穿着儿童化的服装，看上去总像个小女孩儿。这样的着装风格自然与她所从事的工作性质相去甚远，这恰恰是客户不重视她所提建议的原因——他们觉得从这样一个孩子气的人嘴里说出的话缺少安全感、信赖感，所以她难以体现自己的真正价值。

时装专家建议她改变自己的穿着打扮，通过服装来体现专家的气质：用深色的套装，对比色的上衣、丝巾、镶边帽子来搭配，再戴上黑边眼镜。她听从了时装专家的意见一一照办，不出所料，客户的态度随即有了明显的转变。很快，她就成为公司的董事之一。[1]

---

[1] 本故事整理自杨友苏、石达平《品礼：中外礼仪故事选评》，2005 年学林出版社出版。

女士服装相对男士服装而言，款式、颜色、配饰更加丰富多彩。商务女士的着装要避免过于个性化和生活化。一般来说，上下身同色的套装给人干练、利落、自信的感觉，而且能够彰显职业感，尤其在相对传统、保守的行业，套装是上司或高级主管较得体的着装。如果不选择套装，可在其他款式的上衣外面再套上一件西装外套或针织外套，会让原本较为轻松休闲的感觉变得正式些。应该注意的是，商务女士无论穿着套装，还是其他服装，着装得体才能塑造出完美的外在形象。若要保证着装得体，必须注意两方面的协调。

微课堂
商务女士着装
礼仪

一是与主体因素（年龄、体形、肤色、性格、身份、职业等）相协调。从年龄来看，年轻女士的着装应体现青春活力，中年女士的着装则应体现沉稳大方。从体态上来看，体形有高矮之分、

商务女士着装

胖瘦之别，身材瘦小者宜以浅色为主，身材丰腴者以深色或竖条纹为宜。鲁迅先生曾对女作家萧红说过：瘦小的人穿横条纹衣服可显得丰满一点，而胖人穿竖条纹衣服可显得清秀一些。从性格来看，开朗活泼的外向型女士，宜选择暖色调和色彩搭配对比度较强又协调的服装；沉稳内敛的内向型女士，宜选择较为单调、深重的色彩。

二是与客观因素（场合、季节）相协调。1986 年 10 月，英国女王伊丽莎白二世访问中国，她走出机舱门第一个亮相，穿的是正黄色西服套裙，戴正黄色帽子。女王本人喜欢红色和天蓝色，很少穿黄色衣服。但在中国，过去的几千年中黄色是皇帝的专用色。女王来中国访问，在这种场合穿正黄色既表示尊重中国的传统习俗，又显示了她作为一国君主的高贵身份。在商务庆典等喜庆场合，女士着装颜色宜明快，款式宜新颖别致；穿着牛仔服、夹克衫出席商务宴会是不礼貌的；商务谈判、会议着装宜庄重；出入办公室着装宜大方干练。着装应与季节协调，随季节的变化而变化，春着春装、夏着夏装、秋着秋装、冬着冬装。

第四节 配　饰

配饰是指佩戴在人体各部位，对人的外表起到装饰、点缀、美化作用的饰物。从不同的佩戴位置看，配饰可分发饰（或头饰）、耳饰、项饰、腰饰、臂饰（手饰）、足饰和胸针、领带、眼镜、丝巾、皮包等。配饰包括装饰性饰品、实用性饰品、融两种功能为一体的综合性饰品，以及因价值昂贵而具备装饰和收藏双重功能的保值性饰品。

一、配饰礼仪准则

在现代社会，配饰和着装已经成为商务人士形象塑造的一门艺术，并为商务人士，特别是从事文化艺术工作，或具有一定艺术修养的商务人士所普遍接受。佩戴与衣着风格、从事职业和参加场合等搭配的饰品，可趋雅避俗、显优藏拙，弥补自我形象上的不足或强化自身形象的动人之处，给人留下深刻印象。

德国美学家格罗赛说："诱致人们将自己装饰起来的最大、最有力的动机，无疑是为了取悦他人。"商务场合要让配饰养眼、养神、养心，必须遵循相应的礼仪准则，这些礼仪准则具体有

以下几个方面。

微课堂
商务场合配饰
礼仪与技巧

1. 点到为止，恰到好处

配饰不要太多，美加美并不一定等于美，浑身上下珠光宝气、挂满饰物，除了让他人感觉到炫耀和庸俗外，没有丝毫美感。

2. 扬长避短，显优藏拙

配饰是起点缀作用的，通过配饰可突出自己的优点、掩盖缺点。据说貂蝉虽花容月貌，但耳朵短小，她便佩戴耳坠，增加耳朵的延伸感。这说明配饰具有扬长避短，显优藏拙的功能。

脖颈短粗者，不宜佩戴紧贴脖颈的颈链，应选择细长的项链，有纵向拉长脖颈线条的效果；身材矮小者，不宜佩戴长丝巾，否则会显得身材更矮小；手指短而粗者，不宜佩戴重而宽的戒指，窄戒指才是明智的选择。

3. 突出特点，彰显个性

佩戴饰品，不仅要扬长避短，而且要彰显个性。配饰是造型利器，但要选择与自己的体形、相貌、年龄、职业等相配的饰品，不要盲目模仿，别人戴什么就跟着戴什么。例如，西方女性嘴型丰满、高鼻深目，戴一对大耳环会显得灵动漂亮；而东方女性身材较瘦小、五官偏扁平，大耳环显然不太合适，选择精巧的小耳饰才能体现出东方女性含蓄秀婉、温文尔雅的特质。

4. 适应场合，四季分明

不同的场合、环境对配饰的颜色、质地、款式及佩戴方式都有不同的要求。例如，参加商务谈判、发布会及会议时，男士应选择庄重、高雅的深色领带，塑造沉稳庄重、威严大气的形象，让谈判对手或听众在无形中感觉到一种压力或气场；参加社交聚会或联谊会时，男士宜佩戴色彩明快、款式活泼的领带，能给人留下一种青春浪漫、充满活力的美好印象。

配饰在适应不同场合的同时还要区分季节。季节不同，配饰的种类、款式、色彩要求也有所不同。

重点提示

日本有些企业对员工的配饰具有严格的规定。例如，一些饭店对店员的穿着打扮要求极为严格，规定不允许店员比顾客还漂亮，要求店员在工作时间不得戴耳环、项链，戒指只能戴结婚或订婚戒指，手表要朴素，表链不能过松。如果手表很贵重则不能戴在显眼处，女店员不能涂带颜色的指甲油等。

二、配饰选用技巧

领带、皮包、首饰是商务人士所钟爱的配饰，巧妙地运用配饰增添自身风采是有技巧的。

（一）领带

领带是"西装的灵魂"，是西装的专有装饰物，对西装的美观起着重要的点缀作用。正式商务场合，穿西装必须打领带，领带的选用要做到"三个协调"。

（1）领带与衬衫颜色、式样相协调。常规的搭配原则是：相对于白色或其他浅色系单色衬衫，领带颜色可鲜艳些；相对于深色系单色衬衫，领带颜色要素雅一些；相对于颜色鲜艳或有图案的衬衫，要避免搭配颜色花哨或带条纹、方格图案的领带。

（2）领带与年龄相协调。年轻人可选择图案活泼、色彩对比强烈一些的领带，如黑红相间的斜条花纹领带；年龄大的人宜选择庄重大方的色彩。

（3）领带与肤色相协调。皮肤黑的人不宜选用色彩鲜艳的领带。

🎓 礼仪故事

领带的来历

领带的历史最早可以追溯到古罗马时代，古罗马的士兵喜欢在脖子上戴一种类似围巾的东西，有点儿领带的味道。公元 16 世纪中叶，效忠于法兰西国王路易十四的克罗地亚雇佣军普遍使用一种红色披肩。这种披肩的肩幅很宽，有织纱的花边，佩戴时在胸前打一个结，这就是领带的雏形。渐渐地，为在战场上区分敌我，法国军队开始普及这种披肩并将其作为标志。同时，对披肩加以改进，把肩幅由宽大变为窄长，质地更加挺括，此时它的外形已经很像领带了。到了 1668 年，领带开始成为男子服装的组成部分。不过，那时的领带还是一种在脖子上要绕两圈、两端随便奔拉着、下面还有 3 或 4 个花结的波形彩带。

后来在贵族中出现了"斯腾哥尔克式"领带，它们用镶花边的细麻布制成，佩戴时一端从坎肩的扣眼中穿过。这种新式样的领带在妇女中也流行起来。

领带的发展在 18 世纪又前进了一步。1750 年，一种"浪漫式"领带在西方出现。这是一种方形白洋纱巾，系法是先对角折，然后再折几下，绕过脖子在胸前打结。其系法非常讲究，艺术性也更加突出。到了 18 世纪末，人们对白色和黑色领带十分感兴趣，认为这两种颜色的领带显得高雅、富丽。高高地遮掩住脖子是西方 19 世纪领带装饰的特点。这一时期，领带的颜色五彩缤纷，材质多为绸缎、天鹅绒之类的布料。

19 世纪 70 年代，首次出现了自结花结领带。社会名流注重用领带装饰自己，社交活动中领带也成为一种礼仪象征。至此，领带已失去了围巾的作用，成为地地道道的衣着装饰品。

通常情况下，黑西装、白衬衫，宜选用灰色、蓝色、绿色领带；灰西装、白衬衫，宜选用灰色、绿色、黄色领带；暗蓝色西装、白色或明亮的蓝色衬衫，宜选用蓝色、橙黄色的领带；蓝色西装，粉红、乳黄、银灰、明亮的蓝色衬衫，宜选用暗蓝色、灰色、胭脂色、黄色领带；褐色西装，白或灰白色、明亮的褐色、银色衬衫，宜选用暗褐色、灰色、绿色、黄色领带；绿色西装，明亮的蓝色、银灰色、褐色衬衫，宜选用黄色、胭脂色、褐色领带。那么，领带的系法有哪些呢？图 2.9 和图 2.10 展示了两种常见的领带系法。

系领带须穿硬领且长短适度的衬衫，领带系好后，宽的一片要略长于窄的一片，长度以长片抵至皮带扣为宜。如穿西服背心、毛衫等，要将两片领带放在背心和毛衫里边，不要让它们飘在外面，领带尖部也不要从背心、毛衫下面露出来。

视野拓展

西装、衬衫、领带颜色搭配的文字介绍看着不直观，可扫描二维码查看各种搭配图找找"感觉"。

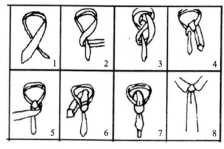

图 2.9　常见领带系法 1

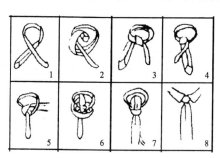

图 2.10　常见领带系法 2

（二）皮包

曾经有一位在美国北部工作的女性推销员，她一直都穿深色套装，提着一个男性化的公文包。不久，她被调到阳光普照的南加州，仍然以同样的装束去推销商品，结果成绩不够理想。后来她改穿了色彩较淡的套装和洋装，换了一个女性化的皮包，平添了几分女性的柔美，给人一种亲切感。她的这一变化，使她的业绩提高了25%。由此可见，选用恰当适宜的皮包有助于达到商务活动的目的。商务场合选用皮包应主要掌握以下技巧。

（1）出席高规格场合，选用质地好、做工精细、外观华丽、体积小、横长型的皮包为佳。

（2）日常上班，以实用为目的，皮包体积适中，外观不必太华丽。

（3）皮包的颜色、款式应与季节相统一。

（4）矮胖者不宜选用秀气的皮包，高胖者宜选用稍大些的皮包；身材瘦小者宜选用小巧的皮包，高瘦者选用皮包不宜过大或过小；体态窈窕的女士不宜选用大皮包，体态丰满的女士不宜选用小皮包。

（三）首饰

选用首饰要具备以下礼仪常识。

1. 根据着装选用首饰

配饰尤其是首饰，是为着装进行的装饰和点缀，是以升华着装效果为目的的。因此，要根据着装来选用首饰，达到与服装协调一致、相得益彰的效果。而服装的质地、款式、颜色等，都是决定首饰选用的重要因素。以项链为例，穿着高领衣服，项链的长度就不宜太长，否则挂件不易露出；穿着羊毛衫，可以佩戴没有挂件的项链；穿三翻领或高领羊毛衫、绒线衫，项链要戴在衣服外面。

2. 考虑个体因素

每个人的年龄、身材、体态、肤色等条件不同，佩戴首饰的效果自然也就不同。为求得扬长避短的效果，必须按个体因素的特点选用首饰。体态丰腴者不宜佩戴小巧的首饰；头大者不宜佩戴过多、造型夸张的头饰；颈长者宜佩戴项链；颈短者不宜佩戴项链，若一定要戴，可选择有拉伸视觉效果的长链。其实，对于颈短者，最聪明的办法是在胸前佩戴一枚稍显华丽的胸针，将他人视线吸引到服装上，以掩饰颈短的缺陷。

3. 不宜佩戴粗制滥造的首饰

在商务场合，要佩戴品质、做工精良的首饰，不可选择品质、做工低劣的首饰，否则不仅无法起到美化效果，反而降低自身品位，影响自身形象。应当强调的是，男士除佩戴结婚戒指外，一般不宜佩戴其他首饰（尤其是耳环）。出席一些特殊场合，如悲伤场合，女士也不宜佩戴太多金银首饰，除结婚戒指、项链外，不宜佩戴其他首饰。

常用首饰的选用技巧及注意事项见表2.6。

表2.6　常用首饰的选用技巧及注意事项

首饰	种类	选用技巧及注意事项
戒指	戒指有线戒、嵌宝戒、钻戒、方板戒、板戒、玉戒等	戒指与皮肤颜色相配。例如，褐色皮肤的手，佩戴金戒指比较协调；手背肤色偏黑，可佩戴暗褐色或黑色宝石等颜色较深的戒指，使手背颜色不致太明显。 戒指与手的形状相符。短粗形的手宜佩戴非对称性的较细长的戒指，以分散他人对手指形状的注意；细致精巧的戒指适合纤细之手。男士粗大的手应戴大方稳重的戒指，过于细小则显得小气。 结婚戒指宜用纯金、铂金或纯银制成。可将双方的姓名刻在戒指上。结婚戒指通常佩戴在左手上

续表

首饰	种类	选用技巧及注意事项
项链	项链分为金属项链与珠宝项链。金属项链一般由金、银制成，分为有挂件和无挂件两种，款式有方丝链、花丝链、水波纹链、花式链、松子链、马鞭链等；珠宝项链主要由珍珠、玉石、等贵重珠宝串制而成	与服装对比，项链颜色与服装色彩反差大并形成鲜明对比，会收到好的效果。例如，单色或素色服装搭配色泽鲜明的项链，能使项链更加醒目；色彩鲜艳的服装搭配简洁的项链，可与服装色彩产生平衡感。 佩戴项链可以达到掩盖颈部某些不足的目的。例如，脖子长的人戴颗粒大而短的项链，使其在脖子上占据一定位置，能在视觉上缩短脖子的长度；而脖子短的人戴颗粒小而长的项链，在视觉上可给人一种修长的感觉。 与年龄呼应，年轻人佩戴珍珠项链会显得文雅、文静，年龄大的人选用翡翠、绿松石项链会显得年轻
耳环	耳环分为组扣式与悬垂式，样式有花形、圆形、心形、梨形、三角形、方形、菱形、大圈形、剪刀形、蛇形等	与脸型相匹配。脸型较大的人不宜戴圆形耳环，但可戴较大一些的几何形耳环，佩戴时要紧贴耳朵；脸型小的人宜戴中等大小的耳环，以长度不超过 2 厘米为佳。圆脸型的人宜戴长而下垂的方形、三角形、水滴形耳环；方脸型的人宜戴有耳坠的耳环；长脸型的人宜戴紧贴耳朵的圆形耳环，以增加脸的宽度。 与发型相协调。长直发宜搭配长链形的耳环；长辫发型宜搭配悬垂式的耳环；盘头发型宜搭配白色或有色彩的大型耳环。 耳环色彩宜与服装颜色协调，宜选用与服装同色或对比色的耳环。金、银、钻石耳环宜搭配质地优良的服装。 与场合、季节相适应。正式场合宜佩戴款式精巧的耳环；夏季宜选用轻质的小型耳环，冬季宜选用较厚重的耳环
手镯、手链	手链是手镯的替代产品，多用金、银及镀金、包金边花丝制成	视其手臂的形状而定。手臂较粗短的人应选用细型手镯，手臂细长的人可选用宽粗的款式，或多戴几只小的细型手镯来加强效果；手镯如能与耳环或项链同款式，会给人一种和谐之美。 手镯或手链一般只戴一种；戴手镯时不宜同时戴手表；如手部不美则不适合佩戴太多首饰

思考与练习

（1）根据表 2.6 的建议，对本书配套课件中相关人士佩戴的首饰做出点评，并提出改进建议。

（2）分小组讨论，对个人首饰的选用各自发表意见并相互提出建议。

本 章 要 点

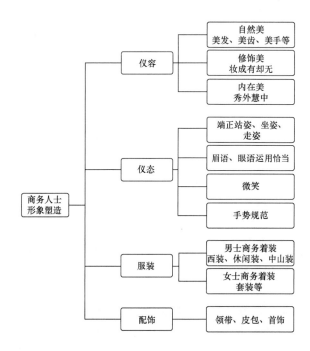

知识巩固与礼仪训练

一、知识判断

1. 容貌之美可能来自上天的赐予，而心灵之美需要后天的修炼。　　　　　（　　）
2. 商务交往中拥有外貌美是最重要的。　　　　　　　　　　　　　　　　（　　）
3. 用微笑对待客户，会成为赢得客户好感的人。　　　　　　　　　　　　（　　）
4. 文质彬彬，彰显君子风度；秀外慧中，打造淑女气质——只有这样才能自由驰骋于商场。

                    （　　）
5. 在商务交往过程中，站、坐、行可根据自己习惯和喜好表现出某种姿势或姿态。（　　）
6. 在商务场合与人见面时，女士站姿应双肩平正，双臂自然下垂，双手可合拢放在胸前；入座要稳、要轻，如身着裙装，应用手背将裙子稍拢一下，不要等坐下来再站起来整理。

                    （　　）
7. 在商务场合，男士坐下后，要并直双腿，目视前方，双手可搭放在腿上，整个身子陷入沙发椅。　　　　　　　　　　　　　　　　　　　　　　　　　　　　　　　（　　）
8. 在商务场合，女士坐下时，身体不能全部坐在椅子上，但也不能只坐边沿，坐满 2/3 为宜。　　　　　　　　　　　　　　　　　　　　　　　　　　　　　　　　　　（　　）
9. 西装是商务场合男士穿着最多的服装，西装扣子怎么系很有讲究，对于两粒扣的单排西装，两粒扣子都应系上。　　　　　　　　　　　　　　　　　　　　　　　　（　　）
10. 穿单排扣西装时，为了突出男士的风度，西装上的扣子应该全部解开。　（　　）
11. 穿着整洁的职员比穿着不整洁的职员的业绩要高出很多。　　　　　　　（　　）
12. 通过着装，往往能看出你属于哪一类人，它代表着你的个性。　　　　　（　　）
13. 商务人士的衣服穿到很旧了才应买新的。　　　　　　　　　　　　　　（　　）
14. 不管从事何种类型的工作，你的发型可以坚持多年不改变。　　　　　　（　　）
15. 在多数国家，因赶时间穿拖鞋去上班也是可以的。　　　　　　　　　　（　　）
16. 可将白袜子和黑皮鞋混搭在一起去与客户见面。　　　　　　　　　　　（　　）
17. 可珠光宝气、香气逼人地去与客户见面。　　　　　　　　　　　　　　（　　）

二、知识问答

以 5 人为一组，讨论商务场合"淡妆浓抹总相宜"是否合适，然后每组选派代表说明理由。

三、礼仪训练

1. 组织一次形象诊断活动，包括自我诊断、相互诊断和集体诊断。
（1）自我诊断。请每位学生对自己的着装配饰进行自我诊断，然后选出代表上台进行自我诊断的剖析。
（2）相互诊断。以 2 人为一组，相互进行着装配饰诊断，然后指出对方的适宜和不妥之处。
（3）集体诊断。对全体学生着装配饰上共同存在的优点和问题进行集体诊断，并针对问题提出改进建议。
2. "现场体姿秀"。以 5 人为一组，在小组内进行站、坐、走、蹲演练；然后各组选派代表或全组成员上台进行"现场体姿秀"表演，每组限时 3 分钟。

3. "仪容自检自修"。一是对镜检查自己在个人卫生方面需要进行哪些改进;二是自我练习化一个得体的工作妆。

四、案例评析

总统的拒绝理由①

林肯的一位老朋友听说林肯要重组内阁,便向他推荐了一位人才。见面这天,林肯准时来到约定的酒店,但朋友介绍的才子却迟到了。

这位才子到来后,只见他穿着一件皱巴巴的旧西装,领带上面有星星点点的油渍,头发凌乱地披散着,鞋子上面沾满灰尘。这人见了林肯,并没有表现出对总统起码的尊重,也没有就迟到向林肯表示歉意。

林肯虽然对眼前这个人很失望,但他还是礼节性地和他谈了一会儿话。谈话中,林肯明显感受到,此人虽然有一些才华,但过于骄傲和狂妄。于是,他礼貌地和那个人握手告别了。

朋友见到林肯,迫不及待地询问结果,林肯直率地说:"他不太适合做内阁成员,并不是他的学识不够,而是他连最基本的礼仪都不懂,而且他的着装实在是太随意了……"朋友有些不理解,林肯平静地说:"如果一个人在仪表上都不加修饰,那么他再有才华也不会给人以好感,尤其是当人过了一定的年龄,就更应该注重他的个人仪表。我想,没有人愿意与一个言辞傲慢、衣着邋遢、不修边幅的人共事吧?"

问题:

1. 认真阅读案例,指出林肯拒绝的理由。
2. 通过这位才子的形象,评析商务人士在形象塑造方面应具备的基本礼仪。
3. 结合案例,评析商务人士形象的内在美与外在美的相互关系。
4. 这则案例给你带来的启示是什么?

---

① 本故事整理自《现代青年》2012 年第 12 期《总统的拒绝理由》,作者尹成荣。

第三章

日常事务礼仪

"形象是企业的生命"，一语道破形象塑造的重要性。良好的企业形象是企业核心竞争力和综合实力的体现，而日常事务是企业形象的有机构成，也是企业形象展示的直接窗口。当下，我国在国际商务活动中的地位和作用与日俱增，越来越多的企业参与到国际商务活动中，塑造良好企业形象比以往任何时候都更具有现实意义和战略意义。为使大家了解和掌握日常事务礼仪，本章从接待与拜访、电子通信、礼物馈赠方面进行具体阐述。

第一节　商务接待

商务接待是指建立在商业谈判或者商业合作基础上的迎来送往等具有服务性质的工作。其礼仪规格比较高，是企业必不可少的日常事务之一。在商务接待中，合礼依规地做好接待服务工作，不仅会给来访客户留下良好印象，而且有助于商务交往的顺利进行，甚至取得事半功倍的效果。

一、制订客户接待方案

制订客户接待方案，一般来说包括以下几个方面。

（1）了解客户的基本信息。了解客户的基本信息，如单位、姓名、性别、人数、身份、国籍、宗教信仰等，客户到达的具体时间、所乘车次或航班到达的时间等，以及客户的爱好、性格和特殊禁忌等。上述信息了解得越多、越具体，接待工作准备得就越充分。

（2）了解客户的来访目的。必须确切了解客户来访目的，可以向上司或有关人员了解，也可以事先向客户了解。

（3）确定接待规格。按照接待规格（见表3.1），对同规格或重要客户，应安排身份相当的人出面接待；对一般的客户，由专管接待的工作人员负责即可。无论双方商谈的结果如何，都必须按照接待规格送客，不能有头无尾，前后态度悬殊，要给客户留下善始善终的印象。

表 3.1　接待规格

同规格接待	根据来访者的级别，让相对应级别的人员接待，即主要陪同人员应与来访者职位相当
高规格接待	上级领导派人过来了解情况、传达意见或建议，或相关企业来商谈重要事情，或接待公司重要客户，主要陪同人员要比来访者的职位高，这是高规格接待。某些情况下，重要领导也需出面接待，以示尊重
低规格接待	主要陪同人员比来访者的职位低的接待。诸如上级领导、主管部门领导或总公司领导到基层或子公司视察，接待单位在级别上比来访单位低，只能低规格接待

（4）布置接待环境。保证接待室内外环境干净整洁、优雅温馨，让客户一进来就感到环境清新怡人。

（5）预算接待经费。根据相关安排，事先做出经费预算。

（6）安排接待人员。做好接待人员的培训，接待人员要有礼有节、言谈得体、举止文明。

二、迎客、乘车、乘电梯等礼仪

接待时迎客、乘车、乘电梯、上下楼梯和引导等都有相关的礼仪规范，接待人员遵守规范、讲究礼貌、彰显素质，会给客户留下深刻的印象和美好的回忆。

1. 迎客礼仪

迎客时应注意以下几方面的礼仪规范。

（1）时间。接待人员应在客户抵达前 10～15 分钟到达相应地点迎候，不得迟到。

（2）语言。在接到客户时，接待人员一定要注意称呼得体、问候礼貌、用语准确并符合当时的语言环境。

（3）表情。接待人员应面带微笑、目视对方、点头致意，面部表情要符合礼节。

（4）见面。在见到客户时，应主动上前彬彬有礼地亲切问候，并且与客户握手，握手要遵循礼节要求。

礼仪故事

接待不周

一次，泰国某政府机构为泰国一项庞大的建筑工程向美国工程公司招标。经过筛选，最后剩下 4 家候选公司。泰国特派遣代表团去美国，与各家公司分别商谈。代表团到达芝加哥时，最有希望的那家公司却出了差错：因为没有仔细核对飞机到达的时间，以致该公司未去机场迎接代表团。泰国代表团在芝加哥商业中心的一家酒店住下后，打电话给那家公司的经理，在接受了他的道歉之后，代表团同意第二天 11 时在经理办公室会面。第二天，那家公司的经理按时在办公室等候，但直到下午三四点才接到客人的电话："我们一直在旅馆等候，但始终没有人前来接我们。我们对这样的接待实在不习惯，已订好下午的机票，准备飞往下一个目的地，再见吧！"

点评：迎来送往是企业的日常事务活动之一，接待方一定要从客人抵达的时间、地点开始认真准备，不遗漏任何一个细节。只有这样，才能让客人乘兴而来，满意而归，才能促成双方合作成功。另外，在接机工作已经耽误的情况下，注重人情味的东方人一般会牺牲个人时间到酒店"陪客"，进一步消除误会，而西方人一般没有这种习惯。没有事先了解东西方文化差异，也是美国公司接待工作准备不充分的一种表现。

2. 乘车礼仪

不同车辆、不同情况的礼仪要求有所不同，但共同遵守的礼仪就是安全第一。

（1）乘轿车。乘左舵轿车的座次规则是右尊左卑，以面朝车辆行进方向定左右。当有专职司机驾车（见图 3.1）时，后排尊于前排，后排右侧为①号位，左侧为②号位，前座为③号位；当主人驾车（见图 3.2）时，前排尊于后排，驾驶座右侧为①号位，后排右侧为②号位，左侧为③号位。

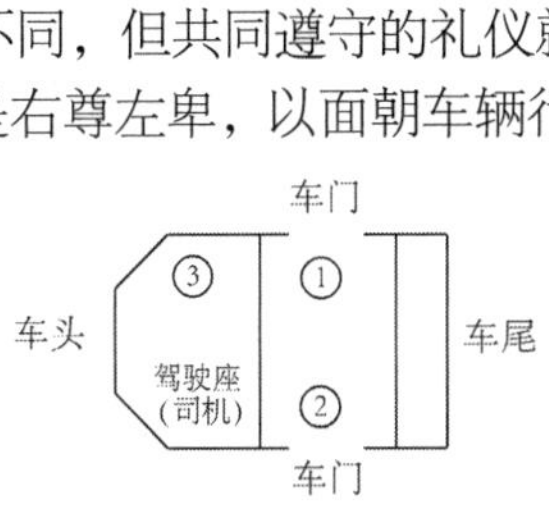

图 3.1　司机驾车位次（一） 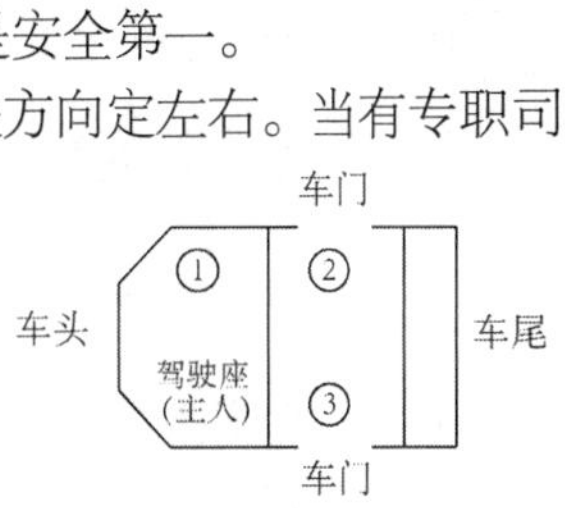　　图 3.2　主人驾车位次

（2）乘商务车。商务车专职司机驾车座次规则是中排为上，前排为下，右尊左卑。专职司机驾车（见图 3.3）时，中排右侧为①号位、左侧为②号位，后排右侧为③号位、左侧为④号位、中间为⑤号位、前排右侧为⑥号位、主方的

接待人员或礼宾人员一般坐⑥号位。但特殊时期为了增强安全性（见图3.4），中排左侧为①号位，右侧为②号位，后排左侧为③号位，右侧为④号位，中间为⑤号位，前排右侧为⑥号位，主方的接待人员或礼宾人员一般坐⑥号位。

（3）乘中型客车。中型客车座次尊卑顺序是从前至后，车门最近，从右向左。专职司机驾车（见图3.5）时，第一排距车门最近右侧为①号位，其左侧依次为②号位、③号位、④号位，第二排从右向左依次为⑤号位、⑥号位、⑦号位、⑧号位，第三排……

图3.3　司机驾车位次（二）　　图3.4　司机驾车位次（三）　　图3.5　司机驾车位次（四）

微课堂
乘车礼仪

（4）送客上车。送客人上车时要先为客人打开车门，如果是轿车需把一只手挡在车门的上方，以防客人上车时动作幅度过大磕碰到头部。汽车发动后，主人要目送汽车远去方可离去。

（5）上下车姿势。对女士而言，上车不要一只脚先踏进车内，也不要爬进车内，要先站在座位边上，降低身体，臀部先落座，双膝并拢，双腿一并抬起，收进车内；下车时，双腿先伸出车外，整个身体再出来。上下车时，女士最易犯的错误就是单腿跨入或单腿迈出，这样穿裙装时容易走光，并且姿势很不优雅。

3. 乘电梯礼仪

视野拓展
女士上下车示例

乘坐电梯，当电梯有专人操作时，接待人员应后进先出（电梯无专人操作时，接待人员应先进后出），其具体礼仪如下。

（1）当客人来到电梯门前时，接待人员先按电梯按钮（见图3.6）。当电梯门打开时，如有多位客人，接待人员可先行进入电梯，一只手按"开门"按钮，另一只手按住电梯一侧的门，礼貌地说"请进"，请客人进入电梯。在电梯内，接待人员要站在靠近操作面板的位置。

图3.6　电梯引领人员礼仪

（2）进入电梯后，接待人员按下客人要去的楼层按钮。如电梯行进间有其他人员进入，可主动询问要去几楼，帮忙按按钮。在电梯内可视情况决定是否寒暄，如没有其他人员可略作寒暄，如有外人或其他同事，可斟酌是否寒暄。电梯内尽量采用侧身面对客人的站姿。

（3）到达目标楼层后，接待人员要一只手按住"开门"按钮，另一只手做出请出的动作，并说道："到了，您先请！"当客人全部走出电梯后，自己再走出电梯，并热情引导行进的方向。

4. 上下楼梯礼仪

接待人员陪同客人上下楼梯，如果是女接待人员引导男客人上楼时（见图3.7），无论是上下楼均应请客人在前。如果是男接待人员引导男客人上楼时，客人在前；下楼时，客人在后。若是男接待人员引导女客人上下楼时，客人则均应在后面（见图3.8）。

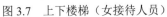

图 3.7　上下楼梯（女接待人员）　　　　图 3.8　上下楼梯（男接待人员）

重点提示

是否觉得掌握乘车座次、引导客人进出电梯、上下楼梯的礼仪顺序有些吃力，请记住以下原则：危险不便留给自己（接待人员），安全方便留给客人（尊者）。

一般情况下，车内座次以方便上下车及上车前下车后的活动处为尊位。以轿车为例：因为我国车辆靠右行驶，图 3.1 中的①号位上下车既方便又安全，所以一般将其作为尊位；如特别强调安全性，司机背后的位置相对安全，为尊位；如为紧凑型车，后排舒适性差，在安全性较高的前提下，宜将副驾驶位置作为尊位。

一般来说，电梯外较电梯内安全，所以接待人员要先进后出。下楼梯时容易发生意外，接待人员一般走在前面；上楼梯时危险系数低，则要体现尊者优先的原则。

当然，凡事皆有例外，要具体情况具体对待，要注意男女有别、女士优先。按照西方国家的习俗，女士无论是主是客，都要坚持女士优先的原则。

5. 引导礼仪

接待人员要注意以下几种情况的礼仪规范。

（1）旋转门。接待人员陪同客人走旋转门时，原则上客人在前；若旋转门未启动，接待人员应上前推动其旋转，再请客人先行。

（2）人行道。人行道内侧是安全的位置，接待人员应请客人走内侧，自己走外侧；若行至车辆或行人较多处时，应先疾走几步"开路"，并提醒和照顾客人安全通过。

（3）走廊。在走廊中行走，接待人员应走在客人 2～3 步前，配合客人步调，请客人走在内侧。

（4）房门。引领客人走到房门时，接待人员要先敲门，确认房间内有无人等。如果房门是向外开启式，应先将门拉开再请客人进入；如果房门是向内开启式，应推开房门自己先进入，然后再请客人进入。

（5）客厅。当客人进入客厅时，应礼貌地询问客人是否需要将外衣、围巾等物品代为保管，得到肯定回答后，应用双手接过物品，妥善放置好。然后以手势示意客人就座，如客人坐了下座，应上前引导其改坐上座。确认自己已按礼仪规范安顿好客人后，向客人点头示意离开。如果接待人员既是引导人员又是洽谈人员，则无须离开。

三、接待中的细节礼仪

"细节决定成败"，接待中的细节绝对不可轻视与疏忽。在商务交往中，关注礼仪细节、讲究礼仪技巧，无疑会缩短彼此的心理与情感距离，建立和谐融洽的交往关系，取得事半功倍的效果。

1. 接待用语有技巧

民间有"一样话，百样说"的俗语。说话要讲究方式方法，不同的话语会产生截然不同的效果。接待人员在接待客人时，使用礼貌规范、大方得体的用语，不仅会赢得客人的好感，也有利于提升组织的形象。

思考与练习

接待用语技巧

可多用接待用语："对不起，请您等一下好吗？""对不起，请问您是哪一位？""对不起，现在刘总很忙，但王副总经理正好没有预约，您想不想与他谈一下？"

委婉拒绝，态度诚恳，如："非常抱歉，刘总正在开一个会议，您能否换一个时间与他见面？"

比较这两句话："您能否推迟到明天？今天可能让您白跑一趟，但明天刘总会有更充裕的时间同您商讨细节。""明天刘总会有更充裕的时间跟您商讨细节，今天让您白跑一趟了。"显然，第一句话更能让人理解。

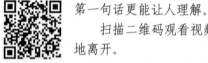

扫描二维码观看视频，重新为这位宾馆接待员设计接待用语，做到让顾客满意地离开。

2. 斟茶送水有学问

斟茶送水时要注意以下几个问题。

（1）茶具要干净。给客人倒茶时，要使用干净的茶具，要特别注意茶具是否久置未用、是否沾有灰尘等细节。倒茶前，原则上应当着客人的面用清水细心洗刷一遍茶具，然后再用开水冲烫一下茶壶、茶碗，这样既卫生，又显得彬彬有礼。

（2）茶水、茶叶要适量。俗话说："茶满欺人，酒满敬人。"我国传统礼俗讲究"敬客茶斟七成满"，斟得很满，既是对客人的失礼，也暴露了对茶文化的无知。遇到特别注重礼仪的大客户，甚至会因此得罪对方。茶叶不宜放得太多或太少，适中是最佳的选择。如果客人有提出浓或淡的要求，可以遵从客人的要求投放茶叶。

（3）端茶要得法。给客人上茶时，应双手端茶。对于有杯耳的茶杯，通常是用一只手抓住杯耳，另一只手托住杯底，把茶端给客人。对于没有杯耳的茶杯，原则上应使用茶托，微微俯身，将茶杯端至客人头部下方的位置，微笑着用语言和目光示意对方"请用"，递送茶杯的位置切忌高过客人的头部。

3. 送客有礼貌

当客人告辞时，切忌无动于衷或点头、挥手了事，应主动与客人握手相别，并将其送出门外或楼下，用热情友好的语言欢迎客人下次再来。若客人步行，要目送客人身影远去；若客人乘车，要等客人乘坐的汽车远去方可离开，不可以刚把客人送出门或送上车，自己就转身进门。送客的礼貌细节就体现在一握手、一转身之处。

礼仪故事

大师送客的礼节①

鲁迅先生住在北京时，每天晚上都会有客人来访。鲁迅先生总是热情款待，为客人倒茶、拿

---

① 故事整理自唐宝民《大师待客的细节》一文，见载于 2013 年第 13 期《中外文摘》。

糖果。当客人告辞的时候，他总是持灯走在前面为客人引导照明。将客人送出门外，客人作别离去后，他不是立即抽身回屋，而是持灯目送，直至不见客人身影，才反身回屋。作家王冶秋曾在《怀想鲁迅先生》一文中这样写道："深夜，他端着灯送出门外，我们走了老远，还看到地下的灯光。回头一看，灯光下他的影子好看得很，像是个海洋中孤岛上的灯塔，倔强地耸立在这漆黑的天宇中。"由此可见，尊重，有时是说出来的，有时是做出来的。体现在细节里的尊重，更是一种令人感动的尊重。

点评：客人已经走了很远，还能看到地下的灯光，这就是鲁迅送客的礼节。企业在迎来送往的商务接待活动中，一定要把好送客这一接待工作的最后关口，否则可能会前功尽弃。

第二节 商务拜访

商务拜访是企业日常事务的重要组成部分，企业营销、日常事务活动中的市场调查、产品推广和客户关系维系等都离不开拜访。遵约守时、有礼有节、热情友善、善于交流沟通的拜访者更容易博得客户的好感，能快速增进与客户的情感，建立业务关系，开拓市场，收集和反馈企业发展的各种信息。

一、拜访礼仪

在商务拜访活动中，客户对拜访者的第一印象和感受是决定拜访成败的关键。而对"印象"和"感受"起决定性作用的是拜访者的"礼"。知礼、懂礼、有礼、施礼，会使拜访者自始至终给客户彬彬有礼的印象，不仅能够提高拜访的质量，还有利于合作关系的建立。

1. 仪表得体，仪态得当

仪表、仪态是传递对客户尊敬、重视的无声信息。拜访者要注意选择能够代表个人和企业形象的服饰。这样做，一方面能够塑造完美优雅的个人形象，体现良好的修养与精神风貌；另一方面能够给客户好的第一印象。服饰搭配应以适合自己为原则，无论是庄重正式、民族风格、时尚流行的服饰还是休闲服饰，只要适合自己，并与环境、场合协调，再配以亲切友善的面部表情、专注热忱的眼神，会给客户留下极佳的印象。所以说得体的仪表和得当的仪态是拜访成功与否的关键，有时甚至影响后续拜访和其他商务活动的开展。

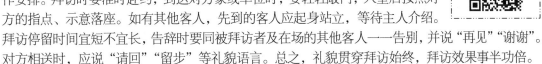
微课堂
商务拜访礼仪
与技巧

2. 礼貌拜访，善始善终

一般来讲，拜访前应事先与对方沟通约定，以免对方不在或扰乱对方的工作安排。拜访时要准时赴约，到达对方家或单位时，要轻轻敲门，入室后按照对方的指点、示意落座。如有其他客人，先到的客人应起身站立，等待主人介绍。拜访停留时间宜短不宜长，告辞时要同被拜访者及在场的其他客人一一告别，并说"再见""谢谢"。对方相送时，应说"请回""留步"等礼貌语言。总之，礼貌贯穿拜访始终，拜访效果事半功倍。

3. 热情亲切，生动幽默

语言是拜访者与客户交流沟通，增进彼此感情，构建良好关系的工具。称呼亲切得体，问候暖人心扉，言语生动幽默，可以给客户酒逢知己、话语相投的感觉，让客人能够畅所欲言，敞开心扉，增进和加深双方的感情与了解。可见热情亲切、生动幽默的话语，不仅有利于促进沟通、捕捉更多的信息，还具有强化拜访效果的功能。

二、拜访技巧

决定拜访成效的要素不仅有礼仪，还包括技巧。拜访技巧有很多，这里主要介绍两点。

1. 有效预约拜访时间

预约是拜访的第一步。成功的预约能让客户欣然接受，并为接下来的拜访奠定愉悦的感情基调。那么，怎样才能做到成功预约呢？

（1）一般来说，有经验的拜访者会将拜访时间的决定权交给客户，如"您什么时间方便些？""您最近什么时间有空闲？"等。让客户感觉到主动权在自己手中，自己是被尊重和重视的，通常这种预约的成功率较高。

（2）通常情况下，客户很难拒绝与自己有交往关系的人或者是熟人的拜访。拜访者不妨在预约时告知客户，是经某公司、某人士介绍，特来拜访的，使客户碍于情面，难以拒绝，进而提高预约拜访的成功率。

（3）对于一些以没有时间等为理由推辞和拒绝拜访的客户，拜访者可以先确定一个较远的时间，以减少客户的排斥心理。随着时间的推移，可选合适的时间再次致电确认，并在此基础上提出预约，邀请客户选个方便的时间。这种礼貌与诚意一般会打动客户，提高预约的成功率。

思考与练习

商务拜访的次数越多，效果就越好吗？拜访客户的次数与效果是否成正比？

对上述两个问题展开讨论，然后扫描二维码，分析二维码内的案例是否具有普遍性和实效性，重新讨论上述问题并加以总结。

2. 有效控制拜访时间

要坚持有效沟通，适时告辞的原则。拜访时间一般以半小时为佳，时间过长或过短都会弱化拜访效果。那么，如何控制好拜访时间呢？

（1）准备充分，有的放矢。拜访前，要提前做好清晰明了的拜访提纲；拜访时，在寒暄问候等必要的情感铺垫完成后，应立即进入正题。谈话时应思路清晰、内容简练、突出主题，语言表达准确精练，切中要害，在常规的时间内圆满完成任务。

（2）察言观色，适时告辞。拜访时一般以半小时为常规礼仪时限，但也可视拜访过程的具体情况而定。有时或因突发状况，或因志趣相同、话语投机，或因彼此感兴趣的话题、项目，或因交谈中的分歧障碍等因素，可适时调整拜访时间。在拜访中，拜访者要注意察言观色，当客户出现频繁看表或不断调整坐姿等举动时，应尽快结束话题，主动告辞。这样会给客户留下懂礼貌、善解人意的印象，并为下一次拜访打下良好基础。

三、拜访的"雷区"

随着市场经济的发展，企业的数量、规模和业务量呈现翻倍上涨趋势，相互间的拜访也越加频繁，拜访礼仪从未像今天这样受到社会的广泛关注和商务人士的重视。那么，掌握哪些拜访礼仪与技巧，才能成功避开拜访误区或"雷区"，增强拜访效果呢？具体应掌握如下几点。

1. 预约不当，不利拜访

拜访者预约不当，或不约而至，不仅不会取得预期效果，还会使客户心生厌恶。预约时切记"三忌"。一忌态度生硬、语气强硬。态度不当、语言不柔，即使预约成功，也会让客户如鲠在喉、反感不快。二忌不约而至，突然造访。不约而至既会打乱客户的工作安排，致其毫无准备，又会给客户留下不懂礼貌与商务规则的印象。三忌预约遭拒后死缠烂打、反复预约，让客户避之不及，欲速不达。凡此种种，皆系预约不当，不利拜访。

2. 对象不分，分寸失度

拜访者在拜访中，为了与客户快速建立感情，有时需要主动、刻意地打破常规的社交距离，拉近双方的心理距离。但是，万事有度，打破常规不是不讲规则。如果不分对象，不分场合、地点，不分客户的年龄、身份、性格等，一律亲切有加、毫不见外，宛如多年的老友，称兄道弟、举止随意，不但不能拉近与客户的距离，反而会使客户心生反感。因此要把握分寸、收放有度，才能获得最好的拜访效果。

3. 时间过长，适得其反

拜访时间与效果并不成正比。一般来讲，超出半小时的拜访会弱化拜访效果。为有效控制时间，拜访者一要做好拜访预案，避免因事前准备不足带来的思路不清晰、叙述内容冗长、语言表达不准确等问题；二要避免因寒暄、铺垫情感时间过长，导致拜访时间超时，客户心生反感，未能取得拜访预期效果等问题。

第三节 电子通信

随着人类进入数字化信息时代，信息化是当今世界经济和社会发展的大趋势。在信息化浪潮的推动下，作为信息传递的重要载体与物质媒介，电话、手机、电子邮件、微信等已成为现代商务活动信息传递、沟通往来的主要工具。电子通信的出现，是对传统商务礼仪的挑战，如何在这种通过电子邮件沟通、影音视频交流的情况下，掌握既合乎传统商务礼仪，又适应信息化社会商务活动要求的礼仪规范，是本节介绍的内容。

一、电话礼仪

虽然短信、微信、语音、视频等通信方式有取代电话沟通的倾向。但仔细推敲你会发现，用微信、语音、视频进行沟通的对象，往往局限于亲朋好友、同事之间。在上下级、政务往来、社会经济组织或个人之间，基本上都是采用电话进行沟通。也就是说电话仍是正式场合使用的通信工具。有位科学家曾经说过这样的话："一个不会正确利用电话的人，很难说他是一个符合现代社会需要的人。至少，他算不上是一个具有现代意识的人。"由此可见，在现代社会正确使用电话有多重要。那么，怎样才能掌握正确使用电话的技巧及符合现代商务礼仪的电话使用规范呢？

（一）打电话的礼仪

一般而言，打电话要遵守以下礼仪规范。

1. 时间适宜

给客户打电话，一要选择好打电话的时间，二要控制好通话时长。

（1）选择好打电话的时间。选择打电话的时间时要把握不影响对方的休息和日常生活，不影响对方工作两个原则。这样，才能有效地达到沟通的目的。

一般情况下，业务型电话的时间应选在上午8点或9点以后（以对方上班时间为准），尽量避开临近下班、中午休息这两个时间。除非特殊情况，节假日和用餐、休息时间不要打电话；太早或太晚的时间段也不要打电话，因为在午夜或凌晨被电话铃声吵醒，显然不是一件美妙的事情，很容易引起对方的反感。此外，打国际和跨区域电话，还要考虑对方所在国家、地区的时差，如我国新疆地区与东部省市的时差约为两个小时。

（2）控制好通话的时长。在正常情况下，打一次电话的时间最好不要超过3分钟。这种做法，国外称之为"打电话的3分钟原则"。3分钟原则要求致电方有很强的时间观念，通话时要抓住主题，在3分钟内准确表达清楚自己的意思。遇特殊情况时，可以适当延长通话时间，但要掌握好分寸。

 礼仪故事

"最懒的人"业绩却最高

蒂樊西·费里默大学毕业后，到一家公司做电话促销员，销售数据存储器。他一上班就开始打电话，一直不停地打，说得口干舌燥，甚至连喝口水都来不及。他不断地遭到拒绝和谩骂，但他没有放弃，一直打到下班为止。他粗略统计了一下，有时一天竟然打了300多个电话，他成了公司里最能吃苦的人，可是他的业绩并没有上去。

问题到底出在哪里呢？他每次打电话到一家公司找领导，基本上都被秘书拒绝了。秘书问他："你有预约吗？""没有。""那不行，我们领导很忙，都预约到明天了。"就这样，他被拒绝了。他的电话打不到领导那里，自然就毫无用处，但为什么有时又能打到领导那里呢？

他开始对自己拨打的每一个电话进行记录与分析，发现了其中的规律，就是早上刚上班的几个电话成功率最高，下班后拨打的电话也很有效。这是为什么呢？他带着这样的疑问到这些公司进行暗访，发现只有在这两个特殊的时间段里，电话才能够越过尚未上班和已经下班的秘书，直接打到企业负责人那里。通过分析调查，他总结出在早上8:00—8:30和下午6:00—6:30的两个时间段拨打电话，能够避开秘书，直接与领导预约会面，从而提高推销的成功率。

自此以后，他成了公司最闲适的人，可是业绩却慢慢地上来了，后来他成了全球化3.0时代业绩最高的"最懒的人"。

点评： 蒂樊西·费里默虽然是"最懒的人"，但业绩却是最高的，这是因为他掌握了给领导打电话的时间技巧，才取得了事半功倍之效。无论是企业，还是个人，只要掌握正确拨打电话的时间技巧，不仅能够提高工作质量与效率，而且有利于取得良好的经济效益。

2. 通话内容简明扼要

要做到通话内容简明扼要，首先应做好充分准备。给对方打电话之前，尤其是打重要电话或国际电话之前，要做好充分准备：一是要查准对方的电话号码、单位和姓名；二是要拟好通话提纲（思路、腹稿或文字便签）。

当电话接通后，首先要确认对方是不是自己打电话的对象，然后按事先拟好的通话提纲陈述自己打电话的内容。陈述时要思路清晰、简明扼要、主题突出、用语准确，不拖泥带水、反复絮叨。

视野拓展

观看通电话的两段视频，分析总结其中的正确与不当之处。

3. 热情礼貌

通话时态度要认真专注、热情有礼。注意敬语的使用和措辞、音量、语气、情感色彩的控制，给对方自然亲切、热情诚恳、文明礼貌、知性干练、大方可靠的感觉。

（1）说话热情和善。除可视电话外，一般情况下，通话时双方是看不到彼此的，有声的语言是传达信息的唯一载体，因此要注意语音和情感色彩的控制与运用。说话要吐字清晰，语速、音量适中，语气亲切和善，态度真诚热情，给对方如沐春风的感觉。

（2）用语文明礼貌。电话接通后，主叫方首先要使用敬语恭敬地向对方问好，然后主动介绍自己单位的全称和自己的姓名、职务，切忌让对方发问或回问。结束通话前，要用"谢谢""再见"等礼貌用语。打电话要认真专注，严禁边打电话，边喝水、进食、与他人聊天或从事其他活动的行为，否则会给对方心不在焉、缺乏尊重与诚意的感觉。打错电话时，要向对方说"对不起""抱歉""打扰您了"等礼貌用语，不可一言不发，挂断了事。通话线路突然中断时，按礼仪规范应由主叫方马上回拨电话，并向对方说明中断原因，不应等对方把电话拨打过来。

（3）举止端庄大方。在通话时，要保持端庄、优雅的站姿或坐姿，举止大方得体，电话要轻拿轻放。打电话时，虽然对方看不见主叫方的体姿、举止，但是不良的体姿可以影响主叫方的声音、状态和情绪，不仅会让对方有所觉察，也会给身边的人留下不良印象，有损自己的形象与风度。

礼仪故事

新加坡女作家尤今曾回忆过一件事①。某跨国银行招聘理财专员，她的小儿子致函应征。不久，他接到来自伦敦总部的电话，双方确认了第一轮电话会谈的日期和时间。电话会谈定在 10 点进行，当天 9 点左右，他郑重其事地穿上西装，打好领带，在电话旁边正襟危坐。尤今忍不住揶揄道："嘿，一个电话会谈而已，打扮得那么神气干吗？对方都看不见你。"儿子很郑重地应道："妈妈，如果我现在穿着背心和短裤，心情一定是随意、放松的，说话也许就不够认真严谨了。再说，对方是在办事处给我打电话，人家衣冠楚楚，十分正式，我怎么能不给予应有的尊重呢？"在别人见不着的地方严于律己，才是最大的自律！最终，尤今的儿子顺利获得了那份工作。这则故事告诉我们，我们要在任何时刻和任何场合注重礼仪规范，与人最大的尊重，与己利益与成功。

（二）接电话的礼仪

接电话有本人接和他人代接两种形式。形式不同，接电话的礼仪也有所不同。

本人接电话时应注意以下几个问题。

（1）及时接听。电话铃声一响，应立即放下手中的工作，及时接听。接电话有"铃响不过三"的说法，即电话铃响不超过"三次"时接起为宜。

（2）礼貌接听。接电话要注意七个环节。一是接通电话后，主动问好、自报家门。问候对方是礼貌的表现，自报家门是为了帮助对方验证是否拨错了电话号码或找错了人。二是接听对方电话时，要积极回应，态度要热情友好，耐心对答，不要心不在焉、装腔作势或冷言相对。三是通话结束时，应主动说"再见"，做到客气有礼貌。四是接听电话时，如遇重要内容，要认真做好记录，尤其是接听国际电话时，要特别认真记录。五是如果对方拨错电话号码，要耐心向对方说明，不要不耐烦甚至恶语伤人。六是如果通话时突然中断，要等待对方再次打进来，不要远离电话或者责备对方。七是在会晤重要客人或会议进行时来电，应向对方说明情况，表示歉意并约好通话时间。如果与对方约好打电话的时间，要信守诺言，主动、准时打电话过去。

（3）友好结束。按照通话礼仪规范，一般由主叫方先行挂断电话。所以在主叫方没有挂断电话的情况下，被叫方不宜主动挂断电话。尤其是与位尊者或女士通电话时，一定要先等对方挂断电话，以示对对方的尊重。

当代人接电话时，应注意以下几个问题。

① 本故事整理自《向导·感悟》2013 年第 5 期《小事情里的生活哲学》一文，作者为尤今。

（1）以礼待之。接电话时，如果对方不是找自己，不要出言不逊或拒绝为对方代找他人的请求，严禁在对方要找的人就在旁边时回答"人不在"或"没有你找的这个人"等。正确的做法是问清楚找谁后，用手轻捂话筒，请对方要找的人接听电话。

（2）及时传达。如果对方要找的人不在，且有需要转达的事项时，代接电话的人一定要认真记录，待对方讲完后，对重要事项应重复一遍，确认记录是否准确无误。同时，将自己的姓名告诉对方，让对方放心。电话记录一般包括通话者的姓名、单位、通话时间及内容、是否回电话等。代接的电话要及时传达转告，不得耽误。

（3）尊重隐私。代接电话时，切忌"包打听"，不要打听对方与所找人的关系等问题。同时，要将对方委托自己代为传达的内容守口如瓶，不要转告他人或随意扩散。

思考与练习

商务场合，无论是本人接电话，还是代接电话，都应遵守礼仪要求，体现良好的职业道德与个人修养。然而，事无全美，人无完人。请看下面两组电话"对话"，让我们从电话礼仪的角度进行比较，谈谈你的认识与感悟。

甲：喂。	甲：您好！
乙：喂，找谁？	乙：您好！这里是舍尔公司，请问您找哪一位？
甲：找王佳！	甲：请您帮我找一下王佳好吗？谢谢！
乙：等等。	乙：请稍等。
她不在！	她在另一处办公，请您直接给她打电话，电话号码是……
有什么事！	/对不起，她不在，如果有急事，我能否代为转告？
你是谁？/把你的姓名地址给我！	/对不起，她不在，请您过会儿再来电话，好吗？
	/请问您有什么事？
听不清！再说一遍！	对不起，请问您是哪一位？/对不起，能否将您的姓名和地址留给我？
你说完了吗？	对不起，我听不大清楚。/对不起，请您再说一遍。
我忘不了！	您还有其他事吗？/您还有其他吩咐吗？
	请放心，我一定照办。
	谢谢，再见！

以 5 人为一组，组织小组讨论。

（1）要求每个人都对照以上两组对话，说明自己常用的是哪一组，结果有什么不同。

（2）小组讨论两组对话的优、缺点及其效果，得出你们的结论与启示。

（三）手机礼仪

手机功能的不断提升使用手机处理日常商务成为常态。使用手机时应该遵循哪些礼仪规范呢？

（1）工作环境，勿扰他人。在单位办公室、会议室、礼堂、走廊、餐厅、洗手间等公共场所，拨打、接听电话要降低讲话音量，同时调低手机铃声和语音来电音量，并尽可能避免"体语"，将对他人的干扰降至最低。

（2）接听手机，尊重他人。与他人谈话或交流中，原则上不要接听手机，如果确实有重要的电话需要接听，要礼貌地向谈话对象说"对不起"，然后起身至无人处，或面向无人方向接听。面向他人通话，边谈话、边接电话是职场大忌，是缺乏礼貌的表现。

（3）公共场所，遵守公德。在图书馆、音乐厅、展览馆、影剧院等需要安静的公共场所打电话、未将手机铃声关闭或调至静音状态，是极不礼貌的行为。要养成在公共场所将手机设为静音或调至来电振动模式的习惯，如有来电应迅速离开现场，到不妨碍他人的地方接听。

（4）防止危险，确保安全。严禁在驾车时使用手机，如工作确实需要，可使用蓝牙耳机等设备；严禁在飞机飞行时使用手机，以免对飞机导航系统造成干扰；严禁在加油站、燃料库以及爆破作业等场所使用手机，以免发生危险。

（5）放置到位，保守秘密。手机宜放在公文包、口袋等随身包袋内，不宜握在手里或挂在衣服外面。不宜使用手机和他人研究、商讨商务要事，尤其是事关商业机密和个人隐私的事情。不要轻易向他人索要手机号码，也不要随意向他人借用手机。

> **思考与练习**
>
> 观察图 3.9 中前排两位人物的面部表情，分析问题出在哪里。
>
> 回忆各种在公共场所不文明使用手机的行为和你的感受，结合正文和自己的心得归纳自己今后在公共场所使用手机应遵循的准则。

图 3.9　思考与练习参考图片

二、电子邮件礼仪

随着互联网的崛起，短信、电子邮件（E-mail）、微博、QQ、微信等通信方式相继进入人们的日常生活，以及企业办公和商务领域。虽然短信、QQ、微信等通信方式具有更方便、快捷的优势，但在公务往来和商务交流等场合，使用电子邮件更正式和合乎规范。因此，电子邮件在现代商务往来中仍占有重要地位。

在商务往来中，电子邮件一般有私人邮件、内部交流、公务信函等三种类型。不同的类型，有不同的礼仪要求。这里重点介绍用电子邮件处理日常事务时应遵守的一般礼仪原则。

1. 内容规范

许多国家已明确电子邮件可以作为法律证据。因此，在撰写电子邮件时要认真慎重，掌握写作规范和技巧，避免出现错误。起草电子邮件时原则上要把握以下五点：一是必须注明主题，使收件方一目了然，便于快速回复；二是要使用环境中通用的语言；三是正式信函要使用规范用语，避免口语化；四是要内容简明扼要，直奔主题，忌长篇大论，致收件人反感；五是行文、布局要清晰明了，格式规范，遣词用语准确，序号标注清楚，段落之间留有间隔，抬头要有称呼、问候，结尾要有落款（单位或个人）。

2. 用语礼貌

电子邮件用语要坚持礼貌原则，以体现对对方的尊重。用语礼貌主要体现在遣词造句和邮件格式、内容等方面。

（1）电子邮件的格式。电子邮件虽然不似传统书信、公务信函等有固定格式，但要根据邮件内容选择相应的文体。具体文体要求可参照"公文应用文写作"相关书籍要求。

（2）电子邮件的文字。正文字体要大小适中，不要选择让对方难以阅读的字体。一般情况下邮件应使用中文简体，特殊情况下可使用中文繁体。英文邮件不可以全部使用大写字母，一则不符合英文书写和阅读习惯，二则有时会产生歧义。例如，"I WILL CALL YOU TOMORROW"全部使用大写字母，有表示大声喊叫的语气，显然，对收件人大声说话并不合适，正确的表达应该是"I will call you tomorrow"。

（3）表情字符的使用。表情字符也叫"颜文字"，是指用文字和符号组成表情或图案来表达撰写者的心情，具有辅助信息传递、调和交流气氛、增强情感表达效果的功能。使用表情字符时，首先，要依据对方身份、地位及与自己的关系进行正确的选择；其次，确认收件人能够正确领会表情字符的含义。

（4）发送前的检查。电子邮件不似微信有撤回功能，一旦发出便不可收回。所以在"发送"前，要认真检查，除检查收件人姓名、邮箱地址、错别字、语法修辞、行文格式外，还要注意意思表达是否正确等。

3. 附件使用

电子邮件内容不多时，应以正文形式发送邮件。图片、影像或文字较多的文件，一般以附件形式发送，既可根据文件大小发送一个或多个附件，也可以将文件压缩后发送。如果文件特别大，可先发送一封不带附件的电子邮件，提醒收件人注意收件时间，然后再发送带附件的邮件。

附件文件格式比较特殊时，发件人应在邮件正文中注明附件的文件格式和读取方法。

4. 及时回复

要养成定期查看邮箱、及时阅读和回复邮件的习惯，以免遗漏重要邮件，影响和贻误工作。收到邮件后，无论对方问好还是提问，都应尽快回复，最好立即或当日回复，确保信息传递、沟通的迅捷，以利于工作的开展。

视野拓展

通过网络百科"电子邮件"词条查找电子邮件的起源、符号"@"的意义等，以加深对电子邮件的认识。

5. 定期整理

要定期整理收件箱。需要保存的邮件可留在收件箱，极重要的邮件应当复制为其他形式，予以安全妥善保存。对没有保存价值的邮件要及时清理删除，避免误传等情况发生。忌用公务电子邮箱发送与工作无关的信息、广告等邮件。

6. 尊重隐私

使用公务电子邮箱发送私人邮件是一种不礼貌的行为，要树立尊重和保护他人隐私的意识：一要尽量不群发邮件，以免泄露他人邮箱地址、姓名等信息；二要小心使用抄送（CC）、密送（BCC）等功能，保障信息安全。

思考与练习

有调查结果显示，以下几种行为最令电子邮件接收者反感。

转发伤风败俗的玩笑	不厌其烦地描述自己的不幸
使用大写字母写邮件	传播不负责任的流言蜚语
讨论敏感的个人问题	随意批评他人
对工作或领导抱怨不休	详细谈论自己或者其他人的健康问题
就某问题争论不休	

以5人为一组，进行小组讨论。

（1）个人使用电子邮件过程中，是否存在上述行为？在使用即时通信软件聊天时，你能接受对方的这些行为吗？

（2）各小组汇总讨论结果，从中找出共性问题，究其存在的原因。

三、微信、QQ 礼仪

微信、QQ 因其方便快捷，不仅为现代商业组织所应用，而且为组织内部上下级及同事之间、组织与客户之间搭建了一座数字桥梁，形成了一种全新的互动关系。如何塑造一个良好的数字形象？如何实现有效沟通？知礼、守礼很重要。微信、QQ 礼仪有其相通之处，在此，仅就微信礼仪进行具体阐述。

（1）正确添加好友。商务交往过程中，没有必要见人就"扫一扫"，特别是异性商务伙伴之间，当你主动提出添加好友而对方没有响应时，则不宜再提。正确添加好友，一是自报家门。在添加好友时，要自报家门（姓名、职业及其他信息）说明添加缘由。二是主动问候。添加好友成功后，主动向对方问好并做简要自我介绍。三是尊者居后。如是现场添加好友，应遵循"尊者居后"的原则，下级、晚辈、职员应先主动添加上级、长辈、客户的微信。四是及时备注。添加好友后，对他人的姓名（昵称）、职业或职务、所在城市要及时备注，以防止出错而带来尴尬。

（2）慎用语音。发语音既不能保证自己能够做到每句话逻辑严谨、语句通顺，也不能保证对方能听清、听懂自己的话，而且语音也不是任何时候都方便接听。因此，要慎重使用语音。添加微信后初次沟通，最好不要用语音。不要给陌生人尤其是想要拜托对方做事的人发语音。当涉及复杂的或重要的数据时，要避免使用语音。能用文字解决的事情不要用语音。不宜发 60 秒以上的长语音，也不宜发"OK"一类的超短语音，更不宜不打招呼就直接发十几条语音。发语音前应先征得对方的同意。听语音最好戴耳机，除非周围无人，当然也可以将语音转换成文字阅读。

（3）文字内容精确。精确，一是准确，二是精练。文字内容要准确、精练，并在发送前认真仔细阅读一遍，看看文字、数字、标点有无错误，再确认对象，以避免将内容发错。一条能说清楚的就不要发多条。用"嗯嗯""哦哦"表示了解认同。"在吗？"后面跟要说的事情，比如"在吗？昨天说的事情可行吗？"，不宜只发"在吗？"而不说具体事情。发送内容的末尾可以不加"。"，可选用"～"或表情来代替。

（4）选好时间。发送与工作相关的微信内容，选好时间很关键。要选择在工作时间内及时沟通，要避开上班前、午休、下班后的时间，要避开休息日、节假日的时间，要避开婚丧嫁娶、对方生病的时间。如遇有特殊事情发送微信而影响对方休息，要真诚地予以说明并表示歉意。

（5）及时回复。收到信息应及时回复，如果过了很久才发现有条信息忘记回复，回复时要向对方解释原因，并表示歉意。如极其重要的信息发送后没能得到及时回复，应该主动打电话联系，以免误事。

（6）礼貌结束。一般应由聊天发起人结束一段对话。如想结束对话，可用"嗯""哦"来婉转表达。正常情况下，"我去吃饭了""我去洗澡了"除表达本意外，还可用来结束聊天。互发表情包一般是代表聊天即将结束。

除上述几点外，还要注意不要经常修改微信名称与头像；别人让你看手机里的照片时不要左右翻，看聊天记录也不要上下翻……

第四节 礼 物 馈 赠

我国自古有"往而不来，非礼也；来而不往，亦非礼也"（《礼记·曲礼上》）之说，可见，礼尚往来是人类社会维持彼此关系的处世原则。于一个人如此，于一个经济组织也是如此。现代商务领域企业与企业之间、企业与其他社会组织之间、企业与个人之间，迎来送往活动十分频繁，相互间用来表达情意、传递和加深感情的礼物馈赠时有发生。礼物馈赠是有规范和技巧的，掌握得当能够有效实现馈赠的目的，否则可能事与愿违，甚至产生负面效应。

一、馈赠礼物的技巧

馈赠礼物的技巧，主要包括礼物选取、馈赠时间、馈赠地点、馈赠方式四个方面。

（一）礼物选取技巧

选取礼物的技巧，可从以下几方面考虑。

1. 突出礼物的特点

选取礼物时，可以根据馈赠对象，选取能够代表国家、地区和企业形象与特点的东西。例如，体现自然人文特点、历史文化特点、风物民俗特点，以及具有企业形象、产品和文化象征意义的礼物等。

我国地域辽阔，物产极其丰富。东北的人参、鹿茸，江浙的丝绸用品，江西景德镇的瓷器，西南地区的扎染工艺品等极具地域特色的礼品，通常会受到对方的喜爱，也能彰显出礼物蕴含的文化和情意价值。

代表本公司所处地域、历史、风物的特产，以及体现企业形象、企业产品和企业文化的礼物也是不错的选择。

🎭 礼仪故事

纸鹤和我的职业

记得上小学六年级时，教师节前夕，同学们窃窃私语，商量教师节礼物。这时，相伴三年日夜操劳的班主任艾老师告诉大家：如果同学们一定要送给我表达自己心意的礼物，就请你们每人亲手叠一只纸鹤，并在纸鹤的翅膀或尾巴上写上自己的名字和你的承诺或理想。教师节这一天，大大小小、五颜六色的纸鹤堆满了讲台。我叠的是一只白色纸鹤，上面写下了我的理想。

离开校园的那一天，艾老师还给我那只纸鹤，纸鹤上多了一个佩戴"北京师范大学"校徽的女孩画像。就是这只纸鹤，在日后的岁月中，在自卑时给予我勇气和信心，在动摇时让我坚强给予我力量……六年后，这只纸鹤陪我走进了北京师范大学，多年后又陪我走上了讲台。

还回来的这只纸鹤饱含艾老师浓浓真情，里面有愿望、鼓励和期待。礼轻情意重，这只纸鹤是我生命中别具一格的、弥足珍贵的礼物。

点评：老师要求叠纸鹤做教师节礼物，既满足了小学生的愿望，也未给同学造成经济负担，在将纸鹤"还"给同学时还融入了自己的期待和鼓励，符合师生关系的特点。选择商务活动礼物时，能体现本地、本公司特点的礼物在一定程度上更容易起到"传情达意"的作用。

2. 注重礼物代表的情意

无论是商务活动还是日常生活，礼物贵重与否并不重要，关键在于其能否传情达意。

1926年夏，梁思成与林徽因赴美留学，就读于宾夕法尼亚大学，前者学建筑，后者学美术……期间，梁思成送林徽因的礼物未必贵重，却是独特并饱含情意的。1928年元旦，他送给林徽因一面仿古铜镜。这是他在宾夕法尼亚大学的工作室，亲手雕花、铸模、翻砂，一周之内完工的作品。铜镜上的铭文为："徽因自鉴之用。民国十七年元旦，思成自镌并铸，喻其晶莹不珏也。"

俗语说"千里送鹅毛，礼轻情意重"，赠送礼物重在情意，情意与礼物的贵重程度是不成正比的，有时礼物过于贵重，反而不合适。在与外商交往时，还要考虑一些国家对受礼的法律规定、宗教信仰、民族习俗等因素，应该选择既能表达情意，又不过于贵重的物品作为礼品。有一朋友长期为某出版社做文字校对，新年之际，收到有社长签名的电子新年贺卡，朋友很是感动，逢人便夸出版社真诚礼貌、温暖人心的做法。可见，礼轻情意重，即礼物不在于贵重与否，而在于其所表达的真情实意。

🎙 礼仪故事

"千里送鹅毛，礼轻情意重"的由来[①]

唐朝时，西域回纥国（一说云南少数民族首领缅氏）为表示对唐王朝的拥戴，派特使缅伯高向唐太宗进献天鹅。路过沔阳湖时，缅伯高把天鹅从笼子里放出来，想给它洗个澡。不料，天鹅展翅飞向高空。缅伯高急忙伸手去捉，但还是让天鹅飞走了，他只扯得几根鹅毛。缅伯高急得捶胸顿足，号啕大哭。随从们劝他说："天鹅已经飞走了，哭也没有用，还是想想补救的办法吧。"缅伯高一想，也只能如此了。

到了长安，缅伯高拜见唐太宗，并献上礼物。唐太宗见是一个精致的绸缎小包，便命人打开，一看是几根鹅毛和一首小诗。诗曰："将鹅贡唐朝，山高路遥遥。沔阳湖失去，倒地哭号号。上复唐天子，可饶缅伯高。礼轻情意重，千里送鹅毛。"唐太宗有点莫名其妙，缅伯高随即道出事情原委。听他讲完，唐太宗不但没有怪罪他，反而认为他忠诚老实。

3. 明确送礼对象

选送礼物，要充分了解赠予对象的性格特点、兴趣爱好、修养品位等，才能投其所好。所送礼物若能得到对方的喜爱，往往会取得意想不到的效果。传说，刘墉曾送给乾隆一桶生姜作为寿礼，意即"一统江山"，如此虽花钱极少，但效果极佳，充分满足了受礼者的喜好。

（二）馈赠时间技巧

馈赠礼物时要掌握送礼时机。虽然馈赠礼物没有严格的时间规定，但按惯例来讲，馈赠礼物是要讲究时间节点的。选择适当的时机，能够凸显赠礼人的心意，增强礼物馈赠的效果。一般情况下，开业庆典、与客户初次交往、特殊事件慰问、纪念日和升职获奖等，都是适合馈赠礼物的时机。

（三）馈赠地点技巧

要选择好馈赠礼物的地点。如果地点选择不当，不仅达不到馈赠目的，还会给自己和对方造成麻烦，因此，选择馈赠地点要注意公私有别。一般而言，公务交往所馈赠的礼物应在公务场合进行，而会议谈判和正式商务活动之外或私人交往中的馈赠，应在私人场所进行。

（四）馈赠方式技巧

馈赠礼物要讲究方式方法，一般来说，有以下几种馈赠方式。

1. 当面馈赠

当面馈赠是最常见的一种赠送方式。若为公务赠送，最好由公司领导将礼物赠予对方职务相当的人。如领导有特殊情况，应由身份地位相当的人出面赠送，并向对方解释清楚。

▶ 微课堂
5 美元的奢侈品

---

2. 委托馈赠

委托第三人转送，要解释清楚自己不能赠送的缘由，并且最好在礼物中附上留言卡片或自己的名片，注明送礼原因。

3. 邮递馈赠

身处异地的双方，需用礼物表达情意、保持良好关系时，宜采用邮递馈赠方式。邮递馈赠礼物时应附上卡片或名片，写明送礼的原因。

二、接受礼物的礼仪

接受礼物的注意事项一般有以下几点。

（1）大方、郑重地接受礼物。受礼人接受礼物时，应大方得体、面带微笑、目视对方，双手接过礼物并表示感谢，不宜反复推让。

（2）区别处置礼物。如果是欧美国家的客人赠送的礼物，宜当面打开，并表示感谢与赞赏。如果送礼者是受中国传统文化影响较深的人士（如东亚、东南亚国家和地区的人士等），接受礼物后不宜当面打开，但要当面致谢。接受礼物后，要注意摆放在显眼位置或妥善保存以示尊重，切忌随手放在一边。

（3）重视和珍爱礼物。在接受礼物后，宜在与对方的后续交往中表现出对礼物的重视和珍爱。如果所收礼物自己确实用不到，而转送给他人时，应尽可能避免送给与送礼人相识或日后可能有交集之人。

（4）注意礼尚往来。要特别强调的是，回礼的价值要与对方所送礼物的价值相当，价值差距过大是无礼的表现。

（5）拒收礼物时应讲究方式方法。如果不能接受礼物，应该以亲切友好的态度，耐心地向对方解释拒收的原因，并表示感激。对于以邮寄方式寄来的礼物，宜尽快退回，并说明原因。

本 章 要 点

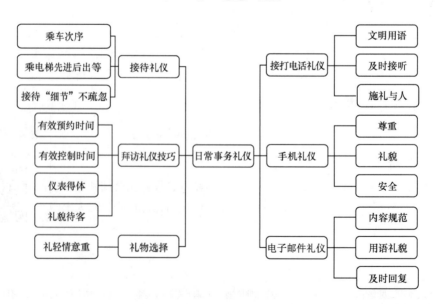

知识巩固与礼仪训练

一、知识判断

1. 在商务拜访时不宜谈私人问题。 （ ）
2. 拜访客户应选择在节假日下午或平日晚饭后。 （ ）
3. 在接待室里等待要拜访的客户时，绝不翻动对方的东西。 （ ）
4. 客人来访进屋后，请客人坐下，把水壶、水杯端过来，让客人自便。 （ ）
5. 送别客户时，要送到楼下，看到客户走远再回去。 （ ）
6. 刘鹏是总经理秘书。一次，他陪总经理去机场送客户，总经理开的是一辆双排 5 座轿车，刘鹏应该选择坐在后排右侧，到达机场时，刘鹏可以提前下车帮助客户开门并取行李。 （ ）
7. （接上题）在送走客户回来的路上，刘鹏应该坐在副驾驶位，因为当上司开车时，副驾驶位不能空着，以免让人误会总经理是个司机。 （ ）
8. 主人和客人不同车，主人坐的车应行驶在客人乘坐的车的前面。 （ ）
9. 两人行进，主走外侧，客走内侧；三人行，主客居中，陪客在一侧。 （ ）
10. 迎接客户，走到电梯门口时，接待人员先进入电梯，按住"开"按钮，请客户入内。 （ ）
11. 乘手扶电梯时，自觉靠台阶的右边站立，把左边的位置空出来。 （ ）
12. 出入无人操作的电梯时，陪同人员应该先进后出。 （ ）
13. 职场中接电话时应先问候对方，然后再回复对方的问题。 （ ）
14. 打电话时反正别人看不到，有点小问题没关系。面对面的时候，多多注意就行了。 （ ）
15. 与熟悉的客户打电话可以使用方言。 （ ）
16. 为能预约到客户，所以晚上可以把电话打到客户家里。 （ ）
17. 因为对方看不到自己，所以可以躺、靠在椅子上打电话。 （ ）
18. 接电话时可以边打电话边吃点零食，以使自己的"底气"更足。 （ ）
19. 接电话时应在铃响过四五声再从容地接起来。 （ ）
20. 如果是其他同事的业务电话，要立即大声地喊他过来接电话。 （ ）
21. 接电话时，如果电话意外中断了，即使知道对方是谁也不应该主动打过去，而是等对方打过来。 （ ）
22. 在和客户谈事的时候，如果手机响了，应该避开客户到其他地方接听。 （ ）
23. 电子邮件的开头和结尾最好有问候语。 （ ）
24. 通过邮件能看出一个人的为人处世态度。 （ ）
25. 一定要小心谨慎地使用附件功能。 （ ）
26. 发出商务邮件时要确认。 （ ）
27. 收到商务邮件时要回复，非常重要的商务邮件要在 48 小时内回复。 （ ）
28. 写商务电子邮件时不用表情符号。 （ ）
29. 收到礼物后，应在客人走后打开，当面撕开精美包装是不礼貌的。 （ ）
30. 最好的礼物不一定是最贵的。 （ ）
31. 赠送礼物时要考虑地点和受礼者方不方便接收。 （ ）

二、礼仪训练

1. 同学王佳要去拜访未曾谋面的导师，请你为她准备一份拜访的礼仪要求和注意事项表。

2. 以 5 人为一组，筹划教师节赠送教师礼物的方案，方案内容包括赠送的礼物（费用低）及赠送时机和方式，最后以票数最高的小组方案作为实施的方案。

三、案例评析

投之以桃，报之以李

传说，在很多年以前，有对老夫妇在一个暴风雨的夜晚走进一家饭店的大厅要求订房。"很抱歉，"柜台里的一个服务生说，"我们这里已经被参加会议的团体包下了。"看到这对老夫妇一脸失望，服务生赶紧说："先生、太太，在这样的夜晚，我实在不敢想象你们离开这里又能投宿到哪里。如果你们不嫌弃，可以在我的房间里住一晚，那里虽然不是豪华套房，却十分干净。我今天晚上要在这里加班。"

第二天一大早，当老先生下楼结算住宿费时，那位服务生婉言拒绝了，并说："我的房间是免费给你们住的，我昨天晚上在这里已经取得了工作的钟点费，房间的费用本来就包含在这里面了。"老先生说："你这样的员工是每一个饭店老板梦寐以求的，也许有一天我会为你盖一座饭店。"年轻的服务生听了笑了笑，他明白这对老夫妇的好心，他只是把老先生说的话当成一句玩笑。

又过了几年，有一天，那个柜台服务生忽然收到这位老先生的来信，邀请他到曼哈顿见面，并附上往返的机票。几天以后，服务生来到曼哈顿，在一幢豪华的建筑物前见到了老先生。老先生指着眼前的建筑物说："这是我专门为你盖的饭店，我以前曾讲过的，你还记得吗？"这家饭店就是美国著名的渥道夫·爱斯特莉亚饭店的前身，这个年轻的服务生就是该饭店的第一任总经理乔治·伯特。

乔治·伯特怎么也没有想到，自己因为一件微不足道的小事，换来了连想都不敢想的职位，并且由此开创了自己一生的事业。

问题：

1. 评析乔治·伯特开启的人生成功之门，并阐述缘由。

2. 评析这则案例中的接待工作之道。

3. 结合这则案例，评析接待工作与塑造自身形象的关系。

4. 从这则案例中你获得的最深体会是什么？

第四章

职场沟通礼仪

礼仪是职场重要的"通行证"。跻身职场前，无论选择哪种求职方式，都需要讲究礼仪艺术。特别是在供过于求、竞争十分激烈的就业形势下，掌握和正确运用礼仪艺术，有利于求职者展现良好的内在修养和外在气质，让求职者力挫群雄、脱颖而出，获取一份称心如意的工作。

身处职场中，无论是与客户的外部交往，还是上下级、同事间的内部沟通，都需要讲究礼仪艺术。据说，美国通用电气公司董事长韦尔奇最擅长的沟通方式就是提起笔来写便笺。他写的便笺，有给直接负责人的，也有给小时工的，无一不语气亲切，有无比强大的影响力。韦尔奇利用便笺赢得了上至公司负责人、下至小时工的信赖和爱戴。不仅如此，下属与上司、同事之间的交往沟通也要讲究礼仪艺术。只有如此，才会博得上司的青睐，才会善结同事之缘。准确掌握并善于使用沟通礼仪与艺术，就等于拥有了驰骋职场的"通行证"。本章将从不同视角阐释职场沟通的礼仪与艺术。

第一节　求职礼仪与艺术

随着市场经济的发展，我国人才市场和就业市场的体制日臻完善，自主择业、双向选择已成为就业的主渠道。

如何在众多的求职者中脱颖而出，觅得一份心仪的工作？如何在严峻的挑战面前，抓住机遇，实现自己的梦想？这是每一个求职者十分重视和最为关心的问题。美国职业学家罗尔斯曾说过："求职成功是一门高深的学问。"的确，求职过程的每一个环节和细节都是有学问的。首先，求职者要根据自身的实际条件，选择最适合自己、最能够展现出自身强项和优势的求职方式，这是迈向求职成功的第一步。

一、求职的基本方式

求职的基本方式，主要有自荐、面试、考试录用、网上应聘几种。

（一）自荐

自荐，主要有信函自荐和电话自荐两种。

1. 信函自荐

信函自荐是最基本、最常用的一种方式，每个求职者首先要掌握求职信的写法。

求职信是求职者写给用人单位的信，目的是向用人单位介绍自己，并说服对方相信自己、录用自己。它是一种内容为私人对公且有求于公的信函。求职信是有一定格式要求的，一般由开头、正文、结尾和落款组成。①

开头要有正确的称呼和格式，在第一行顶格书写。例如，"尊敬的人事处（人力资源部）负责同志："" 尊敬的张董事长："等；第二行空两格，首先是问候语"您好"，以示尊敬和礼貌。

正文部分，主要是介绍个人基本情况，这是求职信的核心部分。要从个人的基本信息、专业知识、专业技能、社会实践能力、性格特长等方面，让用人单位确信，他们所需要的正是你所能胜任的。

结尾部分，可提醒用人单位回复消息，并向用人单位表达自己的求职意愿，"您给我一个机会，我会带给您无数个惊喜！"结束语后面应写表示敬意的话，如"此致""敬礼"。

落款部分，署名并附日期。如果有附件，可在信函的左下角注明。

写求职信时避免选用带有其他单位名称的信封、信纸。字迹要清晰、工整。如能写一手漂亮的字，手写求职信是很不错的选择，因为大多数人是相信"字如其人"的。如果字写得不好看，宜用打印件。求职信要篇幅适中，以 1 000 字左右为宜。求职信是求职者与用人单位的第一次沟通，要尽可能给对方留下美好的印象。文笔要自然流畅，遣词造句要准确谨慎，既不过高评价自己，也不过于谦虚。行文可带有鲜明的个人风格，以给用人单位留下深刻的印象。最后，信中要留下自己的联系方式。

2. 电话自荐

通过电话推荐自己，也是一种常用的求职方式。那么，如何充分利用电话接通后的短暂时间，用简洁明了的语言清楚地表达自己的求职意向，给对方留下一个清晰深刻的印象呢？

在打电话前，要做好充分的准备工作。一是尽可能多地了解用人单位的情况，做到心中有数；二是根据对方的用人要求，结合自己的特长，列出一份条理清晰、重点突出、介绍全面、表意准确的通话提纲，力争给对方留下深刻印象。

电话接通后，首先应有礼貌地问候"您好"，然后询问："请问这是某单位人事处（人力资源部）吗？"得到对方的肯定答复后，应做简短的自我介绍，然后言简意赅地说明来电意图，并控制好说话的语音、语调、语速，在短暂的时间内，在着力表现自身特长与所求职位相吻合的同时，展现自己积极向上、有礼有节的良好品质。

（二）面试

面试，是求职中应用极为广泛、简便易行，且技巧性很强的一种方式。面试比笔试具有更强的灵活性和综合性，因此被许多用人单位使用。常见的几种面试形式如表 4.1 所示。面试过程中，招聘者可能会采用一种或若干种面试形式，这正是求职者展示知识、能力、经验和智慧的最佳时机。

表 4.1　常见的几种面试形式

程式化式	招聘者根据事先准备好的问题依次发问，再由求职者逐一回答；招聘者在询问过程中观察求职者的仪表、气质和谈吐，以获得全面真实的信息
解题式	招聘者根据本单位情况及求职者应聘的岗位情况，提出一个或数个生产或经营中的问题，请求职者说出解决办法，以了解其掌握专业知识的情况及判断与解决问题的能力
闲谈式	招聘者为了在轻松的环境中把握求职者的能力、才智、谈吐和风度，尽量活跃谈话气氛，与求职者闲聊，让其在无拘束的氛围下充分发表观点、展现自己
游戏式	由招聘者围绕一个或数个主题，组织若干名求职者举行各种形式的游戏活动，以在活动中选拔、物色本单位中意的人才

① 编辑提示：求职信的格式与内容同等重要，在第一印象上更为关键。对此本书未展开讲述，更详细的说明请见"应用文写作"课程教材。

续表

压力式	招聘者有意识地对求职者施加压力，针对某一问题进行一连串的发问，追问到底，直至求职者无法回答，甚至有意刺激求职者，看其在突如其来的不利情况下的应变能力和机敏程度
综合式	招聘者为了了解求职者的综合才能，用外语与求职者对话以考察其外语水平；请求职者当场使用计算机以考察其运用计算机的能力；请求职者写一段文字以了解其写作水平；请求职者即兴演讲以考察其表达能力等

礼仪故事

最主动的面试

面试，是面试者展示自身知识储备、才华能力和经验阅历的好机会。我国古代的面试也印证了面试的重要作用。

"姜太公钓鱼——愿者上钩"是一个尽人皆知的歇后语。关于这一典故，现存最早的记载见于《全相武王伐纣平话》卷："姜尚因命守时，直钩钓渭水之鱼，不用香饵之食，离水面三尺，尚自言曰：'负命者上钩来！'"。传说姜子牙大半生穷困潦倒，80多岁时妻子又弃他而去。得知姬昌广招人才的消息后，他便不辞劳苦地来到姬昌的领地——渭水之滨（主动向其靠拢）。到渭水之滨后，他先是在提高自己的知名度上下功夫，把"渭水河边有个钓鱼的穷老头儿能断人生死"宣传得神乎其神、家喻户晓，之后又玩起行为艺术——用直钩钓鱼，上面不挂鱼饵，且鱼钩离水面三尺高。这种奇特的钓鱼方法终于惊动了姬昌。在多次派出官员邀请被拒绝后，姬昌这才意识到，这位钓者必是位满腹韬略的高人。于是，他吃了三天素，然后带着厚礼前往诚心聘请，并立即对姜子牙委以重任。

点评：姜子牙凭借自身卓越的才能，主动出击大获成功。在汹涌的求职大军中，每一个求职者既要主动出击，又要储备足够的知识，只有用实力说话，才能征服招聘者。

（三）考试录用

笔试是常用的考核方法。笔试一般限于一些对专业技术要求很高、对录用人员素质要求很高的单位，如一些涉外部门或技术要求较高的专业公司等。

一般而言，笔试主要有三个方面的内容：一是对知识面的考核，包括基础知识和专业知识；二是智力测试，主要考察求职者的记忆力、观察力、分析归纳能力和逻辑思维能力；三是技能检测，主要是对处理实际问题的速度与质量的测试，检验求职者对知识和智力运用的程度和能力。参加笔试要按照要求准时到场，卷面要整洁，字迹要工整。考试中绝对不能搞小动作。

（四）网上应聘

网上求职，首先要准备一份既简洁，又对用人单位有吸引力的求职信和简历。

求职信的内容包括：求职目标——明确向往的职位；个人小结——个人能力、专长总结与评价；愿望——真诚表达想服务于招聘单位的个人意愿。求职信要篇幅适中、排版工整、用词严谨准确，既体现个人长处和特点，又不过分吹嘘。

简历的准备，可参考一些人才网站上的标准简历范本。撰写简历时要注意以下三点：一是学历和工作经历要倒序填写，也就是把最近的工作经历和最高学历写在最前面，方便对方直观地了解现状；二是填写工作经历时，在列出工作单位和职位的同时，宜详细介绍具体的工作内容；三是除应聘美工职位外，不宜使用花哨的字体及版面装饰。

视野拓展

求职之前，我们可以换位思考，想想面试"考官"有何需求。胡雪岩曾出过一个面试"怪题"，怪题背后的选人标准值得思考。

在网上填写简历，要严格按照对方的要求填写。发送简历时，如果是通过电子邮件发送，应以"应聘某某职位"作为邮件标题，把求职信作为邮件的正文，再把简历直接复制到邮件正文中，这样既方便对方阅读，又避免了附件携带计算机病毒的可能性。如果通过人才网站求职，可以直接把填好的简历发送给招聘单位，网站的在线招聘管理系统能把个人简历以数据库的方式存储起来，根据求职者的要求，供招聘单位检索和筛选。

礼仪故事

"会做苹果饼"的特长

据说，在美国耶鲁大学的入学典礼上，校长每年都要向全体师生特别介绍一位新生。一次，校长隆重介绍了一位自称会做苹果饼的女学生。大家都感到奇怪，怎么推荐一个特长是会做苹果饼的人呢？最后校长揭开了谜底。

原来，每年的新生都要填写自己的特长，几乎所有的学生都选择运动、音乐、绘画等，这是第一次有人以擅长做苹果饼为特长。因此，这位同学便脱颖而出。

这真是一位聪明的学生。如果她当初填上"擅长厨艺"，结果会怎样？肯定不会像"会做苹果饼"这样打动人心。其实，那些填写运动、音乐、绘画的学生，可能是会打羽毛球、会弹钢琴、会素描。但是，他们不敢那样写，而是用一个笼统的概念把自己的特长掩盖起来。

点评： 这位女学生填写"会做苹果饼"作为自己的特长，并因此成为令人羡慕的校长特别推荐的学生。这则故事对求职者的启示是，在填写简历时要将自己的特长具体化，而不是笼统概括，这样才会收到更好的效果。

二、面试礼仪与艺术

面试礼仪是一种艺术。在面试中，面试官对求职者的了解来自语言交流的只占了 30%，而来自眼神交流和面试者的气质、形象、身体语言的占了绝大部分。正如心理学家奥里·欧文斯所说："大多数人录用的是他们喜欢的人，而不是最能干的人。"所以求职者面试时必须注重礼仪规范，讲究礼仪艺术。

（一）仪表端庄

初次与人见面，首先给人留下印象的是服饰和外表。端庄典雅的服装，与应试环境协调一致的配饰、妆容和发型，能展示出端庄优美的外貌形象。

1. 妆容适度

求职时，妆容以简洁大方、自然淡雅的淡妆为宜，切忌浓妆艳抹、另类前卫。对刚毕业的大学生而言，充满朝气的青春之美是任何化妆品都不能取代的，化妆时只要略加修饰，增加美感即可，妆容过度则会适得其反。大红色的唇、色彩鲜艳的指甲、浓烈的香水味，在面试时常会招致招聘人员的反感。同时，切忌在面试现场拿出化妆盒对镜修饰。如果确实需要补妆，应避开众人到洗手间或其他无人场所进行。

2. 发式适宜

发式是仪表的重要展示部分，对人的整体形象起着重要作用。求职者应保持头发清洁、自然并修饰整齐，充分显示自己的活力。发式要大方得体，与自己的脸型、体形、年龄、服饰及环境等因素相适应。男性不宜留长发、披肩发，蓄胡须、鬓角；女性发式不要太过新潮、前卫，不要佩戴夸张的头饰。

3. 服装得体

服装得体就是要做到朴素庄重、简洁雅致、搭配得体、有个性。求职者的装束原则上应扬长避短，选择与自己脸型、体形、肤色及性格相符合的服装。女性如拥有一张"娃娃脸"，应选择颜色深沉的套装，给人一种成熟稳重的印象；如果相貌老成，应选择色调清新柔和的套装，显得充满活力，以免给对方一种跟不上时代的感觉。

服装还要与谋求的职位相适应。应聘与艺术有关的行业，如广告设计、室内装饰或化妆品销售等，服装应尽量时尚、富有创意，以凸显创造力和个性。而应聘传统的金融、保险、国际贸易、法律等行业，则应穿庄重而保守的西装、套装。

4. 配饰得当

配饰是指除去衣物以外的一些能增加美感的配件，包括耳环、项链、戒指、手镯、胸针、丝巾、帽子、眼镜、手表、皮带、领带夹等。配饰已成为日常生活中不可或缺的装饰物，对于服饰美起到了重要的补充作用。配饰的作用在于装饰、点缀，恰当的配饰可以增强个人气质、美化个人形象，反之则会画蛇添足，破坏人的整体形象。

面试时佩戴饰物以简洁得体为宜。领带是男性求职者的重要配饰，领带颜色宜与西装颜色搭配，领带的质地、图案也要与西装颜色和个人的身材、体形协调。

要注意鞋袜的搭配。男士鞋袜一般以黑色皮鞋、黑色或深色袜子为宜，因为黑色是最百搭、最经典的颜色，不宜搭配白色袜子。女士的鞋子最好选择不露趾的高跟鞋，鞋跟以能够展现女性气质的中跟为宜，要选择不带纹饰图案、与上衣颜色接近的袜子。不论男女，鞋子一定要干净、光亮。

（二）言谈讲究

语言是人类用来表达意思、交流思想的工具。在面试中，交谈是必不可少的，这就要求求职者不仅要有智慧和才学支撑的"锦心"，更要有侃侃而谈的"绣口"。准确掌握面试的语言艺术，是面试取得成功的关键。那么，面试时的言谈讲究有哪些呢？

1. 用语礼貌

礼貌用语在商务礼仪中占有非常重要的位置。在面试过程中，用人单位会着重对求职者的礼貌用语进行考察。在面试过程中，首先要多使用"您""请"等礼貌用语，使用时要注意对方的年龄、身份等，确保称呼得体，同时注意语气、语调等反映的感情色彩。其次，回答问题时，言语要谦逊友善，既要体现对招聘者的尊重，也要体现个人的内在修养。再次，谈话时忌一味地谈"我"，忽视与招聘者交流；忌滔滔不绝，东拉西扯；忌卖弄专业术语，以显示自己学识渊博，否则会弄巧成拙，前功尽弃。曾有一名求职者，在面试结束时对身边另一名求职者用错误的英语说了句"Let's we go"，引起招聘者的反感，认为该求职者华而不实，最后未录用他。所以，求职者回答问题时不要太随便，否则会给人轻浮、不稳重的印象。

微课堂
面试策略与技巧

2. 语速、语调、语气

说话时的语速、语调和语气，一方面反映出一个人的气质、性格与修养，另一方面也会影响语言表达效果。面试时语速要适中，语速太慢，既给人反应迟缓、办事拖拉的感觉，也易令招聘者心生烦躁；语速太快，则会使招聘者无法听清语意，给人太过紧张或性格急躁、办事不稳的印象。语调太轻，会让招聘者感到求职者过于胆怯，缺乏自信和勇气；语调太重，则有盛气凌人之嫌。面试时语气一定要平和谦恭，让对方觉得你通情达理、坦诚而有人情味，千万不能傲气十足、咄咄逼人。

3. 准确简洁

面试时的语言表达，具有推销自己、与招聘者交流、赢得对方好感的功效。求职者在表达自己的想法、见解时，要善于组织和运用语言。语言要简洁准确、干脆利落、答有所问，切忌模棱两可、啰里啰唆、答非所问或顾左右而言他。

4. 适度赞美

在面试交谈中，求职者要注意发现对方的优点，要学会真心实意、恰到好处地赞美用人单位和招聘人员，以博得好感、赢得信任。值得注意的是，毫无诚意、过于夸张的赞美有吹捧之嫌，不仅达不到预期效果，反而会给人油滑、作风不正的印象，令招聘者反感。

5. 幽默机智

在面试中，可以适时、适度地使用一些幽默或自我调侃的语言。一来可打破紧张尴尬的局面，主动营造融洽的气氛，拉近双方的心理距离，让面试在相对轻松和谐的氛围中进行；二来幽默的语言能体现出求职者机智灵敏的应变能力及乐观自信的性格，同时还能巧妙地回避或掩饰回答不出或难以回答的问题。

6. 注意策略和技巧

"伯玉毁琴"说的是唐代诗人陈子昂第二次落第，适一人卖胡琴，索价百万，豪贵围观，莫敢问津。陈子昂挤进人群，出千缗①买之，并于次日在长安宣阳里宴会豪贵，捧琴感叹："蜀人陈子昂，有文百轴，不为人知，此乐贱工之乐，岂宜留心。"言毕碎琴，遍发诗文给与会者。京兆司功王适读后，惊叹曰："此人必为海内文宗矣！"整个京城都为之轰动。不久，陈子昂顺利地通过科举考试成为一名"公务员"。

求职需要策略，也需要技巧。工资、奖金、福利待遇是求职者普遍关注的重要问题，面试时不可不谈，但要讲究策略和技巧。一般不宜主动提出工资待遇、职位升迁等问题，当谈话进行一段时间后，如果对方满意，会主动谈及此事，这时可借机询问，切忌开门见山，主动发问或直来直去。可采用"贵公司的工资制度与其他单位有何不同？""有关工资福利等待遇，学校要求我

们填表上报，能否请您介绍一下情况？"等委婉用语。如果对方直接问自己对工资的要求，千万不要不假思索地报出一个数字，否则，招聘人员的心理价位如果低于这个数字，他可能会马上放弃录用求职者的念头。求职者应该先做出思考的样子，然后不慌不忙地回答："听别人说这个职位的待遇大概是……"这样可有效地保护自己，因为这样的回答无论对错都会让人觉得源自"道听途说"，而非本人想法。

礼仪故事

转喉触讳

据《新唐书·孟浩然传》和《唐摭言》等记载，孟浩然40岁游长安，与王维结为好友。一天，王维私邀他进入内署，正巧碰到唐玄宗驾临。遇到皇帝，本是天上掉馅饼一样的面试良机，可惜孟浩然不知所措，竟惊慌地躲避到床下。王维不敢隐瞒，据实汇报。玄宗命其出来相见后，让其诵读他作的诗词。孟浩然本想好好展示一下自己的才华，可惜他又选错了作品。当他读到"不才明主弃，多病故人疏"时，唐玄宗心生不悦："你不想当官，反倒说我不用你，真会诬陷人。"于是对他置之不理，孟浩然错失了被重用的机会。

———————————
① 缗，古代一种计量单位，指成串的铜钱，每串一千文，也称"贯"。

点评： 大诗人孟浩然面对皇帝，不知应变，触碰忌讳，未能得到皇帝的赏识。历史的经验值得借鉴，求职者在面试中如果言谈简洁准确、机智幽默，就会在众多求职者中脱颖而出，实现预期目的。

（三）举止得当

有专家认为，在人际交往中，约有80%的信息是借助"举止"这种无声语言来传递的，其能产生"无声胜有声"的效果。

礼仪故事

某跨国公司要招聘一名新职员，报考人员很多，不少求职者在面试后都未被录用，而某先生没有说一句话，主考的人事部经理就决定录用他了。旁人颇感蹊跷，经理解释道："该先生的举止已经交了一份最好的答卷：他进门后沉着地向大家举手打招呼，说明他有很好的修养；选择了最前排的中间座位就座，表明他希望别人注意自己，善于自我推销，充满自信；他就座的地方人最多，说明他善于与人沟通，有较强的团队精神和交往能力。"

点评： 得当的举止会产生强大的吸引力。求职者在面试时，行为举止只有符合自己的身份和所处场合，恰到好处地体现气质风度、表达个人意愿，才能有效地达到求职的目的。

1. 目光专注

招聘者与求职者见面，首先留意的是求职者的眼睛和面部表情，所以求职者要以热情专注的目光注视对方。求职者应该掌握把控目光的技巧：一是大部分时间应该看向招聘者的眼睛，以示尊重与专注；二是不要一直盯着对方，以免给招聘者傲慢无礼和挑衅的错觉；三是不要东张西望、心不在焉，以免给人玩世不恭、轻视不屑、不严肃的感觉；四是目光不要躲闪游移，以免给人留下缺乏自信、不够大方的印象；五是不可以将目光凝聚于对方（特别是异性）脸上或身体上的某个部位；六是不要不停地看手表或者窥视室内摆设，更不要盯视招聘者桌面上的材料。目光的正确运用方法是：求职者的目光应局限于上至对方额头，下至对方上衣第二粒纽扣，左右以两肩为限的方框里。

视野拓展

面试时容易产生负面影响的举止

（1）玩弄纽扣、衣角等小动作——长不大。
（2）交叉腿、跷二郎腿等坐姿——不端庄。
（3）穿着暴露——个性浮躁。
（4）拨弄自己的长发——不尊重他人。
（5）说话声音过低——没自信。

求职者在面试时，要学会读懂招聘者的眼神，根据其眼神释放的信息，随时调整自己的状态与对策，这样会提高面试成功率。通常情况下，招聘者如果感兴趣或满意，目光会突然专注起来；如果非常满意，眼神会发光，并情不自禁地点头；如果不满意，脸上会泛着客气的笑容，眼中却无一丝笑意；如果已经产生不信任，眼睛则暗淡无光，或侪看手中的物品，或表情突然严峻起来；如果已经厌烦，会有抬头望天花板、侧身注视窗外、双手左右交叉动个不停、信手拿起身边的物品玩弄、不断变换坐姿等表现，反应更为强烈的甚至会突然两臂环抱，向左、右撇嘴，呈现一副拒绝、不屑一顾的表情，这时求职者就要停止自我介绍。

2. 面带微笑

微笑是一种无声的语言，无论在日常生活中，还是在面试中都起着很微妙的作用。有人说，微笑是礼貌之花、友谊之桥，面对陌生的招聘者，微笑是发送热情、友善信息，缩短双方距离，营造良好面试气氛的良器。求职者面试时，不仅要面带微笑，而且要热情、谦和、友善。

3. 手势得当

手势是面试时辅助有声语言的一种有效肢体语言，运用得当可以通过其表意功能弥补有声语言的不足。使用手势要注意两点：一是切忌手势过多、过于夸张，这会给人轻浮、不稳重和做作之感；二是应自觉控制手上的小动作，如手指在身体或桌子上乱画、摆弄钢笔、搓揉纸片、低头玩指甲等。这些下意识的动作会暴露求职者紧张不安的情绪，给人胆怯、不自信的印象。

4. 体姿端正

体姿包括站姿和坐姿等，是一个人基本素质和文化修养的直接反映。面试中，如果招聘者没示意就座，就不要急于坐下。站要站直，尤其上身要直立，两手自然下垂，不要含胸驼背、两臂相抱。

就座时要表示谢意，在指定的位置轻轻坐下。坐下后要腰杆挺直，双手平放在膝上，身体微微前倾，以示尊重。不要倚在桌上或缩在椅子上，不要僵直地向前伸着头，腿脚不要抖动，不要跷二郎腿，也不要用脚不停地敲击地板。告辞时，应轻轻站起离座。

（四）遵守礼节

面试是一个程序化、复杂化的过程，这个过程中有许多礼节需要求职者遵守。求职者要高度重视，以免"大意失荆州"。

1. 遵时守信

面试时一定要遵时守信，千万不要迟到或违约。迟到、违约是不尊重对方的表现，也是极不礼貌的行为。如有必要，可以事先察看一下现场，熟悉一下路线与环境。如果出现因不可抗力等导致的突发情况，要第一时间向对方说明原因，并真诚道歉。当然，这只是万不得已之举。

2. 单独前往

有的求职者面试时，习惯带上同学或亲友前往，一方面是为了消除自己的紧张情绪，另一方面是为了请他们给自己当"参谋"。这种做法是不可取的，因为第三者在场会使面谈气氛十分尴尬，也会给招聘者留下独立性不强、缺乏自信的不良印象。

3. 入室敲门

进面试室前应先敲门，即使房间的门是虚掩的也应如此。千万不要推门就进，否则会给人鲁莽无礼的印象。敲门要注意力度的大小和敲门的节奏，正确的敲门方法是：用右手手指关节轻叩三下，待对方允许后再轻轻推门而进；然后反身将门轻轻关好，动作要轻柔，不可发出声音。

4. 关掉手机

面试时，要关闭手机或调至静音状态。面试时，手机铃声大作是非常失礼又有损自身形象的事。

5. 莫先伸手

面试时，求职者一般不可以主动行握手礼。如果招聘者先伸手，求职者要趋步上前，身体微微前倾，用右手热情相握。拒绝或忽视招聘者伸过来的手是不礼貌的行为。

6. 递物大方

面试时，要特别注意随身携带个人简历、证件、推荐信或介绍信等必要的求职资料，并将材料分门别类，保证需要时能够准确、快捷地拿出所需资料，切忌在招聘者面前手忙脚乱、东翻西找。呈交资料时，应起身双手递上。

7. 不雅行为

面试中，若突发咳嗽、打喷嚏状况时，应用手帕、纸巾掩住口鼻，面向一旁，尽可能控制声响。不要随地吐痰，乱扔废弃物。面试当天最好不要吃葱、蒜、韭菜等有刺激气味的食物。

（五）首因效应

职场有面试"首因效应"之说。首因效应是指招聘者与求职者见面时的第一印象对之后的影响。有人说面试前 5 分钟最重要，有人说前 60 秒更为关键。但无论哪种说法，在强调第一印象的重要性方面都是一致的。因为这种第一印象对求职者的影响强烈而持久，会影响招聘者的决策。因此，求职者要高度重视自己留给招聘者的第一印象，力争在第一时间将自己的最佳形象、最好的精神状态和丰富的内涵展现出来，使招聘者"一见倾心"。那么，怎样才能在面试的第一时间就给招聘者留下良好的印象呢？下面是几点建议。

1. 要自信

求职者面试时，一般都会产生紧张心理。产生紧张心理的一个重要原因就是自信心不足，由此出现不同程度的面红耳赤、手足无措、语无伦次、思维反应和动作准确度降低等问题。要增强自信心，需要做到以下两点。

（1）要充分看到自己的竞争优势，在心理上树立必胜的信念。千万不要把自己的劣势与竞争对手的优势相比，否则会让自己失去信心。而且，在面试时要敢于向招聘者介绍自己的优势，不要瞻前顾后、畏首畏尾。

（2）要保持平常心，坦然面对成败。面试的过程就是竞争的过程，竞争必然有成败之分。求职者切勿将成败看得太重，一味纠结结果。如此重的思想负担，怎能不影响应对和发挥？要树立百折不回、愈挫愈勇、"大不了从头再来"的信心，这次不成，还有下次，这个单位不成，还有其他单位。况且，每经过一次面试，就多了一份见识、经验和人生阅历，对今后的人生也大有裨益。如果以这种心态来看待面试，就会消除紧张情绪。

2. 充分准备

求职者在面试前可通过文献和网络资料全方位、深层次地了解应聘技巧和招聘单位的情况，可根据自己应聘岗位的具体要求，预测用人单位在招聘时可能会提出哪些问题，事先做出应答提纲。如有可能，可以进行模拟预演，请老师、同学或家人模拟用人单位进行提问，以及时改正存在的问题。充足的准备工作，一方面使求职者知己知彼，能够从容应对、更好发挥；另一方面也纾解了求职者紧张的情绪和畏惧心理，增添了自信心。所以，做好充分准备是求职成败的关键所在。

礼仪故事

最独特的面试

据说，道光皇帝准备提拔官员，"拟于朝臣之中，简拔一二新进"。穆彰阿推荐了曾国藩，后来道光皇帝召见曾国藩。曾国藩进宫后，被太监带到某室静候。时值盛夏，曾国藩站着等了一下午，汗透衣襟，也没有见到皇帝。傍晚突然来了个太监，莫名其妙地把他打发回家了。一头雾水的曾国藩只好找到师傅穆彰阿，问是福是祸。师傅沉吟半晌问他："汝见壁间所悬字幅否？"曾国藩答道："未也。"师傅听了马上催促他去取百金，赶快找了个太监将该室所悬字幅抄了下来，而后让曾国藩连夜背诵。第二天上朝，道光皇帝果然问他壁间所悬字幅[①]。因准备充分，曾国藩对答如流，令皇帝龙心大悦，当即任命他为外省巡抚，赏双眼花翎。原来，曾国藩静候时，皇上对他的面试就已经开始了。

点评："知彼知己，百战不殆"，适用于每个求职者，因为成功是留给有准备的人的。

3. 写好简历

简历是个人求职的最好"名片"。随着互联网的普及，网上招聘已成主流，电子简历的应用已经普及。对人力资源管理者来说，网上招聘、电子简历等方式大大缩短了招聘的周期，降低了费用，提高了效率；对个人求职者来说，通过网络发送电子简历，可以更便捷地应聘，节约时间和费用，让求职变得更加轻松。

电子简历确实方便了求职者和用人单位。一些有吸引力的企业在招聘时会收到海量的求职简历，若要使自己的简历在海量的简历中脱颖而出，成功引起招聘者的注意，必须做到"巧书"与"精作"，即在书写和制作两个方面下功夫。

（1）一般来说，求职简历的内容包括个人资料、求职目标、任职资格、工作经历、专长与成就等方面（见表 4.2）。

（2）简历要有的放矢、展现优势、简明扼要（见表 4.3）。

表 4.2　简历的基本内容

个人资料	姓名、出生年月、性别、籍贯、身高、体重、健康状况、婚姻状况、业余爱好、通信地址及联系电话等
求职目标	写明想要申请的职位，求职目标的表述力求简明
任职资格	写清求职者应聘此岗位的优势和专长，让用人单位对求职者的学历、专业、工作经验、能力等有概括性的了解
工作经历	当前几乎所有用人单位在招聘非应届毕业生时都非常重视工作经历这项内容，这部分内容应包括工作单位名称、工作起止时间、所任职务及业绩等；可以是较长时间的正式工作，也可以是临时短期的非正式工作；工作经历还应反映志趣爱好、社交能力、组织能力、协调能力、领导能力、成熟度、忠诚度等
专长与成就	专长不仅包括所学专业，还包括工作、生活及因个人兴趣发展而来的能力，其中与应聘岗位相关的专长尤为重要；成就既要实事求是，又要具体量化，如获得过国际性、全国性或省部级奖励，参加过重大科研项目并作出相应贡献等

表 4.3　简历书写艺术

突出主题	重点突出与所申请职位相关的经验与技能，重点描述工作成绩和经验，把自己过去工作的成绩量化、具体化
一目了然	用词应做到简约、有力、易懂，即简单明了、直截了当，不要使用模糊、笼统的字句，应多使用实例、数字等作具体的说明

---

① 又说是花园亭子，问其上对联；还有一说是悬挂祖宗语录的宣教室，为列朝圣训。

续表

篇幅适中	应尽可能在最短的篇幅内，提供最多、有价值、能引起企业兴趣的信息。
	投寄资料应包括"必须"和"要求"两类："必须"一般包括中文求职信、中文简历附照片；"要求"根据用人单位要求而定，如英文求职信、英文简历附照片、英文的证明材料（推荐信等）、学历复印件、身份证复印件等
精心编排	打印简历时一般用 A4 纸，纸质要尽可能硬挺，纸张颜色以白色为佳。
	排版要精心设计，页面四周留出足够的空白，显出空间美，行与行之间要有一定的空间，便于阅读。
	各项目的名称应使用较粗一些、较大一些的字体与字号，以便同正文有所区别

（六）后续跟进

思考与练习

书写一份简历，要求如下：

（1）填写个人基本资料。

（2）展现个人优势。

很多求职者只留意面试过程，而忽略了应聘后的环节。其实面试结束并不意味着求职过程的结束，也不意味着求职者就可以袖手以待聘用通知的到来。收尾工作也很重要，后续工作要跟进。

1. 电函感谢

为了加深招聘者的印象，提高求职成功的概率，面试后的两三天内，可以给招聘单位打个简短真诚的电话，或者发出一封言辞恳切的感谢信，感谢他们提供的机会，并再次表达对该单位的兴趣及自己能为其所作的贡献等。感谢信不要太长，最好不超过一页。致电函不要太晚，太晚了可能招聘单位已作决定，电函也就失去意义了。

面试后表示感谢是十分重要的，不仅是礼貌之举，也会让招聘者在作决定时印象更深。调查显示，十个求职者中往往有九个不会致电函感谢，如果重视这一环节，会显得与众不同，有改变对方录用决定的可能。

2. 屡战求胜

人工智能化程度和高等教育普及率的不断走高，注定了求职之路是一个漫长奔袭的过程，永不气馁是每一个求职者必须具备的心态。如果同时向多家公司求职，当前应聘结束后，要迅速收拾心情，全身心投入下一家公司的面试中。因为在未接到正式聘书前，就不意味着求职成功，不应该放弃一切机会。也就是说，既不要放弃对之前应聘单位的努力，要有计划地追踪跟进，同时也要做好去下一个单位应聘的准备。此时，求职者最需要做的，是认真审视、总结自己上一次面试存在的问题和经验教训，请老师、同学或家人帮助诊断分析，做好下次面试的准备工作。

礼仪故事

最坎坷的面试

据说，博学好礼的孔子虽然在 20 多岁时就有了远大的政治抱负，但仅能在鲁国担任司寇。55 岁时，得不到重用的他带着学生周游列国，希望得到推行儒家政治主张的机会。可惜他宣传的"施仁政"等主张在穷兵黩武的诸侯王眼中并没有太大的用处。因此，孔子先后到魏、曹、宋、郑、陈、楚等国面试多次，不但没有得到重用，还几次身陷绝境，差点丢了性命。

点评：伟大的教育家、思想家孔子可谓历史上经历最多坎坷的求职者。对行进在艰难求职道路上的求职者来说，不仅要有经受挫折和考验的信心和毅力，还要学会吸取教训、总结经验，这样才有可能屡战求胜。

3. 礼待结局

面试只有成功和失败两种结局。如果未被录用，很大程度上是因为自身的不足，如资质不够、专业不对口、临场发挥失误或言谈举止不当等。当然，也不排除对方要求过高、存在性别歧视、没有诚意、过于挑剔等因素。此时，一定要冷静面对，表现出良好的素质修养，要经得起失败和挫折的磨炼，不可做出失态之举。如果被录用，也不要忘乎所以，要冷静思考，把自身的职业规划和用人单位的需求结合起来，更好地展现自己的才华，以爱岗敬业的精神为用人单位服务。

（七）避免失误

求职面试，没有人能够做到尽善尽美、没有失误，聪明的求职者会不断总结经验，修正错误，走向成熟。面试中经常出现的、带有普遍性的问题主要有以下几种。

1. 提问不当

一般情况下，面试的最后都会有向面试官提问的环节，恰当得体的发问无疑会增强你的竞争力，帮助你获得成功；反之会损害你的形象，削弱你的竞争力，甚至导致求职面试的失败。所以，在求职面试中要注意两点：一要把握提问时间，待面试谈话基本结束，招聘者给你提问时间时发问，不可以抢话或打断招聘者说话；二要事先做好提问预案，避免因没有准备而提不出问题，或者提出不得体的问题。所以说，一个恰到好处的提问，胜过简历的大量笔墨，能令招聘者对你刮目相看。

2. 缺乏积极态度

招聘者常常会提出一些让求职者难以回答的问题，如"你为什么五年换了五次工作？"。面对这样的问题，有的求职者或面红耳赤、躲闪回避、敷衍撒谎，或谈及工作如何困难、上级不支持、同事不配合，甚至言辞激烈地指责老板、公司等。这种回答显然缺乏积极态度，易给招聘者留下怯懦、不诚实、情商低、团队协作能力不强等印象。正确的做法是，真诚地向招聘者作正面解释，从主观、客观两个方面陈述自己频繁跳槽的原因，并告诉招聘者自己在其中积累了足够多的专业知识和职场经验，成长和成熟了很多，这也是自己能够胜任所面试岗位工作的优势。

3. 言过其实

求职面试宜实事求是，切忌言过其实。有的求职者在面试中大谈个人成就、特长、技能，当招聘者反问："能举一两个例子吗？"求职者却无言以对，给招聘者言过其实的感觉。因此，求职者既不要夸大事实、自吹自擂，也不要谦虚内敛、隐藏实力，而应实事求是地与招聘者沟通交流，敞开心扉，展示自己的知识、智慧、能力和气质。如果是有工作经历的求职者，可以列举一些能够体现自己沟通能力、解决问题能力、团队合作能力和领导能力等方面的实例，因为事实胜于雄辩。

4. 个人职业发展规划模糊

个人职业发展规划是求职者面试时经常被问及的问题。许多求职者或者没有构想，或者有目标无思路。当招聘者发问"您对未来五年事业发展是如何规划的？"很多求职者都会回答"我希望五年之内做到销售总监一职"或类似的话，如果招聘者接着问为什么，求职者常常不知道应该如何回答。殊不知，每一个具体的职业发展目标，都离不开以个人技能、职位胜任情况评估为支撑的职业发展规划。因此，在面试前要拟定一个目标清晰、规划合理的职业发展规划。

5. 假扮完美

面试中，招聘者常常会问求职者：性格上有什么弱点？在事业上受过挫折吗？有的求职者毫不犹豫地回答：没有。这种假扮完美的回答是对自己和他人的不负责。"金无足赤，人无完人"，只有正视自己的弱点，勇于承认自己遭受的挫折，方能成就大气成熟的人格，方能担当重任。

6. 探问薪酬福利

薪酬福利是每一个求职者都十分关注的问题，也是一个极为敏感的问题。许多求职者会在面试将要结束时，直截了当或委婉地向招聘者询问职位的薪酬、福利等情况，这是具备人力资源专业素养的招聘者比较忌讳的行为。求职者的薪酬是与其能力、个性、作用、工作态度和贡献成正比的，按照一般的招聘程序，招聘者在对求职者的上述情况进行初步判断时，如果有录用的意向，会主动向求职者介绍公司的薪酬福利情况或询问求职者的期望薪酬。届时，求职者可视具体情况提出薪酬范围，也可以提出理想的薪酬数，但刚走出校门的求职者要慎用后者。

三、重视面试细节礼仪

"细节决定成败"，这一定律也适用于面试。在求职过程中，许多求职者因忽视细节而惨遭淘汰。细节无处不在，它是对求职者素质、能力、性格、气质、修养综合评判的标尺，也是用人单位识人、选人、用人的宝典。下面撷取三则事例，供求职者思考、借鉴，帮助求职者打开理想之窗，叩开好运之门。

🏮 礼仪故事

故事一　"一支钢笔"赢机会

在经过一轮又一轮的筛选后，五个来自不同地方的求职者终于在数百名竞争者中脱颖而出，成为进入最后一轮面试的佼佼者。这五人各有所长，能力相当，谁都可能被聘用，同时谁都可能被淘汰。就在这时，有一个陌生男子急急忙忙地赶来了。他说他也是前来参加面试的，只是由于粗心，忘记带钢笔了，询问大家是否有笔，想借用一下填写个人简历表。五位求职者中的四个人面面相觑，谁也没有拿出钢笔。这时，求职者小董站了起来，对这位男子礼貌地说："对不起，刚才我的笔没墨水了，我掺了点自来水，勉强还可以写，不过字迹可能淡些。"这位陌生男子紧紧握住小董的手，当即表示他被录用了，原来他就是公司的人事经理。

故事二　"弯腰"赢机会

据说，被称为银行界奇才的恰科年轻时曾有一段"经典"的求职经历。当年，他第 52 次叩开某著名银行董事长办公室的门，请求被雇用，但结果仍未能如愿。当他怀着非常失望、沮丧的心情离开大楼时，俯身将门厅地上的一枚随时可能伤及过往行人的图钉捡了起来。这个无心之举，恰好被董事长看见，结果他被录用了。

故事三　"饭局"赢机会

"饭局"是日常生活中用来进行人际交往的常见的方式之一，而不少企业正是在"饭局"中见微知著、识人用人的。

福耀玻璃集团的创始人、董事长曹德旺是一位在吃饭时也保持认真态度和清醒头脑的人。据说，早年他曾主持过一次招聘，应聘的四个年轻人都很优秀，让他难以定夺。于是，他便请四个人去吃饺子。吃饭的时候，他与大家谈笑风生，饭后他问四个人都吃了几个饺子，其中三个人都说不知道，只有一个人说自己吃了 32 个。于是，这个人就被录用了。

第二节 上司与下属沟通的礼仪与艺术

上司与下属的沟通包括两个方面，一方面是上司对下属的沟通，另一方面是下属对上司的沟通。无论前者还是后者，都必须讲究和遵循沟通礼仪与艺术，才能构建下属拥戴上司，上司赏识下属的和谐、融洽的职场关系。

一、得到下属爱戴的沟通礼仪与艺术

一个聪明、有洞察力的上司，首先要清楚认识自己与下属的平等关系，学会尊重和善待下属，学会与下属沟通的礼仪艺术。因为上司的聪明才智、远见卓识是通过下属的积极配合、努力工作才显示出来的。尊重和善待下属，会使下属产生归属感、荣誉感，调动他们的积极性、主动性，更有利于工作的顺利完成。掌握与下属沟通的礼仪艺术，能够构建和谐顺畅的上下级关系，赢得下属的爱戴。由此可见，与下属沟通的礼仪与艺术的重要性。这里，仅做以下几方面的阐述。

1. 平等尊重

与上司相处时，下属会十分在意自己的人格、尊严是否与上司平等，是否能得到上司的尊重。一个懂得尊重下属的上司，得到下属回报的不仅是敬重，还有信赖、友好和下属对工作的尽职尽责、尽心竭力。

🎬 礼仪故事

1976年，《纽约邮报》刚被报业大亨默多克收购。新领导刚上任，小记者艾伦生怕自己被炒鱿鱼。可这时，艾伦的妻子就要生产，艾伦不知道该不该请假去照顾妻子。那天上午，艾伦接到通知，默多克要来给大家开会。

会议开始了，默多克站在台上，讲起自己办报的经历和对报纸前景的展望。艾伦看上去听得很认真，其实如坐针毡，只想快点知道妻子的情况。这时，会议室传来急促的电话铃声。默多克无奈地停下来，示意离电话最近的人去接一下。"医院打来的，说是找艾伦有急事！"那人说完，艾伦紧张地起身，对着台上的默多克解释道："怕是我妻子要生了，实在对不起……"默多克笑着点点头，示意艾伦赶快去接电话，然后又压低嗓门对其他人说："既然是他家里的事儿，我们还是暂时回避吧！"说完便带头往外走。

100多位同事依次退出了会议室，直到艾伦接完电话才回来。默多克重新站上讲台，对艾伦说："谢谢你为我争取了更多的时间，让我可以把报纸的未来想得更清楚。"他用最简短的话结束了会议，然后走近艾伦说："现在，你可以去照顾你的妻子了！"

30年后，艾伦也当了报社的总编辑。提及往事，默多克说："优秀的人都善于团结人，而最能征服人心的力量，恰恰是对他人发自内心的尊重。"[1]由此可见，上司对下属施以尊重，其力量是多么强大！

微课堂
批评方式

2. 巧妙批评

职场上，没人喜欢被批评。批评往往使人难堪、生气恼火，有些人甚至对批评耿耿于怀、消极抵抗、找茬儿报复……因此，批评下属需要勇气，更需要讲究批评的艺术，即与下属沟通的礼仪与艺术。批评的方式、方法得当，不仅会使下属心悦诚服，改正错误，同时，也会赢得下属对自己的好感和钦

---

[1] 本故事整理自张书宁《会议室的紧急电话》，载于2013年第14期《环球人物》第95页。

佩，让下属更加努力地工作。

礼仪故事

"放哨打瞌睡"的优秀将军[1]

在一次战斗中，一天晚上拿破仑巡岗查哨，发现一名哨兵斜倚在树根上睡着了。他没有唤醒哨兵，而是拿起枪替他站了约半小时的岗。哨兵从睡梦中醒来，发现替自己放哨的是全军统帅，感到十分恐慌。而拿破仑却和蔼地说："朋友，这是你的枪。你们艰苦作战，又走了那么长的路，你打瞌睡是可以谅解的。但是目前，一时疏忽，就可能断送全军。我正好不困，就替你站了一会儿岗。下次要小心！"这种善意批评不仅使得这位士兵从内心拥护他、爱戴他，并在以后的战斗中坚定履行优秀军人的责任，不折不扣地执行上级的命令。也就是因为这次善意的批评，拿破仑无意中为法国造就了一位有过"放哨打瞌睡"经历的优秀将军。

点评：拿破仑的巧妙批评成就了一位优秀将军，这是讲究批评礼仪与艺术的结果。职场中，对于下属所犯错误上司同样也要讲究批评的艺术，巧妙地进行批评与纠正，以成为下属拥戴的上司。

3. 适时鼓励

一家化妆品公司的总经理玛丽·凯，在多年的行商中总结出一条经营管理的至理名言：送给下属最好的礼物就是鼓励。可见，鼓励也是上司与下属沟通的一门艺术，适时、适度地鼓励下属取得的成绩，不仅会提高下属的工作意愿，而且还能拉近上下级的关系。

礼仪故事

洛克菲勒是 19 世纪美国的第一个亿万富翁，也是举世公认的石油大王。经常有人向洛克菲勒讨教成功的经验，洛克菲勒也乐于向人们讲一些自己的行为准则和经营策略。他曾说："我们每个人在做事情时，都免不了会犯一些错误。对那些犯下错误的人，也别吝啬你的赞赏，要用放大镜去看他们身上的可贵之处，应尽可能给予赞赏和鼓励，让他们振作起来，增强信心，才能在以后的工作中干得更出色。"

世人熟知的美国标准石油公司是洛克菲勒于 1870 年创建的。公司发展初期，在秘鲁经营的一个项目遭到惨败，巨额投资最终只收回了一半。在一次公司高管例会上，贝尔特始终低垂着头，满面愧色，不敢正视坐在总裁位置上的洛克菲勒。他在发言中谈及此次投资事宜，语调低沉："因为我对秘鲁石油市场判断失误，又急功近利、自以为是，因此经营不利，导致投资失败。尽管后来我全力挽救，也只收回了五成的投资，给我们造成了很大的损失。"

"你这次干得很漂亮，我没有理由处罚你。"洛克菲勒真诚地说，"说实话，本以为我们这次一分钱也收不回来了，可由于你及时、果断地采取了一系列措施，又为我们挽回了那么多的资金，可见你也尽职尽责了，这非常难得。"贝尔特满脸都是感激之色，他向洛克菲勒深施一礼，表态说自己一定会总结经验教训，避免在以后的经营投资上再出现失误。

两年后，贝尔特又对秘鲁的石油市场进行了认真的考察，建议洛克菲勒再向与秘鲁相关的经营项目投资，洛克菲勒毫不犹豫地采纳了他的建议。这一次贝尔特做得风生水起，公司赢利颇丰。

点评：当下属取得业绩时，上司要给予鼓励；当下属犯错时，上司更要给予一定鼓励，此时的鼓励会激发下属更多的潜能，使之更为努力地投入工作。适时鼓励让上司收获的不只是拥护和爱戴，还有更多、更大的间接收益。

---

[1] 整理自杨友苏、石达平《品礼：中外礼仪故事选评》，2005 年学林出版社出版。

4. 注重聆听

外国有句名言："用10秒时间讲，用10分钟时间听。"我国也有**"愚者善说，智者善听"**的古训。尽管文化背景不同，但两者都强调了"听"在言谈交流中的重要作用。注重聆听是上司与下属沟通的一种礼仪与艺术。

聆听是沟通必不可少的环节。有效的聆听是上司与下属思想碰撞、情感交流，并达成共识、产生共鸣，建立良好上下级关系的重要手段。通常来讲，下属找上级谈话一定是有原因的，此时的聆听表明上司愿意了解下属，有关心和帮助下属解决问题的真诚态度。这样能够快速建立起下属对上司的信任和好感，下属也会开启心扉，一吐为快，肯花时间聆听下属谈话的上司是值得信赖和爱戴的。

🎭 礼仪故事

一些成功的管理人员与下属相处，最得意、最高明的方法就是注重聆听。杰克在一家大公司担任销售经理，但实际上他对这个行业的特点不甚了解。当推销员需要他的指导和忠告时，他却拿不出什么经验之谈——因为他什么都不懂。尽管如此，他却把这个工作干得很好。原来，他有一个长处——非常善于聆听。每当别人问他什么，他总是说："你认为该怎么做？"于是推销员会提出方法，他点头同意，最后推销员总是满意地离去，心里还认为这位经理真是了不起。

杰克把这种无价的聆听技巧传授给了好友华伦。华伦最近刚低价买下了一家小型工厂，前任负责人说："我很高兴把它脱手，因为员工的态度越来越强硬，一点也不感激多年来我对他们的照顾。他们准备投票拥护工会，我实在不愿意和工会打交道。"华伦成为负责人之后，便召集所有员工开了一次让彼此坦诚相见的会议。"我希望你们在这里工作都是快快乐乐的，告诉我怎样才能办到？"结果他发现，只要提供几项小小的福利，如现代化浴室设备、在更衣室装上一面镜子，以及在娱乐室放上自动售货机等就行。他很快办妥了这些事，工会自始至终没有介入，员工们也都很满意。其实，他们真正需要的是一位聆听他们意见的人。[1]

这则故事告诉我们，注重聆听是建立与下属友好关系的一种最简单、有效的方法。

5. 施之关爱

上司对下属施以关爱是建立和谐上下级关系的有效手段。上司不仅要在工作上、生活上对下属给予关心爱护、指导帮助，施以关爱；还要在企业兴盛或危难之际，下属遭遇危难之时，设身处地为下属着想，给予下属最大的帮助，施以人性之爱。施之以爱，报之以恩。上司的"滴水之爱"，定会换得下属的"涌泉相报"。

🎭 礼仪故事

1929年，全球经济危机波及日本，松下公司也未能在此次危机中幸免——大量产品销售不出去。更糟糕的是，当时一次性聘用了大量的雇员，现在他们都成了多余的"闲人"，致使公司经济负担过大，甚至可能会将公司拖垮。松下公司高级管理层反复讨论后通过了生产减半、雇员减半的提案。

松下幸之助看完提案后在上面写下这样一段话："生产即日减半，雇员一个不能少！"结果出乎意料，松下公司不但没有因为多养许多"闲人"而不堪重负，反而因此起死回生。

原来，当松下的雇员得知公司董事长坚决不裁掉他们，而且工资还一分不少时，都被深深感动了。为了报答松下幸之助，他们开始全力以赴地为公司努力工作，不分工种，不分部门，大家

---

① 整理自杨友苏、石达平《品礼：中外礼仪故事选评》，2005年学林出版社出版。

都自发地当起了"销售员",开始积极地帮助公司销售库存产品。结果在短短的三个月时间里,就将堆积如山的库存产品全部销售掉,松下公司也因此成为第一个走出经济危机阴影的日本企业,快速地渡过了难关①。

这就是投之以桃,报之以李。面对公司的重重困难,作为董事长的松下幸之助仍然不放弃对雇员的关爱,这种关爱让雇员迸发出爱的信念、爱的力量。这种热爱,就是对松下幸之助最好的回报。

6. 利益共享

内求团结才能更好地外求发展,企业要在竞争激烈的市场中生存发展,就要与员工风雨同舟、苦乐与共。上司要有与下属同甘共苦、利益共享的眼界和胸怀,让下属感受到企业的利益与自己的利益休戚相关,上下才能同舟共济、同心同德、齐心协力,共创企业未来。如果上司只顾及企业利益和个人利益,不能与下属分享利益,那么这样的企业是没有发展前景的。

🏅礼仪故事

许胜雄的用人之道

有一次,金仁宝集团的董事长许胜雄和员工去吃饭,一共去了八个人。席间,有一道菜刚好有八块肉,其中一个员工特别喜欢吃肉,便吃了两块,这样就有一人没有吃到。许胜雄事后说:"这种人即使能力再强,最多只能当副总,不可能当总经理,因为他没有分享的概念。"

点评: 许胜雄看重分享,折射出一个上司所具有的与员工共享利益的品质和精神。如果每个企业都拥有这种懂得共享、重视共享的上司,企业的发展定会所向披靡。所以,利益共享对企业生存发展至关重要。

二、赢得上司好感的沟通礼仪与艺术

职场中,当你出色地完成工作上司却拒绝为你升职加薪;当你任劳任怨地工作却未引起上司的注意;当你的能力出类拔萃却不被上司重用……当诸如此类的困扰摆在面前时,下属就应该主动与上司沟通,积极改善或调整与上司的关系。

学会与上司沟通是下属工作中的必修课。正确掌握与上司沟通的礼仪与艺术,能够帮助你成为上司的得力助手,使你的付出得到认可,使你的价值得以实现。那么,如何与上司沟通并赢得上司的好感呢? 这里主要阐述以下几点。

1. 察言观色

与上司相处,下属要学会读懂上司的眼神、表情和言谈举止等特殊语言,做到察言观色,准确及时、机智灵活地处理好各项工作。察言观色,首先要认真观察、准确领会。平时要认真观察和了解上司的工作习惯和行事风格,才能准确无误地理解上司下达的指示、命令以及身体语言的弦外之音。其次要快速反应,认真落实。上司没有理由喜欢一个反应迟缓、执行力不强的下属。再次要灵活机智,有效化解问题。商务交往中,在客户面前上司往往有许多只能意会不可言传的东西,或有一些意想不到的突发事情发生,这也是考验下属能力的时候,下属要做到灵活应对,及时补救或有效化解问题。这样的下属上司自然发自内心地喜欢,并会委以重任。

2. 谦虚待人

管理学上有一个著名的帕金森定律:多数领导都希望自己的下属在才能方面低于自己,这样

---

① 整理自牧徐徐《松下不裁多余的"闲人"》,载于 2013 年 1 月 31 日《羊城晚报》B5 版,略有改动。

才便于管理，容易使下属服从自己的命令。如果一个下属的才华和能力超过领导，而且表现得很张扬，这样的下属往往就会成为领导潜在的威胁。所以在职场中，下属越有本事，就越要做出谦虚的姿态。在上司面前，必须有谦虚的态度和行为，不能顶撞领导，特别是在公开场合，即使与领导的意见相左，也应私下与领导沟通。不仅如此，在日常的交往中，对待上司也要谦虚礼貌。

"满招损，谦受益。"谦虚是一种态度，也是一种美德。"对上司谦虚，是一种责任；对同僚谦虚，是一种礼遇；对部属谦虚，是一种尊贵。"（美国政治家与哲学家富兰克林）对下属来说，谦虚是优秀员工的必备品质，谦虚的下属不但容易被接纳，更会受到上司和同事的欢迎。

3. 不卑不亢

不卑不亢是既不卑躬屈膝、低声下气，也不傲慢自大、盛气凌人。上司与下属在身份、地位上是有差别的，但在人格上是平等的。下属无论是因工作出色或其他，得到上司的赏识、表彰、褒奖、加薪等，还是因为工作失误或其他，受到上司误解、批评、处分，甚至受到降薪、降职方面的处罚等，都要正确面对，不卑不亢。这样的下属上司是欣赏和钦佩的。上司最讨厌两种类型的下属：一是在上司面前随声附和、唯唯诺诺、毫无主见和独立意识的人；二是盲目自信、目中无人、狂妄自大的人。只有尊重上司、尊重自己、谦卑有度的下属，才会赢得上司的青睐与重用。

4. 学会"转身"

学会"转身"是指当下属与上司意见相左，或难以接受上司的意见、批评时，不妨采取先对上级意见给予肯定，然后再寻找时机表达自己意见和想法的方法。

学会"转身"能避免正面冲突，缓解矛盾，既可尊重和有效维护上司权威，又可坚持原则、合理捍卫自己的发言权，是双方都能接受的一种好方法。其实，任何人的意见、主张都不是完美无缺、不需要斟酌完善的，任何人的批评指责不都是正确的。但下属无论赞同与否、接受与否，首先都要服从和接受上司的意见，尤其是在公众场合，千万不要顶撞，而应另外找时间与上司交流沟通。此时，上司或冷静下来，反思自己意见或批评的正确性；或因感念下属维护自己权威、给自己留足面子的"转身"之情，反而会与你推心置腹地交流沟通，甚至可能接受你的意见。

古往今来，行走职场而游刃有余的"职场达人"数不胜数，北宋的晏殊堪称典范。

礼仪故事

晏殊的沟通艺术①

晏殊14岁时，张知白以"神童"的名义将他推荐给朝廷。宋真宗主持进士考试，晏殊挥笔立成，宋真宗非常欣赏他，赐同进士出身。两天后，再试诗、赋、论，晏殊发现考题是自己练习过的题目，便如实说："皇上，这试题我练习过，请皇上另外出题。"宋真宗笑着对群臣说："晏殊品质多好，你们学学。"群臣不作声。晏殊忙跪下说："不是的，皇上。其实我就年轻点儿，记性好。这些前辈大臣们才是我学习的榜样。"晏殊的一席话，既赢得了皇帝的信任，又赢得了群臣的心。晏殊接过皇帝的另选题后，在短时间内便将试题做完，宋真宗看后十分满意，

① 晏殊（991—1055），字同叔，著名词人、诗人、散文家，北宋人。他历任要职，更兼提拔后进，如范仲淹、韩琦、欧阳修、王安石等，皆出其门。本文整理自刘汉斌《晏殊的坦白》，载于2013年《做人与处世》第15期第9页，此事载于《宋史·晏殊传》，编者据此做了一定改动。

便留他在朝中跟班。

太平盛世下的官员都喜欢吃喝玩乐，而晏殊则不同，他拼命读书。晏殊的行为传到了皇帝耳中，宋真宗说道："像这样自律自爱的臣子不多啊！"于是，就把晏殊提拔为陪太子读书的舍人。有大臣不服气，宋真宗说："你们游玩时，晏殊在拼命读书；你们通宵狂欢时，晏殊在拼命读书。你们自己说说，朕提拔得有没有道理？"宋真宗这一席话将晏殊推向了群臣的对立面，晏殊意识到了这一点，便连忙站出来说："皇上，其实我也爱玩，只是我家里穷，没钱去玩。要是我有钱，也早跑出去游山玩水了。"晏殊的话，既给了大臣们面子，也赢得了人缘，晏殊终成一代名相。

点评：晏殊精通沟通艺术，不仅赢得了皇帝的信任，也赢得了群臣的敬佩之心。在职场中奋力拼搏的下属，可以从中得到感悟和启示：熟练掌握与上司沟通之道，才会赢得上司的好感和信任。

第三节　同事间沟通的礼仪与艺术

职场中，同事之间的沟通是一门学问，也是一门艺术。置身职场，除与客户交往外，更多的是同事之间的交流与相处，然而生活的快节奏、生存的压力、工作的烦恼和竞争以及性格的差异等，难免引发相互之间的嫌隙和矛盾。掌握同事间沟通的礼仪与艺术，能够避免和消解这些矛盾。奥黛丽·赫本说："若要优美的嘴唇，要讲亲切的话；若要可爱的眼睛，要看别人的好处……"可见，赞美他人、善于发现他人的长处以及说话、做事留有余地等，都是不错的与同事交往的方式。掌握与熟练运用与同事沟通的礼仪与艺术，才能在职场上善结同事之缘。

礼仪故事

英国当代雕塑家安尼什·卡普尔凭借雕塑《坠入地狱》一举成名。有一名记者向他请教当好一个雕塑家的秘诀。他说："根本没有什么秘诀，我个人的体会是，要当好一名雕塑师，只要做到两点就行了：第一是把鼻子雕大一点；第二是把眼睛雕小一点。"记者不解地问："为什么要这么做呢？如果鼻子大、眼睛小，那雕出来的人像岂不是太难看了吗？"

安尼什·卡普尔解释道："鼻子大、眼睛小就有修改的余地啊！你想想看，如果鼻子大了还可以往小里修改，如果眼睛小了还可以向外扩大。反之，如果一开始鼻子雕小了，就再也无法加大；如果眼睛一开始雕大了，也就没办法改小。"这就是安尼什·卡普尔留有余地的智慧。[①]

一、善结同事缘的礼仪与艺术

善结同事之缘，要学会尊重与拒绝。

1. 懂得尊重

同事之间是以工作为纽带的、相互合作的盟友关系，懂得尊重是处理好同事关系的前提和基础。

尊重同事，首先要学会尊重同事的隐私，不要制造闲话或私下议论、散布同事的八卦流言，引起不必要的争端、冲突甚至伤害。

其次，要学会包容和理解，要有清浊并容的雅量，用一颗包容的心去理

微课堂
与同事相处的
礼仪与艺术

———————————
① 整理自《特别关注》2012年第12期《给鼻子眼睛留余地》一文，作者邵火焰。

视野拓展

　　美国实行两党制，一般认为出自两个政党的总统不太可能成为"盟友"。但有两位美国总统不仅成了"盟友"，而且成就了伟大的合作，他们的合作还是美国总统俱乐部的起源。推荐阅读《最不可能的盟友》一文，围绕事业、尊重、竞争对手这几个关键词展开思考与讨论。

解同事、谅解同事。这样做不但能改善自己与他人的关系，同时也能使自己的心灵得到慰藉与升华，拥有一份平静与从容。

　　据说，芝加哥人茅谈在林肯竞选总统期间频频对他发出尖锐的批评。林肯当选总统后，却为茅谈在大饭店举行了一个欢迎会。虽然茅谈辱骂过林肯，但林肯仍然很有风度地说："你不该站在那儿，你应该过来和我站到一起。"当天的欢迎会十分热闹，宽容的林肯给了不够宽容的茅谈极多的荣耀，两人后来成了好朋友。林肯与茅谈由对立到最后成为好朋友，其实就得益于林肯的包容。职场中同事相处也是如此，尊重与包容是建立宽松职场关系、善结同事之缘的良药。

　　最后，要学会顾及他人的尊严与面子。"水至清则无鱼，人至察则无徒。"不能钻牛角尖，不分场合、地点地批评或揭他人的短处。顾及他人的尊严与面子不是不讲原则，而是要掌握批评的艺术与方法，给对方留有余地、留足面子。唯有如此，才会处处受欢迎，结下同事之缘。

礼仪故事

　　沃恩每年都会受邀参加单位的杂志评审工作，这份工作虽然报酬不多，但确实是一项荣誉。很多人想参加却找不到门路，也有人只参加了一两次，就再也没有机会了！沃恩年年有此殊荣，让大家都羡慕不已。在年近退休时，有人问他其中的奥秘，他微笑着向人们揭开了谜底。他说，他的专业眼光并不是关键，他的职位也不是重点，他之所以能年年被邀请，是因为他很会给别人面子。

　　他说，他在公开的评审会议上一定会把握一个原则：多称赞、鼓励，少批评。但会议结束之后，他会找来杂志的编辑人员，私底下告诉他们编辑方面的缺点。因此，每个人都保住了面子。也正是因为他顾及别人的面子，承办该项业务的人员和杂志的编辑人员都很尊敬他、喜欢他，当然也就每年都找他当评审了。给对方面子，包容对方的缺点就是沃恩成功的奥秘。①

　　2. 学会拒绝

　　职场相处，同事间相互请求帮忙是经常发生的事。当力所不及时，要学会拒绝，以免误事，但要讲究拒绝的艺术与技巧，如讲清拒绝的原因，提出一些解决的办法和建议等。同时，要学会软化语言和语气，避免使用否定句式等，不要冷冰冰、硬邦邦地说不、不行、不去、做不到……掌握这样的礼仪艺术，既能顾及同事的面子、化解同事被拒绝的尴尬与不快，也能很好地维系彼此的关系。

礼仪故事

　　二十多年前，旅居海外十几年的知名作家梁实秋刚回到台北时，朋友们一个接一个地请他吃饭。梁实秋是有名的"早起早睡的人"，基本上是晚上八点就寝，第二天凌晨四点起床写作。偏偏那些朋友都是夜猫子，经常深夜十二点请他吃夜宵。梁实秋吃了几顿，实在受不了了，于是想出个好法子，对大家宣布："谁请我吃消夜（夜宵），我就回请他吃早点。"这些老朋友都怔住了，你看看我，我看看你，然后会心大笑，从此再也没人敢请梁实秋吃夜宵了。巧妙拒绝，让梁实秋摆脱了吃夜宵的苦恼。②

---

① 编辑未查到本文准确来源，但此类事情在出版界为常有之事。

② 编辑注：本故事摘自刘墉《坐在时光上》一文，载于2009年第1期《意林》，但以文中"二十年"及梁实秋生卒年份（1903—1987）来看，此文成文时间远早于《意林》刊载的时间。

由此可见，拒绝要讲究方法，才能既达到拒绝目的，又能保持正常的同事关系。下面提供四种拒绝方法，供大家参考。

（1）但是法。首先肯定对方的意见，然后说"但是……"将对方没有考虑到的几种情况摆出来，说明你的具体意见。这样，虽然没有明确拒绝对方，但已达到拒绝的效果。

（2）商量法。在拒绝对方时不使用过于生硬的语句，而代之以商量的口吻。例如，"你看这样是不是更好一些……""我们能否换个角度考虑一下问题……"

（3）让对方自我否定。让对方自己否定自己，也不失为一种拒绝的办法。帮助对方分析其不合理之处，指出其不良后果，让对方主动收口。

（4）借助他人的力量。当自己无法直接拒绝时，可以借助他人的力量加以拒绝。但注意不要让对方对你产生缺乏诚意、推卸责任的感觉。

视野拓展
六招善结同事缘

职场警示录

二、同事交往的"雷区"

职场中，同事缘一般或相对较差的主要原因是：不遵守职场同事交往的礼仪规范，言谈举止、处事方式超过同事可接受的底线而踏进"雷区"。与同事交往时应注意以下几方面。

（1）勿充当长舌之人。长舌是职场大忌。长舌的表现有几种：一是挖空心思探寻他人隐私，背后议论同事私事；二是到处说闲话、传谣言，挑拨同事间的关系；三是传播小道消息，搬弄是非，制造紧张气氛。长舌是同事交往的"雷区"。

（2）勿使用"硬性"语言。首先，不要轻易使用"肯定不行""必须怎样"之类的硬性语言，这种对同事所言断然否定的语言，会招致对方的反感；其次，同事交谈尽量少使用批评性的语言，它会伤害对方的自尊，从而导致对方不快甚至怨恨；最后，交谈时不宜出现责难性的语气，否则可能招来对方的反唇相讥。"硬性"语言是"雷区"，在与同事交往时不宜使用。

（3）勿跻身"小圈子"。职场中，有时会出现各种各样的"小圈子"。一旦进入"圈子"，自然会对"圈外人"疏远和排斥。这种排斥行为，会引起"圈外人"的反感或敌对，由此使同事关系恶化。因此，不要跻身"小圈子"，这是隔阂同事的"雷区"。

（4）勿交往失度。交往有度是职场人必须遵守的规则。交往有度，一是要做好分内之事，除上司安排外，不要随便分担他人的工作，会有越俎代庖之嫌；二是不要随便与同事交心，自己的言行可能成为他人的把柄，说一些过分体己的话，也会让人觉得很幼稚；三是不要与同事有过多的金钱来往，否则容易造成金钱纠纷，这是最麻烦也是最不好处理的事情，一旦处理不好就可能伤及正常的同事关系。交往失度是"雷区"，因此，与同事交往要有度。

礼仪故事

截然不同的结果

朱元璋年少时家里很穷，常和一些穷孩子放牛砍柴。传说朱元璋做了皇帝后，以前的一些穷朋友都想找朱元璋弄个一官半职，其中，两个小时候与他相处较长的穷朋友来到皇宫，见到朱元璋。

第一位穷朋友说："还记得我们一起割草的时候吗？有一天，我们在芦苇荡里偷些蚕豆放到瓦罐里煮，没等煮熟你就抢豆子吃，结果把瓦罐打破了，豆子撒了一地，你抓了一把豆子就往嘴里塞，不小心连草叶子也送进嘴里了。结果一根草棒卡在喉咙里，卡得你直翻白眼，还是我出的主意，弄了一把青菜叶子放在手上一拍，塞到你嘴里叫你硬咽下去，你才把草棒吞了下去。不然，你哪有今天啊！"朱元璋一听，顿时变了脸，喝令武士把他推出去斩首。这位穷朋友的死，与他说话的方式不当有很大关系，他的言语伤了朱元璋的自尊。

第二位穷朋友说："想当年，微臣跟随陛下东征西战，一把刀斩了多少'草头王'，陛下冲锋在前，抢先打破了'罐州城'，虽然逃走了'汤元帅'，但逮住了'豆将军'，遇着'草霸王'挡住了咽喉要道，多亏了'菜将军'帮忙，不然，哪有今天啊！"朱元璋听了，顿时心花怒放，随即降旨封他做了将军。

两位朋友所叙内容是一回事，为何前一个被杀，后一个却做了将军，这就是语言表达方式不同导致的。

点评：一言可以兴邦，一语可以亡身。朱元璋的两位朋友前一个被杀，后一个却做了将军，是由不同的说话方式导致的。与同事的交往也是如此，言语不当会引起对方反感、不快，甚至厌恶。所以，想成为职场达人要特别注意说话的方式和方法，说话含蓄婉转、悦耳动听，不仅会给他人留下好印象，也会收获良好的人缘。

本 章 要 点

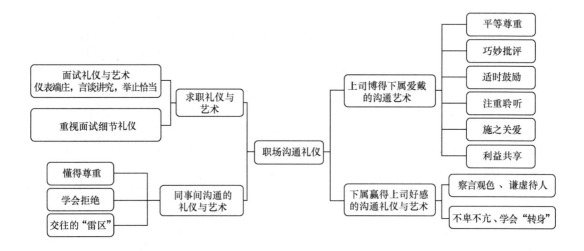

知识巩固与礼仪训练

一、知识判断

1. 面试前应充分准备，信心百倍；面试后，不泄气、不放弃。　　　　　　（　　）
2. 在面试官前要主动行礼，始终保持微笑和充满自信，积极应答，讲究策略。（　　）
3. 学会推销自己，推销自己的过程其实就是一次全面展示自己学识、品行、智慧的过程，要让对方知道你的优势和实力。　　　　　　　　　　　　　　　　　　（　　）
4. "沉默是金"适合求职者。　　　　　　　　　　　　　　　　　　　（　　）
5. 王佳要去一家信息技术（IT）公司面试，为了表现出对这份工作很有兴趣，她提前半个小时就到达面试现场。　　　　　　　　　　　　　　　　　　　　　（　　）
6. 刘鹏参加面试，面试官示意他落座，他就将身体紧紧靠着椅背，坐满椅子并舒服地窝在

沙发椅中。　　　　　　　　　　　　　　　　　　　　　　　　　　　　　　　（　　）

7. 上司下达了不符合实际的指令，下属忍气吞声，含含糊糊敷衍过去。　（　　）

8. 向上司阐述自己的重要观点时，上司却不想听，这时要仔细分析他不听的原因，积极寻找机会换一种方式阐述。　　　　　　　　　　　　　　　　　　　　（　　）

9. 你正在向上司汇报工作，你的助理急匆匆地跑过来说有一个重要客户的长途电话，这时你向上司请示后就去接电话。　　　　　　　　　　　　　　　　　　　　（　　）

10. 一位下属已连续两天请事假，第三天下午快下班时，他又拿着请假条过来说有事要请假，作为他的上司，你很生气，不理会，不批假。　　　　　　　　　　　　　（　　）

11. 上司与不同身份的人说话，不管在什么场合，都是一样的态度。　　（　　）

12. 听同事讲话，对方老是讲些没有必要的话，你的做法是不理睬。　　（　　）

13. 职场上，应该细心观察同事关系，不要介入小圈子，处理好与同事的关系。（　　）

14. 处理公司复杂的人际关系，就是讨好自己的上司再言其他，上司才是决定自己"生死"的人。　　　　　　　　　　　　　　　　　　　　　　　　　　　　　　（　　）

15. 和同事一起搭乘电梯时，高声谈论公司某一个职员的家庭问题。　　（　　）

16. 职场中与上司相处，上司就是权威，对上司要绝对服从。　　　　　（　　）

17. 对待下属，只有尊重他们、满足需求、公平相待、用情暖心，才能够实现企业效益的最大化。　　　　　　　　　　　　　　　　　　　　　　　　　　　　　　（　　）

18. 同事是最难得的搭档，是成功路上的得力助手，与同事和谐相处是职场成功的窍门。　　　　　　　　　　　　　　　　　　　　　　　　　　　　　　　　　（　　）

二、知识问答

扫描二维码观看求职面试视频片段，回答如何发挥首因效应。

知识问答素材

三、礼仪训练

情景模拟——求职面试礼仪训练。

（1）创设求职面试场景。

（2）角色分配：教师扮演面试官，选取部分学生扮演求职者。

（3）按照求职程序，在仪表、体姿、言谈、递接物品、敲门等方面进行实训演示（演示时间为 5 分钟）。每个求职者演示结束后，学生参与点评，指出求职者的优点和存在的问题。

（4）教师对求职者做出总体评价。

四、案例评析

案例一

综合媒体报道，直到 2006 年 4 月 13 日——某车务段的维修工长温斯顿因心脏衰竭猝死于睡梦中的那一天，他用自己的一生创造了一个纪录：他整整工作了 90 年！在 90 年的工作中，他只请过一天假！那是他妻子去世的时候。除此之外，他从没迟到、早退过……

他 10 岁起就开始了第一份工作——采棉花。1934 年，也就是温斯顿 28 岁那年，他在一个公共运输部门开始工作，负责洗车、清洁、维修和加油。在这个岗位上，他干了 70 多年。他每天提前 15 分钟接班，日复一日、年复一年，他总是情绪高涨，从不倦怠。他因做事一丝不苟而当上了车务段的维修工长，领导着 11 名员工。

你也许想象不到，正是这么一个不起眼的人，在 1996 年获得了美国总统授予的"世纪员工"特别嘉奖。而洛杉矶交通局则用他的名字命名了他所在的车务段，这样的嘉奖在世界范围内都是少有的。

问题： 以 5 人为一组，就"'世纪员工'温斯顿身上最可贵的是什么？"展开讨论，然后选派代表上台阐述观点。

案例二　因犯错而升职①

小托马斯·沃森（1914—1993）是 20 世纪最伟大的商业领袖之一。1956 年，他从父亲手中接过 IBM，用 10 年时间将其发展成全球最大的计算机公司之一。

在沃森执掌 IBM 期间，公司市场部经理理查德上班遇上大堵车，晚到了 10 分钟，碰巧被沃森撞见。理查德还没来得及开口，沃森就将他训斥了一通。理查德委屈地解释："我通常都是这一时间出门，谁知今天遇上大堵车。"沃森说："这说明你安排时间一贯都有问题，平时靠好运气才没有迟到！"沃森不愿再听理查德的辩解，把他降为了副经理。

见识了沃森的严厉，理查德更加卖力地工作，生怕再出一点差错。可 3 个月后，他因错误预测加利福尼亚的市场形势造成产品滞销，给公司带来不小的损失，理查德为此懊悔不已，不敢向沃森报告。沃森了解到情况后，当即叫来了理查德，沃森严肃地问："你知道我叫你来干什么吗？我看了你的辞职信。"理查德说："你要开除我？"沃森说："开除你，没那么容易，为了让你积累经验，我可是刚赔了不少钱。"随后他一把撕了辞职信，说："犯错固然不是什么好事，但你的市场开拓精神值得肯定。为了鼓励你，我决定重新升你为经理，全权负责加利福尼亚地区的销售。"

迟到被降职，失误反被升职，理查德怎么也想不通。沃森说："迟到受罚，因为你觉得那是小事，不惩罚就不知道悔改；而失误受赏，是因为你已意识到错误，日后会引以为戒。其实惩罚和奖励都是手段，真正的目的是希望你把事情做得更好。"

问题：

1. 评析小托马斯·沃森是不是一名优秀的领导者，并阐述理由。
2. 你对小托马斯·沃森的领导方法是否认同？请说明理由。
3. 你是否愿意与小托马斯·沃森这样的领导共事？请阐述理由。
4. 从这则案例中你能获得哪些启示？

---

① 整理自《环球人物》2013 年第 31 期《因犯错而升职》一文，作者张小平。

第五章

商务会面礼仪

　　古希腊先哲亚里士多德曾说过："人在社会生活中，是难以避免与其他人交往的。一个人如果不同其他人进行任何交往，那么，他不是一位神灵，就是一只野兽。"换言之，一个人若不与任何人交往，那他就不是个正常人。诚如先哲所言，任何一个在社会生活中求生存、谋发展的人，不管他愿意与否，都必须以各种形式与他人交往，商务人士也不例外。

　　在世界一体化程度日益加深，世界日益缩小为"地球村"的时代，生活在历史和现实交汇的时空里的商务人士之间相互联系、相互依存的程度也日益加深，商务交往和商务活动也愈加频繁。在参加宴请、会议、论坛、谈判等形式各异的商务活动中，称呼、介绍、握手、出示名片等见面礼必不可少。熟练掌握和运用见面的礼仪，自觉遵守见面的礼仪规范，不仅能反映一个人的修养气质，而且有助于交往的顺畅和事业的成功。因此，学习商务会面礼仪不但重要，而且十分必要。本章将分别阐述这些礼仪。

第一节　称　　呼

　　称呼可拉开商务交往的序幕，是与他人构建情谊的桥梁。在商务场合，尤其是初次相识，称呼得当，会令对方如沐春风，为日后的交往打下良好的基础。如称呼不当，则会让对方心生不快，影响彼此间的关系和交往效果。所以说称呼得当，是商务交往成功的重要基础。

一、称呼方式

微课堂
称呼方式

　　对商务人士而言，称呼方式主要有以下几种。

1. 泛尊称

　　泛尊称，顾名思义就是指通用于各种商务场合的称谓。商务场合的泛尊称有"先生""女士""姑娘""小姐""夫人"等。值得注意的是，称呼女性时，根据其婚姻状况，已婚的女子称"夫人"，未婚女子称"姑娘""小姐"，对不知婚否的可以称为"女士"。需要注意的是，泛尊称有地域特色和时代特点。例如，"小姐"称谓在西方国家和我国不同历史时期的含义是不同的：在魏晋南北朝是指从事歌舞活动的乐女；宋代是皇家、官家或有钱人家的婢女、女艺人、歌舞伎、妓女的称谓；宋代以后演变为官宦和富贵人家未婚女子的专称和尊称；近代以后，特别是 20 世纪 30 年代后，资产阶级家庭的女儿或者文化修养较高的青年女性被称为"小姐"；中华人民共和国成立以后，"小姐"专指大地主和资产阶级家庭的女儿，属于剥削者和压迫者，是被批判与改造的对象；改革开放后，随着国际交际范围的扩大，"小姐"称谓开始用于不同年龄、婚姻状态、社会地位的女性，近年来其含义又有了新的变化。所以使用称谓前最好提前了解，以免使用不当。

另外，在很多国家"阁下"一词也可作泛尊称，如我国企业人员对外国一定级别的官员可称"阁下"。泛尊称可以同姓名、姓氏和行业性称呼分别组合在一起，在正式场合使用，如"玛格丽特·撒切尔夫人""范博先生""律师先生""秘书小姐"等。

2. 职务称

在商务活动中，交往对象有职务的，可称呼对方的职务，如"董事长""总经理""经理"等。职务性称呼还可以与泛尊称、姓名、姓氏分别组合在一起使用，如"董事长先生""王丽丽总经理""刘经理"等。

对职务高的官方人士，如部长及以上的高级官员，不少国家称"阁下"，如"总统阁下""大使阁下"。对有高级官衔的女性，也可称"阁下"。但在美国和德国等国家没有称"阁下"的习惯，对这些国家的相应人员，应称"先生"。

3. 职衔称

商务交往的对象，如拥有学位、学术职称、专业技术职称、军衔和爵位的，可称呼"博士""律师""法官""将军""公爵"等。这些职衔性称呼还可以同姓名、姓氏和泛尊称分别组合在一起在正式场合使用，如"李博士""王律师""法官先生"等。

在德国，获得博士学位是一件大事。国学大师季羡林的《留德十年》中有这么一段记载，在他通过博士答辩的当晚，房东太太就郑重其事地更改了对他的称呼——博士先生。尤其是德国北部地区的商人，非常重视自己的头衔，当称呼其头衔时，他们会格外高兴。在德国，拥有博士头衔的人可以申请将头衔印在护照和其他证件上，这在他们看来是一件很自豪的事。

4. 职业称

商务交往的对象是不同行业的人士时，可直接以被称呼者的职业作为称呼，如"化妆师""设计师""记者""会计"等。职业称呼还可以同姓名、姓氏分别组合在一起使用。

5. 姓名称

职场中如果双方彼此较熟悉，可以直接称呼其姓名或姓氏，如"王×""贾×"等。为表示亲切，还可以在被称呼者的姓前面加上"老""大""小"等字，而免称其名，如"老王""小张"。更加亲密者，往往不称其姓，而只呼其名，如"丽丽""美美"等。

6. 特殊性的称呼

在涉外商务活动中，对君主制国家的王室成员和神职人员应使用专门的称呼，如称国王或王后为"陛下"，称王子、公主、亲王等为"殿下"，有爵位的应称其爵位或"阁下"。对神职人员应根据身份称之为"教皇""主教""神父""牧师"等。

 视野拓展

我国古人一般有姓、名、字、号，当今一般只有姓、名。

生而有"名"，"名"由长辈取，一般用于自称，或上对下、长对少的称呼。

"字"亦称"表字"，成年后所起，常为"名"的解释和补充，如诸葛亮字孔明。也有"字"和"名"互为反义的。对平辈或尊辈称"字"是出于礼貌和尊敬。

"号"又称"别号"，多为展示个人情怀，如诸葛亮号"卧龙"，一般用于自称，对人称号也是一种敬称。

这里介绍一些重要国家的姓名组合。欧美人往往是姓在后，名在前。例如英国生物学家查理·罗伯特·达尔文，姓达尔文，名查理，中间名为罗伯特。"查理"是本名（又称洗礼名、教名），"罗伯特"是亲友间的昵称或有纪念性质的名字，可以简写为首字母。因此，达尔文的姓名可写作"查理·R.达尔文"。

一般情况下，外国人的姓不能缩略。尊称时，可称姓或名姓加上"先生""小姐"等。如果称名不称姓，则为昵称，非亲近者用昵称是失礼的。

但要注意的是，有的外国人姓之前有"德""冯""唐"等，那是贵族标志，如"唐·吉诃德"。西班牙人姓名顺序为"名·父姓·母姓"，并以父姓为己姓。

7. 代词称与亲属称

除以上常用的称呼外，还有以"你""您"相称的"代词称"，以及"大姨""二舅"等亲属之间的"亲属称"。

二、称呼礼仪原则与技巧

称呼是开启商务交往之门的"敲门砖"，称呼他人时需要遵守的基本礼仪原则与技巧如下。

（一）原则

称呼礼仪的基本原则是**礼貌**和**恰当**。

1. 礼貌

每个人都希望被他人尊重，而合乎礼仪规范地称呼他人，是表达对他人尊重、体现自身礼貌与修养的一种方式。

礼仪故事

舒乙是研究现代作家的学者，是老舍先生唯一的儿子。2012年7月2日，他来到央视中文国际频道做客《文明之旅》栏目，介绍他的父亲老舍先生的故事。

舒乙先生对父亲的各种事情记忆犹新，讲得深入浅出、声情并茂，非常感人。但是，让主持人和观众不解的是：他从节目开始到结束一直称他的父亲为"老舍先生"，从来不说"我爸"或"我父亲"。这样的称呼，让人隐隐感觉舒乙好像对父亲不太尊重。

主持人提出自己的疑问，舒乙先生回答说："我研究现代作家，包括老舍先生，而且我研究有我自己的便利条件。但是作为一个研究对象，要拉开一点距离，要保持比较公允、客观的立场。如果一口一个我爸爸怎么样，我觉得这样不好，研究要有一种比较冷静的、脱离感情的立场，非常客观地去分析。所以，我觉得从一个学者的角度，从研究的角度，这样比较容易被别人接受。相反，一口一个我爸、我父亲怎样怎样，就有炫耀的成分，这样势必影响我对老舍先生的评价，别人也会对我的研究成果持怀疑态度。"

原来，最好的尊重是"抛开父子关系"，站在别人的立场上客观、公正地评价自己的名人父亲。这样的尊重，不愧是更上一层境界！①

在商务交往中，称呼对方应用尊称。常用的尊称有："您"——您好、请您；"贵"——贵姓、贵公司、贵方、贵校、贵体；"大"——尊姓大名、大作；"高"——高见、高明、高寿；"尊"——尊客、尊言、尊意、尊口、尊夫人。

2. 恰当

商务交往中，要根据对象、场合、双方关系等因素选择恰当的称呼，如对象是理发师、厨师、企业工人，称"师傅"则恰如其分。如在职场，下属向上级汇报工作可称其"某经理"，与其私下交往可称其"老某"或"某大哥"。当与多人打招呼时，还要注意亲疏远近和主次关系。一般

---

① 本文整理自雷春芝《最好的尊重》一文，原文载于《意林》（原创版）2013年第1期。

以先长后幼、先尊后卑、先女后男、先亲后疏为宜。

🧑‍🏫 礼仪故事

著名演讲家曲啸（1932—2003）有一次应邀给年轻犯人演讲，面对这一特殊群体，如何称呼呢？显然称"犯人""朋友"都不合适。曲啸经过认真思考，选用了"触犯国家法律的年轻朋友"这一称呼，结果被热烈的掌声所"拥抱"。

（二）技巧

称呼他人时除了要遵循礼貌、恰当的原则外，还要掌握以下几个技巧。

👓 视野拓展

如何记住他人的名字？
（1）交谈中反复重复。
（2）联想法，如将"韩旭"联想成"含蓄"。
（3）让对方写出自己的名字。
（4）形象联系法。与对方的长相相联系。

1. 要记住对方的姓名

人际关系学家戴尔·卡耐基说："一个人的姓名是他自己最熟悉、最甜美、最妙不可言的声音。""在交际中，最明显、最简单、最重要、最能得到好感的方法，就是记住人家的名字。"商务场合中，记住并准确地称呼对方的姓名，会让对方感到亲切自然。这是缩短双方心理距离的有效方法。否则张冠李戴，即使是有过交往的熟人，也会因此变得生疏起来。

🧑‍🏫 礼仪故事

拿破仑是这样记住他人名字的

传说，拿破仑三世曾得意地说，即使他日理万机，仍然能够记得他所认识的人。他的方法非常简单，如果他没有清楚地听到对方的名字，就说："抱歉，没听清楚。"如果碰到一个不寻常的名字，他就问："怎么写？"在谈话当中，他会把那个人的名字重复说几次，试着在心中把它跟那个人的特征、表情和容貌联系在一起。假若对方是个重要的人物，他就把那个人的名字写在一张纸上，仔细看看，记在心里，然后把那张纸撕掉。这样做，他对那个名字就不仅有声音的印象，还有容貌的印象。

点评：拿破仑记住他人名字的技巧，对商务人员记住他人姓名很有帮助。准确记住客户的姓名，是商务人员有效开展商务活动的基本功。

2. 要入乡随俗

入乡随俗，是指称呼应根据不同商务环境的变化而变化。对我国而言，除一些公开正式场合对女性以"女士""小姐""夫人"相称，对男性以"先生"相称外，其他场合这样称呼不合乎我国的国情。以北方为例，行业不同，称谓也就不同。工厂、企业中会以"师傅"相称；在艺术界、学术界，为示尊重，以"老师"相称。在农村的很多地方，对年轻女性，不称"小姐"而称"大姐"；对已婚女性，不称"夫人"而视年龄大小称"大嫂""大娘""大婶"；对男性则称"大哥""大叔""大伯""大爷"。同时应该注意的是，在不同环境中，对同一人的称呼可能有很大差异。例如大多地区把母亲称作"妈妈"，而在某些地区"妈妈"却是指祖母；有的地区将老年妇女称为"太婆"以表示尊重，而有些地区将妇女称为"太婆"则表示鄙夷，因为在有些地方"太婆"指"姨太太"。

3. 初次见面时称呼要慎重

初次与他人洽谈业务，称呼要准确，吐字要清晰。对方有职务的，称呼为"姓+职务"，如"王总经理"，如果对方是副总经理，可略去"副"字；但对方是总经理的，则千万不要略去"总"

字而称呼经理。

4. 关系越熟越需注意

商务洽谈会议是双方商务往来的正式场合，在与熟悉的客户打交道时也要遵守称呼的礼仪规范，使用正规称呼，<u>体现对对方的尊重，不可因熟悉而随便称呼</u>。如果对方有职务，一定要坚持称呼对方的姓+职务，尤其在有其他人在场的情况下，对方会格外在意对自己的称呼。在商务场合，为表示与对方熟悉、没有距离感，用"老王""老李"，甚至用一声"唉""喂"来称呼，既会让对方难以接受，也会给人留下不懂礼貌、不守规则的印象，进而影响交往效果。

三、称呼"雷区"

称呼是有"雷区"的，商务人士应注意以下几种称呼，避免触碰"雷区"。

（1）错误的称呼。①误读或读错被称呼者的姓名。要注意生僻字和特殊姓氏的读音，如郇（xún、huán，后者较前者少）、查（zhā）、盖（gě）、单（shàn）等。为避免出错，可事先做好准备，也可以当面请教。②误判被称呼者的年龄、辈分、婚否以及与其他人的关系等。例如，将未婚女性称为"夫人"。为避免误会，要了解清楚对方的情况。

（2）非通行性的称呼。我国地域辽阔，素有"十里不同风，百里不同俗"的说法。有些称呼具有一定的地域性，如北京人常称人为"师傅"，山东人常称人为"伙计""老师"，有的地方将配偶称为"爱人"，孩子常称为"小鬼"。但在南方有些地区，"师傅"是指"出家人"，"伙计"是指"打工仔"。而在外国，"爱人"则是指"婚外恋"的"第三者"。

（3）庸俗低级的称呼。在商务交往中，有些称呼切勿在正式场合使用。例如"兄弟""哥们儿""姐们儿""铁哥们"等称呼，让人听起来不顺耳、不舒心；逢人便称"老板"，也显得不合时宜；对尊长直呼其名，对年纪大的男性称"老头儿"，对年龄大的女性称"老婆子""老娘们儿"等不敬的称呼。

第二节　介　　绍

在现代社会，随着商务活动的日益频繁，商务人士参加各种类型的商务活动、结识新的客户的机会明显增加。如何有效地结交新朋友、更好地推销自己，掌握自我介绍及为他人介绍的方法和技巧就显得十分重要了。

一、介绍类型

商务交往背景下的介绍，因环境和条件的不同，可分为以下几种类型。

（1）按交际场合的正式与否可分为正式介绍和非正式介绍两种。正式介绍应严格按照商务礼仪规范的程序介绍，非正式介绍相对随便一些。

（2）按被介绍者人数多寡的不同可分为集体介绍和个人介绍两种。个人介绍比较常见。集体介绍是以团体、集团名称或负责人为代表，一并进行介绍，此方法多见于会议、宴会等出席人数较多的场合。

（3）按被介绍者身份、地位、层次的不同可分为重点介绍和一般介绍两种。对于重要、关键人物（身份高、有社会影响力、有突出贡献、年长者等）可作重点介绍。

（4）按介绍背景和功能等的不同可分为商业性介绍、社交性介绍和家庭成员介绍等。

二、介绍礼仪要领

下面从商务的适用性出发，对自我介绍、他人介绍和集体介绍作重点阐述。

1. 自我介绍

自我介绍是由自己担当介绍的主角，把自己介绍给他人，使对方认识自己。一般来说，商务聚会和求职等场合需要作自我介绍。

（1）商务聚会。在多人的商务聚会中，如会议、沙龙、就餐……如果对一个不相识的人感兴趣，想同他认识，又没人引荐，只好由自己充当介绍人。把自己介绍给对方时，应作自我介绍。在介绍之前，可以先向对方点头致意，得到回应后，再向对方介绍自己的姓名、身份和单位等。一般情况下，对方也会主动向你作自我介绍。

（2）求职场合。到一个单位求职时，招聘者要求求职者作自我介绍，以便了解、判断和认知，这时的自我介绍既是一种信息的传递，也是进行下一步的前提和基础。

为给对方留下良好的第一印象，充分展示自我魅力，作自我介绍时要注意把握以下几个关键点。

（1）巧解名字。名字是一个人的有声名片，要向他人介绍自己的名字，让人印象鲜明、恒久不忘，就需要巧解名字，把自己的名字介绍得顺耳入心。

礼仪故事

相声大师马三立有段著名的自我介绍："我叫马三立。就是马啊，剩三条腿还立着呢——马三立！三立，立起来，被人打倒；立起来，又被人打倒；最后，又立起来了。"

著名节目主持人凌峰在一次晚会上这样介绍自己："在下凌峰。我是以长得难看出名的。两年多来，我在大江南北走了一趟，拍摄《八千里路云和月》，所到之处，观众给予了我们很多支持，尤其是男观众对我印象特别好。因为他们认为本人长相很中国——中国五千年的苦难和沧桑都写在我的脸上。一般来说，女观众对我的长相感觉就不太良好，有的女观众对我的长相已经达到忍无可忍的地步！她们认为，我是人比黄花瘦，脸比煤球黑……"

点评： 从自己的名字中寻找特点、亮点，与众不同、标新立异地介绍自己的名字，常会收到意料之外的效果。

（2）分清对象。据说，著名画家丰子恺先生一次对一商人介绍自己的姓是咸丰皇帝的"丰"，商人不懂，又说"丰"是五谷丰登的"丰"，商人还不懂。丰子恺只好把名字写出来，商人大悟：原来是汇丰银行的"丰"啊！后来，丰子恺又向一农民介绍自己，说"丰"是汇丰银行的"丰"，农民不懂，又说是咸丰皇帝的"丰"，农民还不懂，又写出来后，农民笑了：原来是五谷丰登的"丰"啊！从这里可以看出，介绍自己时分清对象是多么重要。到什么山上唱什么歌，面对千差万别的交往对象，有针对性地介绍自己，才能达到让对方认识自己的目的。

（3）讲究态度。①举止庄重大方，充满自信。介绍时可将右手放在自己的左胸上，不要慌慌张张、手足无措，不要用大拇指指着自己。②表情亲切、自然，眼睛看着对方（或大家），善于用眼神、微笑和自然亲切的面部表情来表达友善。不要不知所措、面红耳赤，更不能摆出随随便便、满不在乎的样子。③语气自然，语速正常，语音清晰；忌语气生硬冷淡，语速过快或过慢，语音模糊不清。

（4）把握时间。①各种形式的自我介绍所用的时间不可等量齐观。但总的原则是所用时间越短越好，以半分钟左右为佳，如无特殊情况最好不要长于1分钟。②在适当的时间进行自我介绍。

适当时间的掌控原则：一是对方有兴趣时；二是对方有空闲时；三是对方情绪好时；四是对方干扰少时；五是对方有要求时。不适当的时间，包括对方兴致不高或心情较差、没有结识你的主观意愿、工作正忙或环境干扰大、个人休息、用餐或正与他人进行私人交往时。

自我介绍时，一般应注意以下几个事项。

（1）不要打断别人谈话、抢话或硬插话，否则会给人缺少礼貌教养的感觉。

（2）不要在自我介绍中长篇大论，否则会给人留下虚张声势、轻浮夸张的印象。

（3）不要在自我介绍中措辞含糊不清，也许你的初衷是不让对方摸清你的底牌，但这种躲躲闪闪的表现，不仅不会给对方留下清晰深刻的印象，反而会让人觉得你缺少自信、能力不足。

（4）要实事求是，掌握分寸。既不过分谦虚，一味贬低自己讨好别人，也不要自吹自擂、夸大其词。自我评价时，不宜用"很""第一"等词。

微课堂
他人介绍

2. 他人介绍

他人介绍，又称第三者介绍，是经第三者引见、介绍的一种介绍方式。例如，介绍客户与本单位的领导及员工认识。在他人介绍中，为他人介绍的第三者是介绍者，而介绍者所介绍的双方则是被介绍者。

他人介绍，一般都是双向介绍，即对被介绍的双方进行介绍。个别情况下也有单向介绍，即只将被介绍者中的某一方介绍给另一方。前提是前者了解后者，而后者不了解前者。

思考与练习
以 3 人为一组，轮流扮演介绍者、被介绍者，按照表 5.1 中的介绍顺序和礼仪要求进行练习。

为他人作介绍，先后顺序是一个极其重要的礼仪问题。其要领是：根据礼仪规范，以"尊者优先了解情况"为规则，即为他人作介绍前，要首先明确双方地位、年龄等情况，然后先介绍位卑者或年少者，后介绍位尊者或年长者。根据商务礼仪的一般规则，为他人作介绍时的礼仪规则与要求见表 5.1。

表 5.1　为他人作介绍时的礼仪规则与要求

介绍顺序	介绍年长者与年幼者认识时，应先介绍年幼者，后介绍年长者
	介绍长辈与晚辈认识时，应先介绍晚辈，后介绍长辈
	介绍上级与下级认识时，应先介绍下级，后介绍上级
	介绍女士与男士认识时，应先介绍男士，后介绍女士
	介绍已婚者与未婚者认识时，应先介绍未婚者，后介绍已婚者
	介绍同事、朋友与家人认识时，应先介绍家人，后介绍同事、朋友
	介绍来宾与主人认识时，应先介绍主人，后介绍来宾
	介绍公共场合的先至者与后来者认识时，应先介绍后来者，后介绍先至者
	介绍职位、身份高者与职位、身份低者认识时，应先介绍职位、身份低者，后介绍职位、身份高者
礼仪要求（介绍者）	热情、诚恳，姿态大方
	手心朝上，手背向下，四指并拢，以肘关节为轴，指向被介绍者一方，并向另一方点头微笑
	切不可用手指指来指去，必要时，可以说明被介绍一方同自己的关系，以便介绍的双方增进了解和信任
礼仪要求（被介绍者）	均应起身站立，面带微笑，目视被介绍者或对方，显出高兴、专注的样子
	介绍后，身份高的一方和年长者应主动与对方握手，问候对方，表示非常高兴认识对方
	身份低的一方或年轻者，应根据对方的反应做出相应的反应
	如对方主动伸手与你握手，应立即将手伸出与对方相握
	双方身份相当时，主动、热情地对待对方是有礼貌的表现

先介绍男士，后介绍女士

3. 集体介绍

集体介绍是他人介绍的一种特殊形式，系介绍者在为他人介绍时，被介绍者中的一方、双方或多方不是一个人，而是以集团或团体为单位的多人。

进行集体介绍时，原则上应参照进行他人介绍的顺序进行。在正式场合或隆重场合，介绍顺序是个礼节性极强的问题，需要掌握的要领如下。

（1）当被介绍双方地位、身份大致相当时，应是一人礼让多数人、人数少的一方礼让人数多的一方，先介绍一人或人数少的一方，后介绍人数较多的一方或多数人。

（2）当被介绍双方的地位、身份存在明显差异，应遵循位尊者、人数少的一方优先了解情况的原则，即先向地位、身份高者或人数少的一方，介绍位卑者或人数多的一方，然后再介绍地位、身份高或人数少的一方。

集体介绍，先介绍人数少的一方，再介绍人数较多的一方

（3）被介绍双方均为多人时，应遵循位尊者、客方优先了解情况的原则，即应先介绍位卑的一方，后介绍位尊的一方；先介绍主方，后介绍客方。介绍各方人员时，应遵循由尊到卑依次进行的原则。

（4）当被介绍者有多方时，应按照礼仪规范，确定各方的尊卑顺序，由尊到卑依顺序介绍各方。如果需要介绍各方成员，也须按上述原则，由尊到卑依次介绍。

第三节 握 手

握手礼是当今世界最为流行的礼节，也是在现代商务活动中应用范围最广、使用频率最高的一种见面礼。两人相向，握手为礼，看似简单，实则大有学问。握手的姿势、力度和时间的控制，既能够表达出对握手对象的不同礼遇和态度，也能够显示自己的个性，给人留下不同印象；同时，也能够通过握手了解对方的个性，从而赢得交际的主动权。因此，学习和掌握商务握手礼仪，不仅十分重要，而且非常必要。

一、握手的渊源与历史发展

握手礼起源于"刀耕火种"的原始社会。早在远古时代，因狩猎和战争的需要，人们手中经常拿着石块或棍棒等武器。如果遇到陌生人，为表示双方均无恶意，就都放下手中的打猎工具，张开双手向对方表示手中没有藏有武器，有时甚至互摸对方掌心。后来，这一习惯为人们所接受并发扬光大，逐渐演变成在见面、分别或有所嘱托时握手。到了中世纪，这种表示友好之意的握手礼在欧洲人中已经十分流行，后随着大航海时代的到来，传播至北美等地，逐渐演变成现代的握手礼。

辛亥革命前后，握手礼逐渐为我国所接受，并成为社交见面礼节的主流。

随着世界经济一体化的推进，商务活动日益频繁，握手已成为全世界多数国家商务人士见面时常使用的一种礼节。

二、完美握手秘诀

握手是一种无声的语言，它通过肢体传递和表达施礼者对握手对象的礼遇程度及态度，同时，也能够显示自己的个性，给握手对象和在场的其他人留下不同印象。著名作家海伦·凯勒曾以自己独特的感受描写自己与人握手的经验。她说："我接触过的手，虽然无言，却极有表现性。有的人握手能拒人千里⋯⋯我握着他们冷冰冰的手指，就像和凛冽的北风握手一样。而有些人的手却充满阳光，他们握住你的手，使你感到温暖。"那么，商务人士如何通过握手给对方春天般的温暖，为自己塑造良好的形象呢？下面介绍使用握手礼的秘诀。

1. 握手次序有规则

如果商务人士同时接待的人数量众多，上司下属、主人客人、内宾外宾、男士女士、长辈晚辈等，握手时以何为序呢？按礼仪规范，握手应遵守"**尊者优先**"的规则，即由位尊者先行伸手，位卑者在后响应，不可贸然抢先伸手，其基本规则如表 5.2 所示。

表 5.2　握手次序规则

男女握手	男女之间握手，男士要等女士先伸出手后才握手；如果女士不伸手或无握手之意，男士应向对方点头致意或微微鞠躬致意；男女初次见面，女方可以不和男士握手，只需点头致意即可
	男女握手时，男士要脱帽和摘下右手手套，如果偶遇匆匆忙忙来不及脱下，要道歉。女士除非对长辈，一般不必脱手套
主宾握手	主人有向客人先伸出手的义务。在宴会、宾馆或机场接待客人，当客人抵达时，不论对方是男士还是女士，主人都应该主动先伸出手，以表示对客人的欢迎
	客人告辞时，应由客人先伸出手来与主人相握，在此表示的是"再见"之意
长幼握手	长幼之间握手，年幼的一般要等年长的先伸手；和长辈及年长的人握手，不论男女，都要起立趋前握手，并脱下手套，以示尊敬
上下级握手	下级要等上级先伸出手，但涉及主宾关系时，可不考虑上下级关系，主人应先伸手
一个人与多人握手	应讲究先后次序，由尊而卑，即先年长者后年幼者，先长辈后晚辈，先老师后学生，先女士后男士，先已婚者后未婚者，先上级后下级，先职位、身份高者后职位、身份低者

握手时，男士要等女士先伸出手

2. 握手姿势有讲究

手势作为肢体语言的一种，能很直观地表示我们的情绪和态度。握手时，掌心向下是一种失礼行为。这一手势既是居高临下、优越感的表达，也是潜于内心支配欲和驾驭性态度的体现。除极特殊场合，一般不可以采用这一手势，尤其是下级对上级、晚辈对长辈、学生对老师使用这一手势是失礼的。握手时，掌心向上是谦恭、坦诚和顺从的象征；握手时，<u>双方手掌均呈垂直状态意味着地位平等</u>。

3. 握手时间有窍门

握手时间要长短适中，因人而异。握手时间的长短可根据双方的亲密程度灵活掌握。<u>初次见面时，握手时间不宜过长，以三秒钟左右为宜</u>。切忌握住异性的手久久不松开，握住同性手的时间也不宜过长。当然，与熟人、老朋友或敬慕已久的客人握手时，为表示特别热情亲切，握手时间可适当延长。

4. 握手力度有说道

握手力度要适当。握手力度大一些是表示热情礼貌；力度过大，甚至握疼对方的手，则是粗鲁无礼的表现；力度太轻，甚至只用指尖轻轻接触对方的手，或者是在他人握住自己手时不做任何反应，是一种无礼表现，会给对方不友好、敷衍了事的感觉。

<u>正确的做法是力度适中地用手掌和手指握住对方的手，然后微微上下晃动。</u>他人与自己握手时，也应微微晃动，以示回应。

如果下级或晚辈的手与自己的手有力并紧紧相握，一般也应报以相同的力度。这样会使晚辈或下级对自己产生强烈的信任感，也可以使你的威望和感召力在晚辈或下级中得到提升。

5. 握手禁忌有要求

忌用左手与他人握手，尤其是与阿拉伯人、印度人打交道时更要注意，因为他们的习俗视左手为不洁。

忌握手时戴手套、帽子。男士在握手前应先脱下手套、摘下帽子，只有女士在社交场合戴着薄纱手套与人握手是被允许的。

忌握手时戴着墨镜，患眼疾或眼部有缺陷的例外。

忌握手时将另外一只手插在衣袋里，或另外一只手依旧夹着香烟而不肯放下。

忌握手时面无表情，这意味着无视对方的存在，纯粹是为了应付。

忌握手时长篇大论、点头哈腰、滥用热情、显得过分客套，这样会让对方不自在、不舒服。

忌握手时仅仅握住对方的指尖，或只递给对方一截指尖，这种握手在国外被称为"死鱼式握手"，是失礼的做法。

忌以肮脏不洁或患有传染病的手与他人相握。

忌在与人握手后立即揩拭自己的手掌。

忌在握手时不遵守次序，不依次而行。特别要记住，与基督教信徒握手时，要避免两人握手时与另外两人相握的手形成交叉状，这种形状类似十字架，在基督教信徒眼中是很不吉利的。

第四节　名　片

名片是商务交往时所用的、上面印有自己基本信息的、用于向人介绍自己的长方形硬纸片。名片不仅承载着传递商务人员信息的功效，也代表商务人员的形象。在竞争激烈的商场中，名片是否规范精美，能否准确传递信息，能否体现个人和公司文化的内涵和形象；名片递送、接收是否合乎礼仪，能否产生预期的效应，是每一个商务人士立足于商场不可忽视的重要问题。

一、名片的起源与功能

名片是在历史发展进程中逐渐被人们所认识的，并成为现代商务交往中不可或缺的工具。

1. 起源

名片在我国至少已有 2 000 年的历史。经专家考证，其最早出现于战国时期。秦代称为"谒"，是以竹片或木片制成的，作为给被拜访者的见面介绍文书。到了汉末，改称为"刺"，后因造纸术的发明，材质由竹、木改为纸，但仍称为"刺"。六朝时期称为"名"，唐朝称为"膀子""门状"，宋朝也称"门状"，明朝称为"名帖"，清朝称为"名刺""名片"。因为古代名片都是手写的，因此，唐宋时又称名片为"手状"。

从名片的起源和历史演变过程中，我们可以看到，无论名称怎样变化，其用途都是相近或相通的。

2. 功能

传说光绪年间，孙中山留学归来，途经武汉，想面见湖广总督张之洞，请门官递进自己的名片，上书："学者孙中山求见之洞兄。"张之洞看后不悦，便在名片背后写了一行字，由门官转递孙中山："持三字帖，见一品官，儒生安敢称兄弟？"孙中山见了微微一笑，心想这分明是副对联的上句，便从容答出："行千里路，读万卷书，布衣亦可傲王侯。"张之洞看后，暗自吃惊，知道这是一位博学之士，急令门官打开大门，热情相见，一时传为美谈。由此，我们可以看到名片功能的强大。

时至今日，对商务人士而言，名片已成为一种用途广泛的交往工具，其在商务交往中承担着以下功能。

（1）自我介绍功能。拜会他人，以名片作辅助性自我介绍，效果最好。这样不仅可以说明自己的身份，强化介绍效果，而且能够节省时间。

（2）结交朋友功能。巧用名片，为拓展人脉及结交朋友"铺路架桥"。

（3）维系关系功能。充分利用名片提供的信息资料，与名片所有者建立联系，有效缩短时空距离，使由陌生到"常来常往"变得更加现实和方便。

（4）业务介绍功能。交换名片可为本人及所在单位进行业务宣传，有利于扩大交际面，争取潜在的合作伙伴。

（5）通知变更功能。利用名片，可及时向亲朋好友、同事、领导通报本人的最新情况。如晋升职务、变更单位、电话改号，印有变更信息的新名片要及时给对方，便于彼此联系。

（6）拜会他人功能。初次前往他人工作单位进行拜访时，可将本人名片拜托对方秘书转交被拜访者，方便对方知晓"来者何人"，并决定见与不见。

（7）简短留言功能。拜访他人不遇或需要他人代为转达时，可在名片上注明事由，然后拜托秘书或他人代为转交，达到"如闻其声，如见其人"的效果，有效提高工作效率。

（8）用作短信功能。在名片的左下角，以铅笔写下几行字或短语，寄交或转交他人，如同一封长信一样正式。如内容较多，也可写在名片背面。在国外，流行将法文缩略语写在名片左下角，以慰问、鼓励、感谢、祝贺他人的做法。例如P.P.C.意即"辞行"，P.F.意即"祝贺"。

（9）用作礼单功能。向他人赠送礼品时，可将本人名片放入其中，或装入不封口的信封中，再将该信封固定于礼品上方。这是表明"此系何人所赠"的标准做法。

（10）替人介绍功能。介绍某人去见另外一人时，可将本人名片（居上）与被介绍人名片（居下）固定在一起，然后装入信封再交与被介绍人。此时的名片具有正规介绍信（甚至超过正规介绍信）功能，是会受到对方重视的。

二、名片设计与内容

名片设计十分重要，使用一款新颖独特、内容规范、制作精美的名片，不但能够快速博得对方的好感，而且能让对方了解名片持有人的文化品位、审美修养等方面的信息，帮助对方迅速作出是否与你结识、交往的判断。

（一）设计

古代的名片往往做得很大，原因是人们认为小则狂傲，大则谦恭。明、清两代的"名刺"，大小与官品成反比，即所谓"官随品大，片随品小"。

名片沿用至今，人们的观念已经发生显著变化，追求的是简洁方便、美观大方。虽然名片的规格、格式基本相近，但是印刷、材质、设计不一，印出的名片也各有千秋。

有媒体报道，巨力集团总裁杨子曾用过一种特殊设计的名片，名片有指甲剪、小刀、开瓶器、镊子等小部件，极似一把瑞士军刀，据说价值45美元。这种精心设计出来的名片不但没有起到好的效果，反而被很多人认为是炫耀的行为。可见，对商务名片而言，在设计方面应考虑以下因素。

（1）规格。当下国内最适用的商务名片规格为9cm×5.5cm，而境外人士使用的名片多为10cm×6cm，女士专用的名片为8cm×4.5cm。

（2）版式。名片上的文字编排有横、竖两种版式，商务名片的版式一般以横排为佳。

（3）文字。商务名片一般在正面印刷标准的简体汉字，字体最好使用黑体、宋体和楷体，尽量不使用行书、草书、篆书等不易识别的字体。如果字体难辨，会给对方造成不便。

（4）色彩。商务名片宜选择单色纸张，颜色以白色、乳白色、淡黄色、浅蓝色、浅灰色为宜，切忌鲜艳花哨，不宜选用红色、紫色、绿色、金色等。

（5）质地。商务名片不宜选用特殊材质，宜选择相对大众化的纸质名片，而且要保证一定的质量，确保其耐磨、耐折。

（6）图案。一般情况下，商务名片除了文字外不适宜带有没有实际效用的图案，但是企业标识可以与公司名称

视野拓展

过去，人们需要手动把名片上的信息（手机号、邮箱、地址等）存入手机，比较麻烦。如今，将个人信息二维码印刷在名片上，用手机扫描即可读取、保存二维码内包含的信息，不用再手工录入。即使名片上没有二维码也没关系，多数即时通信软件内嵌了名片扫描功能，扫描后能自动识别名片上的信息。

组合在一起，这对树立公司形象是有帮助的，但不应主次不分。

（二）内容

在商务交往中，我们经常看到有的人名片上的内容特别多，一张小小的纸承载了太多的信息，反而会影响名片本身信息的传播；有的人名片上的内容又特别少，连基本联系方式都没有。这两种极端做法，使名片失去了存在的意义。名片上适宜印制的内容如下。

1. 公司的全称、人名、职务、职称或职衔

有些事业有成的人士同时在多家商务组织任职，也就同时拥有多个职务、职衔等。这类人在填写名片内容时，不要将所担任的职务全部罗列上去，可分别选择两三个有代表性的公司和头衔，或者按商务组织名称分别印制名片，才能使名片更有针对性，更利于工作的开展。

如果将多家公司名称和职务信息印在同一张名片上，小小的名片挤满密密麻麻的文字，显然不利于突出其中最重要的信息，名片外观也很难做到简约雅致、赏心悦目。其实某些可有可无的社会兼职出现在名片上面，不仅不会赢得对方的敬重，反而会给人炫耀虚荣的感觉。

> **视野拓展**
>
> 瑞士人推崇老字号的公司，如果公司建于1895年前，那么名片上或工作证件上会特别标示出来。

礼仪故事

历史上写字最多的名片

蔡尔康（1851—1921）的名片被认为是历史上写字最多的名片。其右上角为："四品衔工部主事、奏保经济特科、公举优行思贡生。历办《申报》副主笔、《沪报》总主笔、《新闻报》开创正主笔。《南洋官报》采访委员，历掌《万国公报》，广学会正翻译。"中部为："震旦江苏上海蔡尔康，晚号支佛，外号铸铁庵主，缕馨仙史。清帝逊位后，改号采芝翁。"左下角为："世居老北门内西穿星街99号。"名片背面还罗列着他的十余种著作，累计200余字，简直是一份履历表。

点评：十几种称谓汇集在一张名片上，成为史上名片之"最"。称"最"的原因不是令人眼花缭乱的称谓，而是不合理的职务罗列。历史的经验值得注意，商务名片要讲究整体设计，材质经济实用，外观简洁大方，文字准确精练，突出重点。这样的名片才能发挥最佳功效。

2. 联系方式

联系方式包括通信地址、邮编、办公电话、传真号码、手机号码、电子邮箱、微信或QQ号等内容；最好不提供本人家庭住址和住宅电话号码，如果确有必要，可在交换名片时当场提供，这种做法会得到交往对象的重视与信赖。

3. 中英文对照

我国对外贸易不断发展，国际交流日益频繁，商务人士与国外企业和外籍人士交往、合作的机会日益增加，英文商务名片的使用日益广泛。英文商务名片的英文部分，要注意英文翻译的准确性、简洁性和交际性，尽可能在专业人士的指导下完成，才能更好地发挥其商务交际功能。

三、递接名片礼仪要点

有人说："在现代生活中，一个没有个人名片或是不会正确地使用个人名片的人，就是一个缺乏现代意识的人。"商务人士学会正确地使用名片不仅重要，而且十分必要。

（一）选择时机要适当

递送个人名片或与对方交换名片的时机，通常包括这几种情况：一是希望认识对方；二是表示自己重视对方；三是自己被介绍给对方；四是对方提议交换名片；五是对方向自己索要名片；六是初次登门拜访对方；七是通知对方自己的信息变更情况；八是打算获得对方的名片。

递送名片要用双手

（二）递接名片要礼貌

1. 递送名片

递送名片时应遵循"**尊者居后**"的规则，即位卑者先向位尊者递交名片。位卑者是指职务低者、身份低者、辈分低者、年轻者、拜访者等。位尊者是指职务高者、身份高者、辈分高者、年纪大者、被拜访者等。

递送名片时应注意以下几点。

一忌厚此薄彼。须给在场的每个人递送一张名片。

二是遵循位尊者或距离自己最近者优先的原则。当对方超过一人时，应由尊而卑或由近而远依次递送。如果己方参与人数较多，应由己方位尊者先向对方递送名片。

三是递送名片时须站立，面带微笑，上身呈 15 度鞠躬状，用双手的拇指和食指分别握住名片上端的两角递送至对方胸前（低于本人胸部位置）。递送时要首先问好，然后说"我叫××，这是我的名片"或"请多关照"之类的话。举止要端庄有礼，动作要沉稳大方。

四是与外商交换名片，可留意对方递送名片的动作，然后模仿，以免出错。因为东西方国家交换名片的礼节不同：欧美、阿拉伯和印度习惯单手与他人交换名片；日本讲究一见面即互换名片，他们认为名片代表持有者及其所代表的组织机构，所以对名片格外尊重。日本人向对方递送名片时的态度是毕恭毕敬的，用双手大拇指与食指夹住名片，将文字正方向的一边朝向接受者，方便对方阅读，同时鞠躬致礼。

视野拓展
上下级递接名片

2. 接受名片

接受他人名片时应呈站姿，面带微笑，态度恭敬地迎向对方，用双手拇指和食指接住名片下方两角，并轻声说"谢谢""能得到您的名片十分荣幸"。然后，当着对方的面，用 30 秒钟以上的时间通读名片内容；不懂之处应当立即请教，随后郑重其事地将名片放入自己携带的名片盒或名片夹中。

应该注意的是，如果没有必要，最好不要强索他人名片。当他人索取本人名片而不想给时，不宜正面拒绝，可以说："对不起，我忘了带名片。"或者说："抱歉，我的名片用完了。"可用这种方式委婉拒绝。当然，如果在对方已看到你手中正持有名片时，这种方法显然就不合适了。

（三）放置收藏要讲究

随身携带的名片最好放在专用的名片包或名片夹里，也可以放在上衣口袋或公文包内，不要放在裤袋、裙兜、提包或钱夹里。在交际场合如果使用名片，应事先准备好，不可以现场翻找。接过他人名片后，应将其放入自己的名片包或名片夹内。

存放名片的方法大体上有以下四种：按姓名的外文字母或汉语拼音字母顺序分类；按姓名的

汉字笔画的多少分类；按专业或部门分类；按国别或地区分类。如果收藏的名片很多，还可以编一个索引，这样用起来就更方便快捷了。

本 章 要 点

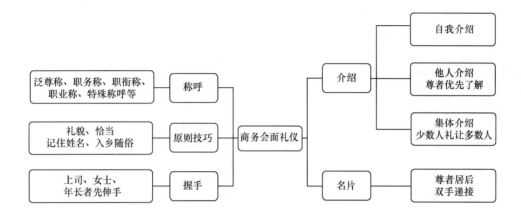

知识巩固与礼仪训练

一、知识判断

1. 商务会面时要想赢得客户好感，称呼时就要讲究入乡随俗。　　　　　　　（　　）
2. 与同事刚刚结识，为了增加同事好感，可与之称兄道弟。　　　　　　　（　　）
3. 小白去拜访以前的大学老师，两人见面时，小白先伸出了右手。　　　　（　　）
4. 大鹏是公司新来的同事，部门主管在将其介绍给同一部门的女孩王美时，大鹏先伸出右手。　　　　　　　　　　　　　　　　　　　　　　　　　　　　　　（　　）
5. 佳佳去上司家做客，上司开门后热情地伸出了右手。　　　　　　　　　（　　）
6. 介绍的礼仪次序是把年长者先介绍给年轻人，把上司先介绍给下属，把女性先介绍给男性。　　　　　　　　　　　　　　　　　　　　　　　　　　　　　　　（　　）
7. 在商务交往中，为了显示自己的身份，应多多地把自己的头衔印在名片上。　（　　）
8. 为方便对方联系，名片上一定要有自己的家庭地址。　　　　　　　　　（　　）
9. 在商务用餐时，要利用好时机向同桌客人发名片，以加强相互之间的联系。　（　　）
10. 接过名片时要马上阅读名片上的内容，互换名片之后，应将名片放入名片夹中。
　　　　　　　　　　　　　　　　　　　　　　　　　　　　　　　　　（　　）

二、礼仪训练

场景模拟：以 2 人为一组，场景、身份自拟（假设在咖啡厅偶遇、在会议场所想要结识他人、在办公室拜会他人等），表演内容要包含称呼、自我介绍、握手、名片交换等。表演完毕后，由表演者进行解说，教师进行点评。

三、案例评析

握手的魅力

玫琳凯·艾施（1918—2001）最初是一名推销员，她在一次会议结束后，想和经理握手，但由于和经理寒暄的人太多，她排队等候了三个小时。后来，终于轮到她了，可经理在握手时却瞧

玫琳凯女士

都不瞧她一眼，而是用眼睛去看她身后的队伍还有多长。善良的玫琳凯很伤心，虽然她知道经理一定很累，可自己也等了三个小时，同样也很累呀！她的自尊心受到了伤害。于是，玫琳凯暗下决心：如果有那么一天，有人排队等着同自己握手，自己一定要把注意力全都集中在对方身上——不管自己有多累！

1963年，玫琳凯自己创办了一家公司。之后，她曾多次站在队伍的尽头同数百人握手，每次都要持续好几个小时。可是无论多累，她总是牢记当年自己握手时受到的冷遇，握手时总是设法同对方说句话——哪怕只有一句，如"我喜欢你的发型"或"你穿的衣服很好看"。她在同每一个人握手时，总是全神贯注，不允许任何事情分散自己的注意力。

玫琳凯让与她握手的人都觉得自己是世界上最重要的人。于是，玫琳凯的公司很快就发展壮大，成为世界著名的公司——玫琳凯化妆品公司。

问题：

1. 从商务礼仪的视角评析玫琳凯与其上司的握手。
2. 评析玫琳凯的握手为何充满"魅力"，请阐述理由。
3. 玫琳凯化妆品公司的成功与玫琳凯的握手方式有关系吗？请说明理由。
4. 评析玫琳凯的握手经历，你从中有哪些感悟？

第六章

商务推销礼仪

商务推销就是推销主体为了实现商品与劳务的价值，积极主动地采用各种语言和非语言的促销手段，促使客户接受推销客体。通俗地讲，推销就是商品的"买"与"卖"。

"卖"是商务推销的核心与关键，即如何将产品"卖"出去。享誉全球的第一汽车推销员、吉尼斯世界纪录保持者乔·吉拉德说："其实真正卖的世界第一名的产品不是汽车，而是我自己——乔·吉拉德，以前如此，未来也是如此。"是的，作为消费者我们都有这种体验：当你购买一件商品时，特别是不急需的商品时，动摇你意志的不是商品本身，而是推销者热情的态度、耐心的服务和不厌其烦的精神。也就是说，很多时候客户购买的是一种感觉，这种感觉源于推销者的人格魅力和对客户的态度，所以推销者才是世界上独一无二的产品。鉴于此，推销者除了注重自己的仪容仪表，恪守商务礼仪外，还要注重对自己待人接物的态度、面部表情以及言谈举止的管理，给客户一种如沐春风、如遇良友的感觉，才能赢得客户的认同和信赖。因此，成为商品买卖中最大赢家的秘诀，就在于能否掌握、运用商务推销的礼仪技巧。本章就介绍商务推销的礼仪与技巧。

第一节　无声语言礼仪与技巧

进行商务推销时，首先要学会推销自己，而推销自己应从推销自己的形象开始。形象是指能引起人的思想或感情活动的具体形态或姿态。具体到商务推销者的形象，应该是通过外貌、言谈、行为举止等具体元素，向消费者展示的有关自己性格、内质等抽象元素在消费者内心的具体反映。可见，外貌、言谈、行为举止，既是形象最重要的构成要素，也是最直接的外在表现。推销员在与客户接触过程中所流露出的直观信息，即客户所感知和接收的第一信号，应该是穿着打扮和表情举止。客户往往借此给推销员打上一个印象分，而分值的高低在很大程度上影响，甚至决定推销成功与否。因此，推销员必须学会正确使用仪表服饰、表情举止等"无声语言"。

一、仪表服饰恰当得体

我国有"以貌取人"的老话。这里的貌，既包括容貌也包括精神面貌。穿着打扮看似简单，实则还真是一门较深的学问。穿着打扮除具有我们通常所说的"人靠衣服马靠鞍，三分长相七分打扮"这一现实意义外，还具有十分丰富而又复杂的社会内涵。不同的穿着打扮能够透露出不同的社会信息，折射出一个人的性格品质、心态情绪、生活习惯、文化修养和精神风貌等，同时也能够对人、对己产生截然不同的心理影响。在商务推销中，尤其是结识新客户，客户只有通过服饰仪表对全然陌生的你进行判断与评价。穿戴优雅大方、整洁得体，不仅能够显示你的修养品位、精明干练，赢得客户的信任与好感，同时也能使自己充满自信。如果一副衣冠不整、邋邋遢遢的样子，会给客户精神颓废、懒散随意的印象，自己也难免产生惭愧、自卑等不良情绪，失去推销信心。

心理学家曾经做过关于外表影响力的实验：有两位过马路的男士在等红绿灯，一位衣装笔挺，另一位穿着沾满油污的工作服，当绿灯亮起后，跟随衣着笔挺者的路人远远多于后者。美国有一项调查也表明，80%的客户对推销员的不良外表持反感态度。所以说，客户倾向于向仪表端庄、值得信赖的推销员购买产品。

那么，商务推销者在仪表服饰的选择方面应注意什么呢？

首先，服饰的选择要与相貌、身材、肤色和职业等相匹配。一般来说，无论男女，西装是体现职业特点的最佳选择。男士以深色西装（黑色、藏蓝色、蓝色、棕色等），配以白色或其他与西装色彩搭配的浅色系衬衫，领带以单色或条纹为宜，鞋子以黑色皮鞋配深色袜子为宜。需要注意的是，全身上下不能超过三种颜色。女士的选择相对宽泛一些，可根据自己的体型、环境等选择西装套装、套裙，色彩以中性为佳，内搭白衬衫或其他与外衣色彩搭配的浅色系衬衫，配以中低跟黑色皮鞋。

其次，注意服饰细节。衬衫要熨平、衣扣要系好、皮鞋要擦亮、领带要选好等。

得体的服饰仪表，一方面体现推销者对客户的重视与尊重，另一方面体现推销者自身的敬业态度、气质修养、精神状态，以及企业外在形象和个性特征，有助于达到赢得客户信赖的效果。因此，在商务推销中，掌握仪表服饰包装艺术与技巧，能够给客户留下深刻的第一印象和良好心理感觉的推销员，才是驰骋商场的永久赢家。

🔖 礼仪故事

卖帽子与买鞋子

20 世纪 20 年代，一个名为赫佐格奥拉赫的小镇，先后出现了三家运动鞋作坊。其中一个作坊老板的年龄才 20 出头，起初他跟父亲在街头修鞋，后来从体育运动的蓬勃发展中捕捉到了商机，就大胆投资创办了一家制鞋作坊。

有一次，小伙子和另外两家作坊的老板乘坐公共汽车去纽伦堡推销鞋子。车行至半路，上来一个拎着一大堆帽子的乘客。该乘客是个推销员，刚一站稳，他就拎出几顶帽子滔滔不绝地介绍起来。

那两个老板对帽子没有丝毫兴趣，都将头侧向一边，可小伙子却饶有兴致地听着。后来，那个推销员对他说："买一顶吧，一会儿我下车了，你就错过这个唯一的好机会了。"

"你的话有道理，但你的形象却让我的购买欲打了不少折扣。"小伙子认真地说。

"我的形象，你是说我的穿着不得体？"推销员纳闷地问。

"不，你戴着非常不错的帽子，穿着非常不错的服装，但你的鞋上却沾满了泥土，这非常影响你的产品形象！"小伙子更加认真地说。

推销员连忙掸了掸自己的鞋子，泥土依旧沾在上面，于是他尴尬地解释："在外奔波这是不可避免的。"……"你现在就可以买一双啊！"结果可想而知，卖帽子的推销员推销不成，反倒买了一双鞋子。同行的两位老板眼睁睁地看着小伙子轻而易举地做成了一笔生意。

几年以后，小伙子的作坊发展壮大，成为一家大型制鞋公司，而当年的那两位老板却成了他的员工。这个小伙子就是"阿迪达斯"的创始人——阿道夫·达斯勒。

点评：卖帽子的推销员不但没有卖出帽子，反倒买了一双鞋子。究其原因，恐怕不仅是一双不整洁的鞋子，而是阿道夫·达斯勒更懂得推销的关键点。同时，这也从另一个侧面反映出推销员个人形象对推销工作的重要性。所以，推销工作不仅是产品推销，同时也是形象推销。

二、表情与举止适宜

"眼睛是心灵的窗户"。眼神、体姿和手势是公认的能体现真实内心世界的语言，也是直接反映一个人品质教养的镜子。推销员与客户首次见面，留给客户的印象最为深刻，而首次印象取决于推销员的仪态仪表。客户往往从推销员的目光、表情、举止，对其教养、内涵、品行进行初步判断，这是客户确定是否接受推销、购买产品的关键。一个无精打采、松垮慵懒、手势随便的推销员，即使穿着再精致考究，也无法赢得客户的信任，引发客户的共鸣。

适宜的表情与举止，是指亲切的微笑、端庄的姿态和自信的神态。亲切的微笑是友好善良的表现，端庄的姿态是良好教养的体现，自信的神态是能力素质的反映。具体的做法如下。面部表情亲切自然，略带微笑。目光热情专注，既不要仰视或俯视对方，也不要长时间死死地盯住对方，而以注视对方眼睛或与对方目光在同一水平线为宜。体姿端正，站立时两肩放平，身体自然挺立；坐着时，应坐于椅子三分之一处，双脚并拢（女士可以双腿并拢斜放），腰背挺直，略微前倾，以示认真专注。

🎓 礼仪故事

世界上优秀的销售员乔·吉拉德，因为销售成绩突出，曾连续 12 年荣登吉尼斯世界纪录。他连续在 12 年中，平均每天销售 6 辆车。他也是全球最受欢迎的演讲家之一，曾向许多世界 500 强企业的精英传授自己的宝贵经验，无数人被他的演讲和事迹感动、激励。他说："一个人的性格可以从他的眼神、笑容、言语、态度中显示出来。"在他说的这几项要素当中，最重要的是眼神。他本人更会观察眼神并精通眼神的运用。

据说有一次，一个人来到乔·吉拉德的办公室，乔·吉拉德发现他神情紧张，嘴唇紧闭，显得十分紧张和恐惧，害怕得直打哆嗦。于是乔·吉拉德便用关切、平静、友善的眼神看着他并问："先生，我能为您做些什么？"听着乔·吉拉德的声音，看着乔·吉拉德的眼睛，这个人眼中的恐惧逐渐消失，娓娓道出了心里话。这就是乔·吉拉德眼神的神奇之处。

适宜的表情与举止，不是一朝一夕形成的。它需要推销人员平时注重个人思想道德、审美修养和业务知识的学习和积累，需要在工作中不断实践和总结。

三、时空距离恰到好处

时空是指时间和空间的概念。在商务推销中，恰到好处地把握时间，就是讲究时间效率；恰到好处地把握空间，就是保持适当距离。推销者要恰到好处地把握时间、空间的变换，使推销工作更加有效。

1. 讲究时间效率

与客户面谈的时间与所取得的效果并不一定成正比。日本有家机构曾就这一问题对 500 位顶尖推销者进行问卷调查。调查结果显示，推销的平均时间约为 30 分钟，而且"销售金额和商谈时间成正比"，数额较大的推销所用的时间相对长一些。

2. 讲究空间距离

讲究空间距离，要把握两点。

首先，要找准距离。美国爱德华·霍尔教授的研究结果表明，交际双方交谈的空间距离可概括为四种，如表 6.1 所示。

表 6.1　交际双方交谈的空间距离

亲密距离	交际双方间隔最小的距离	0.15～0.45 米	适用于恋人、家人、亲密朋友之间	亲密区域
普通距离	自我和安全的距离	0.45～1.20 米	适用于普通朋友、同学之间	个人区域
礼仪距离	—	1.20～3.60 米	适用于不夹杂感情成分的工作关系，如推销者与客户之间	社交区域
公共距离	与他人共处但并不互相干扰的距离	3.60 米以上	适用于演讲、作报告等	公共区域

其次，要保持适当距离，具体内容如下。

（1）如果双方都保持站立姿态，双方的距离则应保持在两条胳膊的长度左右，距离太近则给人以"对立"的感觉。

（2）如果一方站立，一方坐着，双方距离应稍微靠近一些，距离大概保持一条半胳膊的长度。

（3）如果双方都坐着进行交谈，为了达到促膝交谈的目的，距离接近一条胳膊的长度比较合适。

（4）如果是在桌子旁边给对方展示说明书，为了拉近彼此的距离，进一步增加亲密感，应尽量站在对方的身边，从旁侧来对商品进行说明。

视野拓展

商务交谈空间距离的差别

（1）在北美和欧洲，人们的习俗是彼此站得较远，避免与陌生人靠得太近，以避免身体的接触。即使与熟人交谈时，也会保持使自己舒服的交际距离。因此，在与欧美人交谈时，应注意保持一定的距离，不要让对方有压迫感和不舒适感。

（2）多数拉丁美洲国家和一些亚洲国家，与熟人或陌生人的亲密接触是可以的，甚至是必须的。因此，当这些国家的客户凑近我们交谈，或握住我们的手交谈时，不必有被冒犯或侵犯的感觉。

第二节　有声语言礼仪与技巧

当今世界有"三大威力"之说，即"舌头、原子弹和金钱"。舌头寓意语言，原子弹象征科技水平，金钱代表经济基础。三者之中，舌头为首，足以证明有声语言的分量与威力。商务推销也离不开有声语言。有的推销员虽然非常健谈或善谈，但达不到预期的推销目的。究其原因，与其未能真正掌握有声语言礼仪与技巧有关。

有一位推销员推门走进某一办公室问道："××在吗？"有人回答："不在，请问你有什么事吗？"他反问道："你是谁？"于是有人答道："你找的人不在，出去吧！""你是谁？"用在陌生人上，未免有失礼貌。如果推销员用"请问××在这儿吗？""请问，怎么称呼您？"，取得的效果要比"××在吗？""你是谁？"好得多。

我国有"一句话说得使人笑，一句话说得使人跳。""良言一句三冬暖，恶语伤人六月寒。""酒逢知己千杯少，话不投机半句多"之类的俗语，讲的就是说话的技巧。那么，在商务推销过程中，什么样的良言才能使对方笑逐颜开、如逢知己呢？具体从以下几方面阐释。

一、敬重对方

商务推销的实质是一种"买卖"关系，如果推销员通过对客户的敬重和礼让有加，将"买卖"关系成功地转化为"朋友"关系，那么，推销可能就大功告成了。

敬重是一种礼貌。商务推销中，注重衣着外貌、言谈举止的礼仪，给予客户一定程度的礼遇，是对客户的重视、敬重和礼貌。当客户感受到推销者善意与敬重，有了被敬重的满足感时，就可以大大缩短彼此心理上、情感上的距离，容易建立起相容相悦的关系，有利于推销目标的实现。

敬重是一种策略。拜访客户前，要认真了解对方的生活习惯、性格爱好、兴趣特长和处世态度等，针对对方特点，选择容易让对方接受的推销方式。交谈中，若尽可能投其情感所好、心理所需，使对方得到人格上的敬重，心理和情感上的满足，推销也就接近成功的彼岸了。

▶微课堂
敬重对方

📖礼仪故事

阿姆谢尔是纽约的一个销售水暖设备的商人。在纽约布鲁克林区有一位水管工，他的生意一直很好，但他十分嫉妒大公司，不愿意买阿姆谢尔公司的水暖设备。阿姆谢尔做过多次努力，第一天，这位水管工还算比较客气："今天什么也不买，别浪费我的时间，请走吧。"过了一段时间，这位水管工变得粗鲁起来，甚至对阿姆谢尔进行谩骂。阿姆谢尔并没有泄气，而是采取了一个新的策略，不仅使对方订了许多货，而且两人还成了好朋友。

当时，阿姆谢尔的公司正打算在长岛开一个商店。这天，阿姆谢尔来到了水管工的办公室，不等他开口，阿姆谢尔就说："今天我来并不想卖给你什么，我来的目的是向你请教。你能否允许我耽误你一分钟的时间？"水管工说："什么事？""我的公司想在长岛开一个商店，很少有人能像你一样熟悉这个地方。我想向你请教，值不值得这么做？"阿姆谢尔的话使水管工受宠若惊，他忙请阿姆谢尔坐下。他们谈了一个多小时，水管工不仅赞成这种做法，而且建议扩大规模，指出如何办好商店。当阿姆谢尔起身告辞时，水管工已向他订购了大量的水暖设备。向对方施以请教，是阿姆谢尔对对方的一种敬重，正是这样的敬重，让阿姆谢尔的推销取得了成功。

商务推销中，敬重是战胜对方的利器和法宝，只要用心、用脑、用行动，处处体现出对对方的敬重，推销中的难题将会迎刃而解。

📖礼仪故事

重用姓名是一种敬重

据说，美国钢铁大王安德鲁·卡耐基在10岁时养过一只母兔，不久，母兔生了一窝小兔。但由于零用钱有限，他实在无法买食物来喂养它们。他冥思苦想后得出一条妙计：告诉邻居小朋友们，只要大家肯拿食物来喂小兔，他将用小朋友的名字为每只小兔命名。此语一出，立刻得到小朋友们的热烈响应。此事给卡耐基留下了非常深刻的印象——人们对自己的名字非常在乎。

多年以后，卡耐基已功成名就。有一次，卡耐基与布尔门铁路公司竞标太平洋铁路的卧车合约，双方竞争相当激烈，彼此不断削价，直至无利可图。不久，卡耐基在一家饭店门口巧遇布尔门。针对恶性竞争的害处，卡耐基建议彼此化解前嫌，握手言和。布尔门深感言之有理，随即极为关切地问道："如果你我合作，那新公司的名字叫什么好呢？"

卡耐基突然想起早年喂养小兔的故事，马上斩钉截铁地答道："当然叫'布尔门卧车公司'了！"卡耐基的回答使布尔门的双眼顿时放光，双方很快达成了合作协议，不久双方都取得了巨大收益。

点评：卡耐基以布尔门命名卧车公司，表现出对对方的一种敬重，正是这种敬重，让双方的合作取得了成功。名字是一个人的象征，无论地位高低、贫穷贵贱、男女老幼，每个人对自己的名字都极为看重。记住对方的姓名就是一种敬重。在商务推销中，能够记住对方的姓名，并能恰当得体地称呼对方，不仅能让对方有被重视的感觉，留给对方一个好印象，而且还能增加亲近感，这无疑会为双方建立良好的关系创造便利条件。

二、懂得赞美

戴尔·卡耐基常说的一句话就是"称赞别人"。商务推销过程中，面对的每位客户都有可赞美之处，只要用真诚、敏锐的目光观察对方，就会发现他们的善良、美丽、勇敢、勤劳等优点。对其存在的优点要不吝赞美之辞，即使是最简单的一句赞美，也会让他们愉悦开心。诚如马克·吐温所说："一句精彩的赞辞可做我十天的口粮。"莎士比亚也说："称赞，即我的薪俸。"赞美让客户的心理得到了慰藉，精神得到了快乐，情感变得舒畅，他们在心情畅快之时，就很容易接纳你及你的产品了。

🎯 礼仪故事

戴高乐的称赞

法国前总统戴高乐在 1960 年访问美国时，尼克松为他举行了一次宴会，尼克松夫人费尽心思布置了一个美丽的鲜花展台：在一张马蹄形的桌子中央，鲜艳夺目的热带鲜花衬托着一个精美的喷泉。精明的戴高乐一眼就看出这是女主人为了欢迎他而精心设计制作的，不禁脱口称赞道："女主人为举行一次正式宴会，要花很多时间来进行这么漂亮、雅致的计划和布置。"尼克松夫人听了十分高兴。事后，她说："大多数来访的大人物要么不加注意，要么不屑为此向女主人道谢，而他却总是想到和提到别人。"

在以后的岁月中，不论两国之间发生过什么事，尼克松夫人始终对戴高乐保持着非常好的印象。可见，一句简单的赞美，会带来多么好的反响。

点评：简单的一句赞美之辞，竟让尼克松夫人对戴高乐始终保持非常好的印象，这就是赞美的力量。在商务推销中，推销员不吝啬对客户的赞美，也会有不菲的收获。

赞美源于人性，源于人的欲望和需求。心理学家威廉·詹姆士说："人类本质中最殷切的需求是渴望被肯定。"出身贫寒的美国总统林肯总结说："人人都需要赞美，你我都不例外。"

赞美是一种肯定和友好的表示，赞美客户有利于赢得客户的好感，而且能创造出和谐融洽的交往氛围，而推销就是在友好愉悦的相处中走向成功的。

🎯 礼仪故事

美国柯达公司的创始人伊斯曼斥巨资建了一批建筑物。为承接这批建筑物内的座椅制作项目，许多制造商去找伊斯曼，但都一无所获。在这种情况下，优美座位公司的经理亚当森前来会见伊斯曼，伊斯曼问："先生有何见教？"亚当森没谈生意，而是说："伊斯曼先生，我在等你的时候，仔细观察了这间办公室。我长期从事室内木工装修，但从未见过装修得这么精致的办公室。"伊斯曼回答："哎，你提醒了我差不多忘记了的事情。这间办公室是我设计的，刚建好时，我喜欢极了，但后来一忙，一连几星期都没有仔细欣赏这个房间。"亚当森走到墙边，用手在木板上一擦，说："这是英国橡木，是不是？意大利橡木质地不是这样的，是吧？"伊斯曼高兴地站起身说："那是从英国进口的橡木，是一位专门研究室内细木的朋友专程去英国为我订的货。"伊斯曼心情极好，把办公室所有的装饰一件件向亚当森介绍。直到亚当森告别，两人始终未谈生意，但这笔生意却落到了亚当森手里。而且，从这时起，两人成了极亲近的朋友。

送人玫瑰，手有余香。商务推销活动中，对对方的赞美，是送给对方的"玫瑰花"，对方的优点会因你的赞美而更显光彩，而留在自己手上的清香，就是推销的成功。为使玫瑰花飘香四溢，并手有余香，送"花"者必须做到以下几点。

1. 源自真心，出自真诚

赞美是发自内心的对于美好事物表示肯定的一种表达。赞美是一种境界，在商务推销中要善于发现客户的优点，并发自内心地表达赞美欣赏之情，让客户感觉到推销者对其人格上的尊敬，对其所取得成就的认同和肯定，而不是以功利主义手段去谋求利益。"精诚所至，金石为开。"如此真诚的赞美，怎么能不打动客户呢？

真诚的赞美不是讨好献媚、阿谀奉承。菲利普说："很多人都知道怎样奉承，很少有人知道怎样赞美。"二者的本质区别在于，前者是发自内心的真诚表达，后者是没有诚意的敷衍、有目的的恭维。没有诚意的赞美是无效的，也不可能得到客户的响应、配合和回报。

2. 知己知彼，百"赞"不殆

实现有效的赞美，必须做到知己知彼，百"赞"不殆。在与客户交往前，必须尽可能多地了解客户的基本情况、专业特长、性格为人、兴趣爱好等。一则避免不切实际的赞美，引起对方反感或尴尬；二则避免言之无物的泛泛空谈。唯有建立在实事求是基础上的真诚赞美，才能显示它的光辉与魅力，才能为客户所接受。

例如，面对一位年轻有为的部门经理，最好的赞美是夸赞他出类拔萃的工作能力；面对一位肯于奉献的母亲，最好的赞美是她培养了有一个有出息、有才华的孩子；面对一位职场精英，最好的赞美是他事业的成功和经营管理上的过人之处。"投其所好"的赞美，恰如其分、恰到好处的赞美，必然会打动被赞美人，取得其信任和好感，为相互交往的加深奠定基础，从而有利于推销工作的开展。

3. 小事着眼，无"微"不至

我国有句古话，叫作"勿以善小而不为，勿以恶小而为之"。赞美对方也需要秉持这种精神，勿以"赞"小而"不赞"，要善于从小事、从细微处赞美对方。这样不仅能给被赞美者惊喜，而且能给被赞美者留下细致入微、真诚可信的印象。

任何人都具有优点和长处，任何人也都有希望得到他人尊重和赞美的心理。要善于发现他人的长处，哪怕是细小的闪光点而不吝赞美，被赞美人会被由衷的认可和毫不吝惜的赞美感动。真诚的赞美像清风雨露，给人舒怀开朗之感，让人获得心理与精神的双重满足，使被赞美者很容易消除对推销行为的抵触与防备，你的推销也就能够顺理成章地取得成功了。

4. 赞美的忌讳

赞美是有原则、有技巧的，要避免以下几个方面的问题。

（1）太夸张。赞美需要装饰，但不要用力过猛，太过夸张的赞美，有不够真诚、阿谀奉承之嫌；同时，也会给他人留下虚浮不实、矫揉造作的印象，不利于建立友好的信任关系。丁聪有一次被别人冠以"画家、著名漫画家、抗战时重庆的三神童之一⋯⋯"，他听后很不舒服，就批评说话者给他戴了太多帽子。

（2）陈词滥调。赞美别人要有针对性、有新意、有特色，切忌鹦鹉学舌、人云亦云。否则，难以给对方留下深刻的印象，也难以得到对方的认同。

（3）触及别人忌讳。每个国家、民族甚至个人都有自己的忌讳。在商务推销中尤其要注意不要在语言、行为等方面触及他人的忌讳，否则一切努力前功尽弃。有一位推销员喜欢用歇后语来表达赞美之情，一次聚餐中，他称赞一位客户"你小子真是秃子头上不长毛——没治了！"说完之后才意识到这位客户最近正因脱发而烦恼。推销员后悔不已，但为时已晚。

三、善于聆听

聆听是商务推销必不可少的环节。商务推销既是一个说的过程，也是一个接受和消化信息的聆听过程，故有"商务推销也是一种聆听推销"的说法。长期的商务实践证明，聆听在商务推销中占有重要地位，是决定推销成败的关键。

🎯 礼仪故事

乔·库尔曼的聆听[①]

乔·库尔曼在29岁时就成为美国薪水最高的推销员之一。他在25年中销售了4万份寿险，平均每天5份。除了吃苦耐劳和能说会道外，库尔曼还有一个重要的经验，那就是在推销时他会说："您是怎么开始您的事业的？"仅此一句话，就消除了人们对推销员的戒备心理。每个人都有谈论自己的欲望，都希望讲述自己的想法、经历、理想，甚至委屈悲伤，以期得到他人的理解和尊重。聆听本身是褒奖对方的一种方式。耐心聆听，等于告诉说话的人："你是一个值得我聆听的人。"这样能在提高对方自尊心的同时，加深对方对自己的好感和信任，从而有利于双方的交往。

点评： 推销员乔·库尔曼的成功归之于一个不可忽视的原因——聆听，这是获得客户好感的一种简单方法。在商务推销中，推销员善于聆听，不仅容易获得客户好感，也为推销走向成功打开了一扇门。

聆听在商务推销中的作用表现在以下三方面。

首先，聆听是赢得与客户友谊的简单方法。我们喜欢一个善于聆听他人说话的人，远胜于喜欢一个总是喋喋不休诉说自己意见的人。一个十分受欢迎的人在谈到他的诀窍时说："我与人交谈时，总是极感兴趣地聆听对方的讲话，并显示出一种钦佩的神情。"推销中，面对形形色色的客户，如何与每一个客户都和睦相处并受到欢迎？答案只有一个，就是认真聆听。耐心地聆听客户谈论的任何话题，他的观点、工作、成就、家人等，让客户感觉到你对他的重视与尊重。当彼此心理和情感距离拉近时，良好关系的建立自然就水到渠成，也就为推销铺好了路、架好了桥。

其次，聆听是了解客户需求的有效方法和途径。对推销员而言，注意聆听，能够增进彼此了解，有利于取得共识、产生共鸣，能够快速建立客户对推销者的信任。据说，纽约有一家大型广告公司，特别擅长制作能说服大众买相应产品的广告。公司要求撰稿人每年到商场站一个星期的柜台，聆听大众对他们推荐产品的意见、建议和要求。撰稿人根据聆听到的意见，能撰写出更契

---

① 有关乔·库尔曼的故事流传很广，2003年中国长安出版社出版了孙奇翻译的《我的路：美国金牌推销员的成长历程》一书，作者为乔·库尔曼本人，但编辑未曾见到此书。

合产品特点和大众需求的广告语。

最后，聆听是获取有价值信息的重要渠道。在聆听客户谈话的过程中，能了解到其个人的思想品质、性情爱好和优缺点，了解越多就越能有效地掌握客户的需求信息。善于聆听是推销成功的秘诀之一。

有经验的商务推销员，总结出"一、二、三"法，即自己说一分钟，聆听对方两分钟，再附和三分钟。可见，仅仅重视"聆听"是不够的，还要学会如何"聆听"。聆听时要注意以下几点。

（1）真诚而谦逊。在推销过程中，无论客户身份、地位高低，你的眼睛都要注视对方，以诚恳和谦逊的态度认真聆听，让客户感受到你的尊重和真诚，以赢得客户的好感和信赖。

（2）恭敬而专注。与客户谈话要端庄礼貌、神情专注，不要左顾右盼、心不在焉，也不要有伸懒腰、挖耳朵、摆弄手指、抖腿或处理其他事物等小动作，以免给客户造成无礼、不恭、轻视傲慢的感觉。曾有这样一位女推销员，其所到之处无不受到客户的礼遇与欢迎。她受欢迎的原因并不是她长得多么漂亮迷人，也不是她诙谐健谈，奥妙在于她善于聆听他人讲话。她聆听的神态是那样真诚专注，简直让对方觉得自己是世界上最重要的人。由此可见，一个出色的聆听者专注而恭敬的态度具有多么强大的感染力，他的神情和态度是对客户的赞许和鼓励。"你敬我一尺，我敬你一丈"的情感回报，更容易促进推销目标的达成。

（3）插话与引导。聆听客户谈话，既不是漫无边际的闲聊，也不是直奔主题的推销。推销员聆听的目的是推销，要暗中把握和引导谈话不偏离主题。一方面以接话的形式鼓励客户说下去，适当利用"是的""对的"等简单语言表示你的赞同，也可以用"真的啊""请您讲得具体一点"表明你不但在注意听，而且饶有兴趣；另一方面以询问和激发的语气，将谈话引导到与推销相关的话题上，顺势达到推销的目的。

（4）讲究时机与方式。与客户谈话要讲究时机和方式方法，不宜直截了当地纠正客户的错误或提出批评、意见。如确有批评和纠正的必要，也要选择合适的机会与场合，采取温和婉转的既顾及客户自尊和感情，又让对方能够接受的方式。而且在谈话时要注意对自己表情、语言、语调、语气的管理，尽量使用软性语言，以达到既能使客户心悦诚服地接受，又能实现批评或纠正的目的。

> **思考与练习**
>
> 观看以下两则视频，分析两则案例各使用了什么样的礼仪与技巧，总结它们之中存在的共同点和不同点。
>
>

四、话题得当

在商务推销过程中，推销员无论是维护与老客户的关系，还是与新客户建立关系，交谈过程中都离不开非业务性话题。一般来说，客户对推销员有一种天然的戒备心理，会有抵触、反感和厌恶情绪，反应激烈的甚至会将推销员拒之门外。话题和谈话的切入点选择得当，既可以解除客户的戒备心理，引起客户的关注，又能深入客户的内心世界，使交谈在轻松愉快、其乐融融的氛围中进行，从而实现交谈的目的，为顺利推销创造前提。

前美国福特汽车公司总裁亨利·福特二世在提到令人厌烦的行为时说："一个满嘴'我'的人，一个独占'我'字，随时随地说'我'的人，是一个不受欢迎的人。"可见，以"我"为中心的交谈话题是不明智、不受欢迎的。

🎯 礼仪故事

美国一家高级面包公司的老板杜维诺先生，一直很想把面包推销给纽约的一家大饭店。一连4年，他经常给那家饭店的经理打电话，甚至还在饭店里订了一个房间，住在那里，以便随时同经理谈生意，但他始终一无所获。

就在杜维诺将要失去信心时，有人传授他一条"妙方"。于是他改变策略，打听那个经理最热衷的是什么。杜维诺终于发现，那位经理是一个叫作"美国饭店招待者"的组织的成员，不只是成员，由于他很热心，还被选为饭店组织主席。于是，杜维诺再去见他时，一开始就谈论他的组织，结果这次经理的反应令人吃惊。那位经理跟杜维诺谈了半个小时，关于他的组织、他的计划，态度非常热情。告别时，经理还"卖"了一张那个组织的会员证给杜维诺。几天之后，杜维诺就收到了那家饭店的订货单。迎合对方，把对方放在心上，使杜维诺终于取得了订单。

这一案例提示我们，话题和谈话切入点的选择，不仅要心有他人，同时还要选择双方共同点。例如，兴趣爱好，读过相同的小说，喜欢同一种体育比赛、球星或球队；共同的经历和朋友，曾经的校友、战友、同事或有共同的朋友等。当然，也可以选择日常生活中的重大事件或平凡琐事，如工作、学习、气候、娱乐、旅行、衣食住行等。以这些话题为开端，慢慢地靠近客户，拉近双方距离，随着彼此关系的加深再抛出正题，有助于推销目的的实现。

话题选择得当是激发出客户的兴趣点和兴奋点的关键。那么，应该如何选择得当的话题？下面简单介绍一下常用的几种话题。

（1）以兴趣爱好为话题。一方面，平时要注意培养自己的兴趣爱好，有意识地学习储备相关知识；另一方面，在拜访客户前，了解客户的基本情况和兴趣爱好，才能做到有话题、有谈资，临场不慌，应对自如。

（2）以工作业绩为话题。谈对方的事业、工作、能力以及骄人的业绩，通常每个企业家都会以此为荣，谈及这类话题会触动客户的兴奋点，让客人打开"话匣子"，滔滔不绝地讲起来，也就自然而然地拉近了双方的距离。

（3）以亲人好友为话题。有些人喜欢将家人的照片摆放在办公桌上，不妨以此为话题从对方的家人谈起。如果与对方交谈遇到冷场情况时，可以转移一下话题，先夸一夸办公桌上的照片："这是您的妻子吗？她长得真美！""您的孩子真可爱！""您的家庭真是令人羡慕！"这是化解尴尬气氛屡试不爽的方法，因为任何人都不会拒绝谈论自己感兴趣的内容，何况是家人呢！

话题的选择也有忌讳，要远离下面这些话题。

（1）对方隐私。忌询问、谈论对方的隐私，如年龄、收入、财产、婚姻等，对对方不愿回答、转移话题或其他私人生活等方面的问题不要追问。

（2）揭对方短处。与对方交谈，不要谈及对方的生理缺陷、过失、隐痛等，对方曾经发生的不幸事后也不要主动提起，以免勾起他人的伤感和造成现场氛围的低沉。当着残疾人不谈运动、健美，当着胖人不说其长得胖、长得壮等。

（3）背后指责。忌当着客户的面，议论、指责甚至谩骂自己的领导、同事和其他客户，也不要有损坏和破坏他人形象的言论或行为。

五、用语礼貌

礼貌用语是人类文明的标志、用语礼貌的精髓是把他人放在心上。《福布斯》杂志曾经刊登过一段话："语言中最重要的 5 个字是'我以您为荣'，最重要的 4 个字是'您怎么看'，最重要的 3 个字是'麻烦您'，最重要的 2 个字是'谢谢'，最重要的 1 个字是'您'。"那么，语言中最次要的一个字是什么呢？那就是"我"。因为把他人放在心上，才是最重要的。用语礼貌不仅能够提高推销者的信誉和形象，而且会让推销者在商务推销中得到他人的尊重，对销售起到良好的辅助作用。"谢谢""您好""对不起""再见"等，是推销过程中不可缺少的礼貌语言。

礼仪故事

"不急"是一种珍贵的商品①

一次，笔者与家人一起到西餐厅用餐。那天客人比较多，菜出得慢，但也陆续送了来，大家开始用餐。吃到甜点时，我点的主菜还没送来，因为是一家人，所以大家我吃一点你的前餐，你吃一点他的主菜。

服务小姐送来饮料时，很不好意思地询问："是不是还有一份餐未送来？"我说是，服务小姐很抱歉地说了一声"对不起"就离开了。

过了不到 30 秒，老板娘带着大厨来到我身边，连声抱歉，说刚把主菜放下去，还需要 20 分钟，问我能不能等一下，或者是否要退掉。

我回答说："没关系，我知道你们今天忙，难免会慢一些。不急，我等一下好了，等做好了以后帮我打包，我带回家。"老板娘与大厨连声道歉后离开了。

买单时，我惊讶地问是否算错了。老板娘在旁边解释道："因为您的谅解与客气，更因为您的'不急'，所以餐点打八折，没上桌的那一份免费，小孩子的附餐也免费招待。"我笑笑说："您太客气了，真是儒商经营。"老板娘回应了一句："因为您的客气，所以不得不让我们更客气。因为您的'不急'，我自然要度量它的价值。"

我笑着离开了，不是因为少花钱，只因"不急"变成了一种珍贵的商品。

点评："不急"——本来两个简简单单的字，却在商务往来中陡然产生价值。在商务推销中，用语礼貌是一种态度、一种品格，也是一种商品，因为客户只为施之以礼的人买单。

推销员在推销过程中必须使用哪些礼貌语言？

1. 问候语

与客户见面时，应首先使用问候语，而且不同的见面时间，要采用不同的**问候语**。适用于任何时间的问候语是"您好"，适合早晨的问候语是"早上好！"或"您早"。

"千里不同风，百里不同俗。"世界各个国家、各个民族在其文化习惯中形成了不同的见面问候语。在英国、美国等英语国家，双方见面的问候语根据见面的时间、场合、次数等不同而有所区别。如双方是第一次见面，说"How do you do!"（您好！）；如双方是第二次见面，说"How are you!"（您好！）；如在早上见面说"Good morning!"（早上好！），中午见面说"Good noon!"（中午好、午安！），下午见面说"Good afternoon!"（下午好！），晚上见面说"Good evening!"（晚上好！）或"Good night!"（晚安！）等。

说英语的人士，在非正式场合见面时，常用 Hi、Hello 等表示问候。有宗教信仰的人士见面时多有专用问候语，如穆斯林常用"真主保佑"，佛教徒常用"菩萨保佑""阿弥陀佛"等。推销员与客户见面时，应尊重和使用对方的问候语，这样更容易拉近和对方的心理距离。

2. 回敬语

回敬语又称为致谢语。在商务推销中，推销员接受对方的问候、鼓励、祝贺之时，可使用回敬语表示感谢。目前，在我国使用频率最高的回敬语是"谢谢""多谢""非常感谢""麻烦您了""让您费心了"等。

值得注意的是，西方国家回敬语的使用要比我国更为广泛。在公众交往中，凡是得到别人提供的服务、表扬、赞赏等，均说"谢谢！"，否则视为失礼行为。

---

① 本文 2003 年年底已经出现在我国台湾的网络上，原文名为《善意与帮助像一颗球》，但编辑未能查到原始作者。

3. 致歉语

由于个人或组织原因，给客户带来麻烦、损失，或是未能够满足客户的要求时，须使用**致歉语**。一则表示歉意，二则请求客户谅解，以维系双方的合作关系。

常用的致歉语有"抱歉"或"对不起"（Sorry）、"很抱歉"（Very sorry，So sorry）、"请原谅"（Pardon）、"打扰您了"（Sorry to bother you）、"真抱歉，让您久等了"（So sorry to keep you waiting so long）等。向客户真诚地道歉能有效化解对方的不满，有时甚至能化干戈为玉帛。

4. 请托语

在商务推销中，不论是熟悉的客户，还是陌生的准客户，为表示对对方的尊重和礼貌，营造友好的交往氛围，推销员要使用请托语。最常用的**请托语**是"请"，还有经常使用的"拜托""劳驾""借光"等。

请托语在有些国家具有征求、征询的含义。如在英、美等国家，使用请托语时，大多带有征询的口气。如英语中最常用的"Would you please …? Can I help you？""Could I be of your service"（能为您做点什么？），以及在打扰对方时常使用的"Excuse me"，也有征求意见之意。在日本，常用的请托语是"请多关照"。

5. 道别语

道别语是推销员结束推销工作，与对方分手告别时，为表示一种礼貌和愿望使用的语言。最常用的道别语是"再见"（Goodbye），双方如果约好了下次见面的时间，可说"回头见"（See you later）、"明天见"（See you tomorrow）。此外，有时还使用"走好""慢走""再来""保重"等。

道别语在英、美等讲英语的国家有时表达得比较委婉，如"祝你做个好梦""晚安"等。推销员对此予以了解并能适时运用即可。

6. 客套语

客套语，顾名思义即为表示客气所说的话。培根说："得体的客套同美好的仪容一样，是永久的荐书。"推销员在推销工作中使用**客套语**，既是职业素质的要求，也是个人文明程度和基本素养的体现。

👓 视野拓展

我国丰富多彩的语言宝库拥有大量表示谦虚恭敬的客套语，这里只列举几例。

初次见面说"久仰"； 好久不见说"久违"； 等候客人用"恭候"； 宾客来到称"光临"；
未及欢迎说"失迎"； 起身作别称"告辞"； 看望别人用"拜访"； 请人别送用"留步"；
陪伴朋友用"奉陪"； 中途告辞用"失陪"； 请人原谅说"包涵"； 请人批评说"指教"；
求人解答用"请教"； 盼人指点用"赐教"； 欢迎购买说"惠顾"； 请人受礼说"笑纳"；
请人帮助说"劳驾"； 求给方便说"借光"； 麻烦别人说"打扰"； 托人办事用"拜托"；
向人祝贺说"恭喜"； 赞人见解称"高见"； 对方来信称"惠书"； 赠人书画题"惠存"；
尊称老师为"恩师"； 称人学生为"高足"； 请人休息说"节劳"； 对方不适说"欠安"；
老人年龄称"高寿"； 女士年龄称"芳龄"； 平辈年龄问"贵庚"； 打听姓名问"贵姓"；
称人夫妇为"伉俪"； 称人女儿为"千金"。

应该注意的是，使用客套语要真诚自然、言必由衷、不落俗套，才能够让听者入耳入心，才能收到成效。

7. 拒绝不文明语言

思考与练习
（1）自我练习并学用礼貌语言。
（2）同学之间相互应用礼貌语言并相互鼓励或指正。

推销员与客户交谈时，应拒绝不文明语言。表 6.2 中的语言不宜采用。

表 6.2　不文明语言示例

粗话	为了显示自己为人粗犷，出言必粗，把爹妈叫"老头儿""老太太"，称年轻女士为"小妞"，把吃饭叫"撮一顿"，而在商务环境中使用这种粗话是很不礼貌的
脏话	讲脏话，即口带脏字，讲起话来骂骂咧咧，出口成"脏"；讲脏话的人，非但不文明，而且自我贬低，低级无聊
黑话	黑话，旧时即流行于黑社会或民间秘密团体的行话，讲黑话会令人反感厌恶，难以与他人进行真正的沟通和交流
荤话	荤话，即说话者把艳事、绯闻、男女关系之事挂在口头，说话"带色""贩黄"，不仅表明说话者品位不高，而且对交谈对象也不够尊重
怪话	有些人说话或怪里怪气，或讥讽嘲弄，或怨天尤人，或黑白颠倒，或耸人听闻，专要以自己的谈吐之"怪"令人刮目相看；爱讲怪话的人，难以令人对其产生好感
气话	气话，即说话时闹意气、泄私愤、图报复，大发牢骚，指桑骂槐；在交谈中说气话，不仅无助于双方沟通，而且还容易伤害人、得罪人
土话	谈话对象若非家人、亲属，最好不用对方听不懂的方言、土语；方言、土语对不懂的人来讲是对对方的不尊重

六、巧对拒绝

拒绝是推销中见怪不怪的事，即使是出类拔萃的推销员，也时常遭到拒绝，因此有人说拒绝是推销的孪生姐妹。面对拒绝，有的推销员束手无策，落败而归；有的退缩沮丧，不敢再试；有的丧失斗志，放弃转行。面对拒绝，推销员应该如何巧妙应对，不放弃一切机会、不放弃一个客户呢？ 这里介绍几种方法。

1. 查找原因

面对拒绝，推销员要认真总结分析被拒绝的原因，是客户对产品和企业不了解，还是不喜欢、缺少资金；是推销时机不当，还是礼仪技巧有问题。针对存在问题，转变思路和工作策略，制订有效的方案，才能打开局面走向成功。

2. "顾左右而言他"

推销者与客户初次见面，客户对推销有种本能的抗拒，这种心理既造成客户情绪紧张，也使推销员与客户之间产生隔阂。为有效消除客户的紧张情绪，使双方放松心情、无障碍地进行交谈，推销员应改变策略，在向客户推销商品时，不以其作为特定销售对象，也就是不要让客户感觉你是向他兜售商品。可以说"我今天是来收集资料，不是推销商品的"；或者事先声明不会强对方所难、劝其购买商品；或者强调假如对方正忙，可以随时离去或改日再来；或者表示所提供的不仅是商品，而是一份关心、关爱，会给对方带来方便和好处等。总之，就是避开推销本身，采取"顾左右而言他"的迂回战术，最终实现推销目的。

3. 恰到好处"戴高帽"

推销过程中，如果遇到客户说："不行啊！太贵了，我买不起。"等情况时，推销员要保持亲和的态度，面带微笑，可以语气柔和地说："其实这对您来说根本就不是问题，您肯定负担得起。如果您买不起，谁能买得起呢？"适时、适度的恭维会满足客户的自尊心，增添他的成就感和荣

耀感，巧妙地修正客户的拒绝理由，常常会收到一定的效果。

应该注意的是 "高帽" 要戴得自然、恰到好处，语气生硬、过分随意或太过夸张，可能会适得其反，甚至会产生冲突，导致推销失败。

4. 后发制人

商务推销中，经常听到客户说 "我才不买呢！听说产品……" 这样的话。面对这种直截了当的拒绝，推销员不要立即反驳解释，可以先对客户的意见，甚至偏见、错误表示完全认同，让他们有一种自己是 "内行" 的感觉。然后，耐心听取他们的意见（偏见、错误认识）和想法，再认真细致地与他们讨论和介绍产品，通过由浅入深的讲解和循循善诱的疏导，纠正客户的偏见和错误认识，实现推销的目的。

5. 有备而战

商务推销中，通常有推销员自己说出去的话，反倒成为客户攻击自己的手段，出现自设推销障碍的局面。避免的方法是做足功课，有备而战。推销员要做好预案和演练，采用换位思考、向熟悉产品的人调查访谈等形式，了解产品性能和消费者心理，把客户可能拒绝的理由转化为理所当然的购买理由。如客户说："我买不起这么贵的东西，手头没有那么多钱！" 推销员可这样回答："其实，我已经考虑到您的情况了，这一产品对您是最适合不过的，它会为您消除后顾之忧，也会对您的生活有所帮助。让我为您仔细分析一下好吗？" 在有理有据的精辟分析过程中，对方的想法可能会发生转变。

6. 推陈出新

商务推销要避免千篇一律，要学会推陈出新。客户是形形色色、千差万别的，如果不看对象、不分时间场合、不管客户忙闲，上来就劈头盖脸地大说一通："您好，我是×××化妆品公司的，这是我们公司刚刚上市的新产品……" 然后滔滔不绝地讲上二十几分钟，让客户根本没有询问和插话机会。一番操作下来，没等到推销员讲完，客户早就不耐烦、不愿意听下去了，被拒绝也是必然的。为避免出现这种尴尬情况，推销员需要拓宽知识面，掌握客户心理学、现代经营方法等理论，针对不同对象，有的放矢地设计和采用不同推销模式，掌握推销的主动权，引导客户接受你的商品。这样，就能叩开客户关闭的心窗，为你敞开推销的大门。

如何巧对千姿百态的拒绝？实践中可不只有以上几种方式，很多时候需要转换思维、另辟蹊径。推荐阅读《按杂质算工钱》一文，体会转换思维的作用。

7. 避重就轻

商务推销中，许多客户拒绝购买产品的理由只是顺口说出而已，既没有让推销员帮助解决的意思，也没有购买产品的意愿。因此，推销员大可不必大费周章地介绍、解释，因为无论你多努力，最终都将一无所获。

面对这种拒绝，推销员首先要认真观察客户的言行，分析判断他拒绝的理由是否合理，分析其是否有购买商品的意愿。如果有可能，可认真讲解、介绍，尽力解决，否则，采取避重就轻的态度，轻描淡写一带而过。

七、施礼于人

某大型涉外饭店在门口挂了一个牌子，上写 "衣冠不整者严禁入内"，来到此地的宾客 "望牌却步"；另一家饭店在门口墙壁上镶嵌着软塑料制成的彩色宋体字标语 "衣冠整洁，会使您神采奕奕，充满活力"，不少宾客走到门口心悦诚服地接受提示，自觉地整衣正冠。这就是语言艺术的效果。生硬冰冷的语言让人退避三舍，怡人悦目的语言则会让人心悦诚服地修正自身行为。

商务推销中的言谈话语如施礼于人，能增进相互间的感情，使人愉快。失礼于人，则会破坏彼此之间的感情，影响对方的情绪和态度，使人不悦。那么，言谈间如何施礼于人？

1. 准确通俗

与对方交谈，如果词不达意、前言不搭后语，既容易被人误解，又达不到沟通的目的。因此，说话应做到发音标准、吐字清晰，说出的语句应符合规范，避免使用似是而非的语言。

除准确外，还要通俗易懂。古时有一个笑话，说的是一位书生突然被蝎子蜇了，他对其妻子喊道："贤妻，速燃银烛，你夫为虫所袭！"他的妻子没有听明白，书生便着急地喊道："身如琵琶尾似钢锥，叫声贤妻，打个亮来，看看是什么东西！"其妻仍然没有领会他的意思，书生疼痛难熬，不得不大声吼道："快点灯，我被蝎子蜇了！"由此看来，日常说话尽量不要用书面语或专业术语，这样的语言会让人感觉拘束或理解困难。

2. 掌握分寸

弗朗西斯·培根曾说："在语言交际中要善于找到一种分寸，使之既直爽又不失礼，这是最难又是最好的。"推销员面对的客户不论多么熟悉、多么友好，说话时也不能随心所欲，一定要把握好"度"，要张弛有度，不过分、不过头。只有这样，才能长久地维系双方的关系。

3. 语音、语速和语气

语音、语速和语气也能体现出礼仪，这三方面注意事项如下。

（1）语音准确。言谈过程中，语音要标准：一是发音要标准，不能读错字、念错字，以免让人见笑或误会；二是发音要清晰，要让人听得一清二楚，而不是口齿不清、含含糊糊；三是音量要适中，过大令人不快，过小让人听起来费劲，过大、过小都不合适。

（2）语速适度。语速，即说话的速度。说话时，应对其加以控制，使之保持匀速，快慢适中。语速过快、过慢或忽快忽慢，都会影响说话效果。

（3）语气谦和。交谈中，说话的语气一定要亲切谦和，不要端架子、摆派头，随便教训、指责别人。

4. 不失礼于人

交谈中要以对方为中心，处处礼让对方、尊重对方，不要失礼于人。

（1）不要插嘴。出于对对方的尊重，在对方说话时，尽量不要在中途打断或突如其来地插上一嘴。这种做法不仅会干扰对方的思绪，破坏谈话的效果，也给人自以为是、喧宾夺主之感。如的确有话要说，应待对方把话讲完，或是待对方首肯后再讲。不过插话次数不宜多，时间不宜长，尤其是与陌生客户交谈时不应打断或插话。

（2）不要否定。社交礼仪有一条原则叫作"不得纠正"。其含义是：对交往对象的所作所为，应当"求大同、存小异"。若其无关宏旨，不触犯法律，不违反伦理道德，不辱国格人格，不涉及生命安全，一般没有必要确认其对错，更没有必要当面加以否定。在商务推销过程中，如对方所言话题无伤大雅，无关大是大非，不宜当面否定对方。

> **视野拓展**
>
> 推销技巧，并不只有推销员才需要，我们每个人无时无刻不在推销自己或自己的观点，回想一下自己的推销成功率怎样。
>
> 本章多次提到乔·吉拉德，与之齐名的还有日本的原一平等，推荐通过互联网搜索他们的资料，尝试在生活中运用他们的方法，看看是否有效果。

本 章 要 点

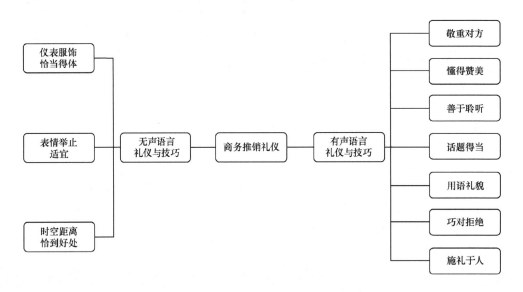

知识巩固与礼仪训练

一、知识判断

1. 去拜访公司的重要客户前，要非常注重个人仪表，可以选择穿一双白色袜子和一双黑皮鞋。   （   ）

2. 与一个重要的客户见面，像平时一样穿着随便。   （   ）

3. 与一位重要客户洽谈业务时，穿一件自己认为很合适的新潮衣服。   （   ）

4. 推销过程中的举止、言谈、神态，都可能是推销成功与否的关键所在。   （   ）

5. 与客户讲话时敬重对方，会留给对方一个好印象。   （   ）

6. 真诚慷慨地赞扬客户的优点，往往能收到事半功倍的推销效果。   （   ）

7. 与客户交谈，聆听很重要。聆听就是放下手中正在进行的所有事情，停止正在思考的事情，来听对方说话。   （   ）

8. 推销人员给客户的第一印象很重要，大方简洁的形象不会有负面影响，或许能够提升信任度。   （   ）

9. 推销过程中要把对方放在心上，让对方有被重视的感觉，这有助于推销成功。   （   ）

10. 客户对你谈的话题是否感兴趣，很大程度上决定着推销能否成功，千万不能掉以轻心，也不可马马虎虎。   （   ）

11. 针对客户可能做出的拒绝，推销人员在推销产品之前，有必要先做好各个环节的准备工作，然后有针对性地选择合适的语言和推销方法。   （   ）

12. 与客户说话应真诚，要有善意，不说刻薄、挖苦人的话，不说刺激、伤害人的话。
                                                                            （   ）

13. 与客户交谈，要施之以礼，不要失之以礼。   （   ）

二、知识问答

倾听技巧

1. 扫描二维码，观看视频"倾听技巧"，以 5 人为一组，结合视频讨论并归纳"倾听"的内涵，总结"倾听"在推销中的功效。

2. 成功学的研究表明，在获得、保持和提升职位的过程中，知识和技能的重要性只占 15%，其他 85% 是在学校或工作中学不到的"得体行为"能力，也就是礼仪。因此，要注重在日常生活中多学习、多锻炼，要在与各种各样的客户交往的过程中表现出礼仪和风度，从而塑造并提升自身形象。

你对以上所述内容是否赞同？请阐述理由。

三、礼仪训练

1. 列举你看到的不雅站姿、坐姿、走姿，对镜自我修正。修正方法是头顶一本书，站、坐 10 分钟内书不晃动，走 10 分钟内书不掉下。

2. 假定自己是一名化妆品推销员，为自己设计并展示整体形象，汲取老师及同学意见并进行改进。

3. 用手机录音，观察自己说话的语音、语速、语调是否理想。如果需要改进，建议参照《播音员训练教程》进行练习。

四、案例评析

最重要的一刻

美国一位著名的汽车推销员有过一次惨痛教训。一天，他向一位老顾客推销一款新汽车，双方谈得很愉快，对方已掏出支票簿准备签单，却又突然改变了主意，不买了。这位推销员百思不得其解，因为这是他从来没有碰到过的事，谈得好好的，怎么突然变卦了？

他当晚就专程登门拜访，诚恳地向这位老顾客请教原因。对方见他一片诚意，终于说出了其中的原委。原来，他准备填写支票时，和推销员说起了他在读大学的最心爱的儿子的事。他发现，当时这位推销员并没有在听他讲话，却在和旁边的人说笑，一气之下，他决定不买车了。推销员听完后，深深为自己的行为感到歉疚，决定将此作为终身的教训，引以为戒。[1]

问题：

1. 评析这位推销员功亏一篑的原因，并阐述理由。

2. 通过这则案例，评述一名优秀的推销员应有的推销之道。

3. 结合这一案例，评析在推销过程中的"细节决定成败"。

4. 这则案例能够让你深思吗？为什么？

---

[1] 故事整理自杨友苏、石达平《品礼：中外礼仪故事选评》，2005 年学林出版社出版。

第七章

商务专题活动礼仪

商场如战场，"竞争"是商战的主旋律，任何一个商业组织要想在竞争残酷的商战中立于不败之地，其生存发展之道离不开内求团结、外求发展。而举办商务专题活动，无疑对凝聚人心，增强组织的凝聚力与向心力，扩大与提高组织的社会影响力有举足轻重、无可替代的作用。

古往今来，无数的商业组织以其独特的思维、卓越的智慧、新颖的创意、奇异的手段举办了形式各异、内容丰富、特色鲜明、效果显著的专题活动，在各自的生存发展中留下了浓墨重彩的一笔，对组织形象、产品形象、美誉度的提升和知名度的扩大，都起到事半功倍的作用。然而，从活动的组织策划到完美收官，礼仪贯穿始终。可以说一个专题活动的成功，就是知礼、懂礼、有礼和施礼的结果。本章针对商业组织的专题活动，从主办方到参加者，对贯穿活动的各种礼仪和技巧分别进行具体阐释。

第一节　请柬及商务专题活动的注意事项

对商业组织来说，举办各种专题活动是其商务活动不可缺少的组成部分。而要真正实现各种专题活动的功效，必须做好与活动相关的各项礼仪工作。下面简要介绍请柬和活动注意事项。

一、请柬

请柬又称请帖，是邀请客人参加新闻发布会、典礼剪彩、庆典仪式等活动的书面通知。制作和发送请柬是组织开展商务活动的重要准备工作之一。如果组织邀请的客人遍及中外，便要准备中文和英文两种请柬。

1. 中文请柬

制作和发送中文请柬主要需注意以下三个要点。

（1）请柬的封面（见图7.1）宜美观大方、色彩明亮，封面正中为"请柬"二字，字形宜大。

（2）请柬的内文（见图7.2）一般由标题、正文、落款三部分组成。

图7.1　中文请柬封面（红色）

> 王佳女士：
> 　　为庆祝佳丽文化传播公司成立十周年，兹定于××××年××月××日（星期六）下午2时在凯莱大厦1楼大厅举行庆典活动。
> 　　敬请光临
> 　　　　　　　　佳丽文化传播公司（盖章）
> 　　　　　　　　××××年××月××日

图7.2　请柬内文格式

（3）请柬的发送细节。主办方寄送请柬，不应忽视的细节礼仪为：一是举办正式商务活动时，宜在活动前一个星期左右发出请柬；二是正式请柬应附上用于反馈是否接受邀请的联系方式（以前是一张用于回复的卡片和写好地址的信封，受邀者只需要在卡片上填上是否接受邀请即可寄出）。

对受邀者而言，如已经回复，但临时有急事无法赴约，应尽快通知主办方。如出席就要准时到达，迟到是非常失礼的行为。

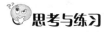

思考与练习

以王××的生日聚会为主题拟写一份请柬，时间、地点自拟。

2. 英文请柬

英文请柬是在正规场合使用的，非正式的、一般社交场合所使用的称为邀请函。对英文请柬及邀请函主要阐述以下几点。

（1）英文请柬（见图 7.3）封面宜简洁、美观，色彩要素雅。

（2）英文请柬格式（见图 7.4）的特点是每一行字表达一条信息，请柬上所有内容应井井有条、一目了然，行与行之间排列宜匀称、整齐。一般来说，第一行是受邀人的姓名，其间的"and"不能用"&"的形式来表示；第二行的"request the pleasure of"表示"恭请"之意；第三行、第四行表明邀请事由；第五行是日期；第六行是具体时间；第七行是特别客人的姓名（一般宴会可省去）；第八行是赴宴地点。

图 7.3 英文请柬的封面（白色）

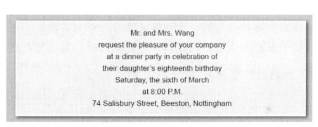

Mr. and Mrs. Wang
request the pleasure of your company
at a dinner party in celebration of
their daughter's eighteenth birthday
Saturday, the sixth of March
at 8:00 P.M.
74 Salisbury Street, Beeston, Nottingham

图 7.4 英文请柬的格式

（3）英文请柬的礼仪要求。①正式请柬均用第三人称；书写时不能用缩略词，也不能用爱称或呢称；姓名要用全称，不能用首字母代替。②被邀请客人如是已婚人士，应同时邀请夫妇双方，否则有失礼节。③正式请柬应提前三周发出，婚礼请柬应提前一个月发出，聚会请柬应提前一周发出。④正式请柬不一定要求被邀宾客给予答复，但为了避免客人失约，要求客人给予回复已很普遍。常用的写法有"Please reply""Kindly reply to""R.S.V.P."等，并写上回复的联系电话、地址以及联系人。

（4）英文邀请函的格式（见图 7.5）要明确、具体，受邀人去做什么，是在什么场合，具体时间和日期都应一一写明。英文邀请函具体包含三方面的内容：①邀请对方参加活动的内容、时间和地点；②与该活动有关的注意事项；③期待对方接受邀请，并表示感谢。

Dear Mr. Smith,
　　You are invited to attend a hike to the Great Wall on Friday, November 17th.
The coach will leave at 7 o'clock. Your family and friends are welcome, too.
　　We would feel honored if you can join us for the wonderful trip.

Peter Chang

图 7.5 英文邀请函的格式

二、商务专题活动的注意事项

商业组织举办的各种专题活动，若要实现活动目标，必须注意如下事项。

1. 活动目的要明确

任何一个商业组织举办专题活动，<u>首先要明确目的</u>。组织者应明确举办活动的目的是营造良好的舆论氛围、创造和谐发展的社会环境，还是扭转组织的不利局面等。只有活动目的清晰明确，才能精准地定位活动的性质和主题，才能增强活动的针对性，才能取得预期的效果。例如，2012年7月，黑龙江飞鹤乳业有限公司为纪念公司成立五十周年，确定以"百年飞鹤，基业长青"为庆典仪式主题，展示飞鹤乳业从肇基创业，到发展壮大五十载春秋的奋斗历程及对未来宏伟蓝图的展望。来宾正是从公司的庆典活动中，了解了公司的历史、现状与未来发展规划，感受到公司蓬勃的生机和员工积极向上的精神面貌，从而增强了对公司未来的信心和希望。可见，该庆典活动高质有效地达到了目的。

2. 活动事由要选准

商业组织举行的专题活动，<u>原则上应遵循一个事由一举办的原则</u>，或开业典礼，或纪念性活动，或解决处理突发事件等。然后，针对各种事由的特点，精准定位、彰显特色、充分准备、具体落实，才能造势、夺人、制胜，从而有效地达到活动目的。

例如，云南六大茶山茶业股份有限公司成立十周年庆典仪式活动期间（2012年4月10日至4月12日），安排了文艺晚会、"六大茶山全国著名作家探秘贺开古茶山行"、泼水节庆祝活动、勐海曼谢长街宴款待嘉宾、新品鉴赏会等一系列活动。丰富多彩、让人耳目一新的特色活动无不给来宾留下深刻的印象，同时也使企业的良好形象牢牢扎根于来宾的心中。

3. 活动时间要选好

举办专题活动必须选好时间。可以是组织开业之时，也可以是组织成立十周年、五十周年、一百周年等纪念日，还可以是组织遇到突发事件或特殊事件之际。选好时间，借"机"塑造、改善、巩固组织形象，往往会收到事半功倍的效果。

第二节　新闻发布会礼仪

新闻发布会现场

新闻发布会又称记者招待会，是指政府部门、社会团体或个人邀请相关新闻单位记者参加的，公开举行的以对外发布新闻、扩大社会影响、搞好媒介关系为目的的一种会议。简而言之，新闻发布会就是以发布新闻为主要内容的会议。

就商业组织而言，要宣布某一特大消息、说明某一重要事项、解释某一特殊事件时，都要举行新闻发布会。

通常情况下，新闻发布会是由某一商业组织或相关的几个商业组织出面，邀请有关的新闻单位记者聚集在一起，在特定时间和特定地点，面向社会各界宣布组织人事的重大变动、推介宣传新产品或者解释突发的重大事件。在诸如此类的情况下，主办方请求新闻媒体对这些事由给予真实、客观、公正的报道，以求最快速度地广而告之，以期得到社会各界人士的理解支持。

商业组织发布的新闻是千差万别的。针对不同性质的新闻，有的放矢地召开不同类别（突发事件、重大活动、宣告性新闻）的新闻发布会，且遵守履行新闻发布会的礼仪规范，能有效达到发布新闻的目的。

一、新闻发布会的礼仪规范

商业组织要成功举办一次新闻发布会，其礼仪规范离不开会议准备、媒体邀请、现场应答、妥善收尾四个主要环节。

（一）会议准备

举行新闻发布会，要做的准备工作主要有以下几方面。

1. 确定主题

无论举行什么类别的新闻发布会，都必须有非常明确的主题。主题就是要发布的是什么样的新闻、要公布的是什么样的重要信息，或者是准备解释的是什么样的问题。一般来说，新闻发布会要突出主题，主题宜单一，不宜过多。多个主题容易造成主题分散，不易给公众留下深刻印象。

2. 时空选择

时空选择是对时间、空间的选择，发布会时空选择恰当，有益于取得令人满意的结果。

（1）时间选择。召开一次新闻发布会的全部时间，一般应限制在两个小时以内。在确定举行新闻发布会的时间时，必须考虑四个方面的因素：一是要避开节日和假日；二是要避开当地的重大社会活动；三是要避开国际、国内的重大新闻发布会；四是要避免与新闻界的重点宣传报道撞车。不仅如此，举办新闻发布会的具体时间宜在星期一至星期四上午 10—12 点，下午 2—5 点。除特殊紧急事件外，星期五不宜举办新闻发布会。

（2）空间选择。一是城市的选择。可以考虑本组织所在的城市，本活动或本事件所在的城市；也可以考虑有影响力、有辐射力的中心城市，如首都或其他中心城市；还可以考虑在不同城市举行内容相似的新闻发布会。二是现场的选择。举办新闻发布会的现场，其地理位置要交通便利，要有良好的安全性，环境条件要舒适，场地面积要适中。可以选择本组织的会议室、多功能厅、当地有影响力的建筑场所等。不仅如此，室内环境要干净整洁、宽敞明亮、空气流通、冷暖适宜，桌椅摆放要守礼有序，装饰简洁得当，突出主题，要能够给来宾以赏心悦目之感。

3. 人事安排

新闻发布会的出席人员应安排妥当，主要发言人应安排本组织的主要负责人，比如企业的总经理、厂长等。从人员职务、职位、能力等方面进行科学安排、合理搭配，这样才能够组建一支精锐的新闻发布会人员队伍。

新闻发布会的文字材料准备要充分、内容要准确，文字材料如主要发言稿件和报道提纲等。主要发言稿件最好由专门人员负责搜集资料并起草，报道提纲及其他一些文字材料要事先发给与会记者，做到人手一份。如有条件，最好提前准备好有助于回答记者可能提出问题的资料，以供主要发言人参考备用。

4. 其他事务

要提前设计好发布会桌上的名牌，要提前准备好灯光、录音、电源等设施设备，要提前准备好现场展览的图片或陈列的实物等。

（二）媒体邀请

举行新闻发布会的主要目的，是要加强与新闻媒体的沟通联系。因此，邀请的对象要以各媒体记者为主。对媒体的选择要有所侧重，选择哪类媒体、哪些新闻单位、哪个栏目或记者，原则上根据本组织实际需要及新闻单位安排而定，如此才能确保新闻发布会优质高效，取得成功。

确定需邀请的媒体记者后，应提前3～5天通知记者本人，请柬最好由专人派送。请柬内应附简单背景资料，大概介绍发布会的主题或主要内容。发布会前一天，最好再用电话与所邀记者再次确认其能否出席。

（三）现场应答

按照惯例，当主办方在新闻发布会上完成主题发言后，允许与会的媒体记者在既定的时间内围绕发布会的主题进行提问，主办方须安排专人回答提问。

值得注意的是，召开新闻发布会的过程中，往往会出现某些意想不到的问题，甚至出现某些变故。对此，主办方要有充分的思想准备，最好事先分析研判，对可能的提问或发难做出一个或数个应对预案，以应对多种多样的难题，化解不利局面。如果超出预判范围，或者问题过于刁钻、尖锐，主办方新闻主持人、发言人等首先要沉着应变，掌控局面，正面回答不了，可以迂回回答，也可以以幽默、玩笑、自嘲等方式巧妙化解，甚至采取避实就虚、顾左右而言他的策略。总之，主持人、发言人的应答得体适度，不但能够有效化解尴尬、缓和紧张气氛、扭转局面，而且能够得到与会者的认可，博得与会者的好感，同时，也使新闻发布会取得令人满意的效果。

其实，很多时候巧妙地使用幽默的语言，是应对记者的一种行之有效的方法。它既能有效地缓和气氛、避免冲突，也能给自己一个台阶，让自己走出困境。

视野拓展

幽默不是先天禀赋，是可以后天学习和培养的。它需要内心世界的快乐，需要敏锐的观察力和丰富的想象力，需要良好的文化修养。关于幽默的效用，美国信息咨询公司对1 160名管理者的调查显示：77%的人在公司员工会议上通过讲笑话的方法来打破僵局，52%的人认为幽默有助于开展业务，50%的人认为公司应该考虑聘请一名"幽默顾问"来帮助员工。

礼仪故事

福特妙解"失足"

美国第38任总统杰拉尔德·福特在上任第二年出访奥地利时，有两次差点摔跤。"连路都走不好的人怎么能领导好美国！"一家媒体如此尖刻地评述。不久，他在做客美国哥伦比亚广播公司的访谈节目时，就此回答道："我是一名政治、经济以及外交的'活动家'，必须为美国的利益奔走，而一个'活动家'比任何人都更容易跌倒和摔跤，尤其是在脚下的路坎坷不平时。"

福特的这番回答完全出乎意料，但主持人却想揪着这个话题不放："那么有没有一种方法能降低你摔倒的概率呢？比如，给你穿上一双特制的防滑靴，由美国人买单。""没有。再好的防滑靴也防不住坎坷不平的路，除非我坐在家里不动，哪也不去，但我想美国人民绝不会同意我这样的，因为这会让他们的利益严重受损。"福特从容地回答。这档访谈节目播出后，福特赢得了人们的敬重。[1]

---

[1] 整理自2013年3月29日《生命时报》第23版中《福特妙解"失足"》一文，作者徐立新，略有改动。

点评： 面对媒体的尖刻指责、主持人的穷追不舍，福特对"失足"的妙解不仅有效地维护了自身形象，而且赢得了人们的敬重。对商业组织来说，在举办新闻发布会的过程中，避免不了一些记者各种各样的刁钻提问，幽默巧妙地应答不失为行之有效的方式。

（四）妥善收尾

新闻发布会结束，并不意味着大功告成，可以完美收官了。其实，即使是非常成功的新闻发布会也不可能是完美的，总会存在这样或那样的问题。因此，主办方需要在一定时间之内，对发布会进行一次全面、认真的评估，查找问题，分析原因，吸取教训，引以为戒。只有妥善做好发布会的总结工作，才能使以后的新闻发布会更加完美精彩。

二、新闻发布会的借机造势

"酒香不怕巷子深"的时代已与现代商业组织渐行渐远，取而代之的是"酒香也怕巷子深"。这一商业模式下的商业组织，无不以重视宣传组织形象和产品形象，利用各种宣传方式提高组织的社会影响力，扩大市场规模，加强产品销售为基本商业手段。举行新闻发布会，借助媒体的力量制造出浩大的宣传声势，取得不同凡响的宣传效果，不失为扬名组织和产品的一种有效方式。要使新闻发布会达到预期目的，产生轰动效应，离不开大胆新奇的构思、精心周密的准备和对答如流的发言。

🎓 礼仪故事

据说，菲亚特集团曾举行过一次别具一格、影响颇大的记者招待会。会场设在意大利第三大城市、皮埃蒙特大区首府都灵，1 200 多名记者云集于此，通过卫星电视将罗马、巴黎、伦敦、法兰克福、马德里与都灵连在一起。菲亚特集团汽车公司董事长吉德拉即席回答了六大城市的记者提问。数千里之隔的一问一答，情景交融，浑然一体。

从新汽车的设计、性能、特点到菲亚特集团经营管理、市场竞争等问题，吉德拉都对答如流。出现在欧洲六大城市面前的这位企业家，头脑敏捷、目光锐利，展现出了菲亚特集团雄心勃勃冲向国际市场的形象。

在这场世界规模的记者招待会前，菲亚特集团还在都灵举办了盛况空前的歌舞会，特聘意大利广播电视公司明星、节目主持人门塔那和玛丽亚、黛莱莎、丽塔登台表演，歌舞会的观众多达2 万余人。两次标新立异的活动，使人们对菲亚特集团投资 16 亿美元的新产品——新颖、漂亮而又实用的"蒂波"汽车留下深刻印象。"蒂波"汽车进入市场第一个月，订货量高达 60 000 多辆，成为意大利和一些欧洲国家的畅销车。

菲亚特集团的新产品"蒂波"汽车进入市场的第一个月就成为畅销车，要归功于别具一格的记者招待会引发的轰动效应，而这次招待会的别具一格离不开构思的奇异、准备的周密以及董事长吉德拉的对答如流。

第三节　开业典礼礼仪

开业典礼是商业组织创建之时，按照一定程序隆重举行的典礼活动。开业典礼是组织第一次在社会公众面前公开亮相，主要目的是扩大宣传、提高知名度、塑造良好的组织形象。在现代社会，该仪式也广泛应用于某项工程正式开工、某建筑物正式启用、某机构正式挂牌等。就商业组织而言，借助隆重的开业典礼展示本组织的实力，不仅能够有效提升自身的知名度，让更多的社会公众了解自己，同时也有益于自身良好形象的塑造，让更多的社会公众喜欢与信赖自己。那么，如何实现这一预期效果呢？首先要进行充分的准备工作，这是开业典礼成功的前提和保证。

一、开业典礼准备工作

1. 做好舆论宣传

选择有影响力的大众传播媒介，如相关的电视栏目、报纸，有影响力的广告媒体（屏幕灯箱广告、气球广告）等。在有效的时间内，广泛而集中地宣传本次典礼活动，形成轰动效应，制造出先声夺人的舆论氛围。

2. 拟定来宾名单及发送请柬

拟定来宾名单。上级主管部门、地方职能管理部门的负责人，合作部门与同行部门的负责人，社会团体负责人，社会贤达，新闻媒体记者，社区负责人，本组织的员工代表及公众代表等，都可以是邀请对象。

发送请柬。一般情况下，应提前3~5天将请柬送至被邀请的来宾手中，以便来宾事先安排好自己的事务。对重要来宾，请柬应由专人派送，并且确认其能否出席，如当时得不到准确回答，应于典礼前1~2天再次确认。

3. 确定致辞来宾及剪彩人员

确定致辞来宾名单及剪彩人员。致辞者一般由上级主管部门来宾担任。剪彩人员除本组织的主要负责人外，还应包括德高望重的来宾。

剪彩仪式

 礼仪故事

剪彩的来历

1912年，美国得克萨斯州的华狄密镇有一家大型百货公司将要开业。开张这天的一大早，总经理按当地风俗在店门前横系一条布带，以防止公司开张前有闲人闯入。这时，总经理的小女儿牵着一条哈巴狗从店里匆匆跑出来，无意中碰断了这条布带。等在门外的顾客以为是该店为了开张而搞的独特仪式，便蜂拥而入，争先购物，公司的生意竟然兴隆无比。不久，该公司的一个分公司要开张，总经理想起第一次开张的盛况，便有意让小女儿将布带碰断，果然效果又非常好。此后，其他商家争相效仿。这种仪式发展到今天就叫"剪彩"。

4. 安排其他事宜

安排与典礼相关的其他事宜。如典礼程序拟定，以及会务筹备、来宾接待、宣传报道、文艺演出、参观等相关工作的协调安排。

二、参加者礼仪与典礼程序

成功举办开业典礼的关键是所有参加典礼的人员都要了解以及共同遵守典礼礼仪规范、程序、要求。

1. 参加者礼仪

参加典礼的所有人员应共同遵守以下礼仪规范和要求。

（1）仪容整洁，服饰得体。仪容整洁，干净利落，不散发任何异味。男士服饰以西装（正装）为宜。女士服饰的选择相对宽松，但款式、色彩要与喜庆场合相匹配，最好选择款式雅致、色彩明亮的服装，造型、色彩不夸张的配饰。

（2）遵守时间，以礼待人。遵守时间既是对他人的尊重与礼貌，也是对自己行为的约束与规范。参加典礼的所有人员都应遵守时间，准时入场，除极特殊、紧急的情况外，不要中途离场，更不要四处走动。

（3）言谈举止自重、自律。典礼致辞者的致辞应有的放矢，言之有物、简明扼要，有吸引力和感染力。出席典礼人员应注意聆听，不可交头接耳，窃窃私语；体姿（站姿、坐姿）端正，举止优雅，不要有抖腿、接打电话、补妆等小动作；手机调至关闭或静音状态。

2. 典礼程序

开业典礼程序，原则上由开场、过程和结束三个基本环节组成。

（1）开场。主办方应组织典礼的相关人员按时到达指定位置。典礼开始，奏乐，邀请来宾就位，宣布典礼正式开始，介绍主要来宾。

（2）过程。这是开业典礼的核心环节。通常先由本组织负责人代表讲话，向来宾及祝贺单位表示感谢，并简要介绍本组织经营特色和经营目标等。其次，来宾代表致辞，接着启动某项开业程序。

（3）结束。典礼结束后，为了让来宾了解本组织，或为了宣传本组织的产品及服务，宾主可一道进行现场参观，或者组织来宾观赏文艺演出。

三、开业典礼要先声夺人

视野拓展

如何独辟蹊径让开业典礼独树一帜？看看这则新闻视频中的例子是否能引起你的关注。

借助开业典礼，在极短的时间内让组织的名望迅速提升，让更多的社会公众了解、接受组织的形象，是每一个商业组织的心愿和期盼。一场先声夺人的开业典礼活动，能够帮助组织实现这个心愿。

首先，先声夺人的开业典礼活动，需要创意无限、别具一格的主题。主题策划要有新意、有特点、有品位，接地气，抓住某一个点打动、感染和带动现场来宾，不能拾人牙慧。

其次，先声夺人的开业典礼活动，需要符合开业主题的现场布置、现场气氛。整体布置效果既要涵盖典礼的所有元素，又要注重与本次主题、组织特点、产品特色或地域特色等元素和谐搭配。

最后，先声夺人的开业典礼活动，需要具有强烈视觉冲击力的现场布置。现场设计要从企业特点出发，以展现喜庆、隆重为重点，既注重点、线、面的完美结合，凸显立体感、空间层次感，又要注意色彩、灯光、音响等细节的处理，使场面大气恢宏、不落俗套、热烈隆重、典雅有序，实现提升组织知名度的目的，给公众留下难以忘怀的印象。

🎭 礼仪故事

有家机场饭店的开业仪式搞得别开生面。他们从几大洋收集了一些水，由七位来自不同航空公司的空姐把这些水洒在饭店的游泳池中，当地的新闻机构对此进行了大量报道，七家航空公司也分别在各自的航空杂志上大张旗鼓地进行了宣传。

这一活动，首先抓住了"机场饭店"的特点。这家饭店要吸引来自世界各地的旅客，几大洋的水与饭店游泳池的水汇聚交融，寓意来自世界各地的宾客在这里和谐共处。其次，水的选择意蕴深远。水清凉洁净，给长途旅行的人一种如归故里、清新宁静的舒适感。最后，空姐的选择创意高明，不落政要、财阀、名人等选择的俗套，以外形青春靓丽、代表不同航空公司的空姐为活动演示者，既令人耳目一新，又能引发公众的遐想和情感共鸣。

这个案例以在不同大洋收集的"水"为活动卖点，以空姐为活动主体，创意独到、意境深远、精彩无限。巧妙地以"水"和空姐为"道具"，既贴合机场饭店主题，又暗含"上善若水，大爱无疆"的意蕴，让旅行者产生归属感。

第四节　庆典仪式

庆典仪式是为庆贺或纪念组织成立周年、荣获某项荣誉、取得某项成就、取得某项历史性突破等，而按照一定程序举行的专门仪式，是组织商务活动必不可少的重要组成部分。

庆典仪式对商业组织而言，意义重大，影响非凡。它是商业组织向社会公众公开展示自身形象的方式。庆典仪式办得好，对内能够凝聚人心、增进团结、激发斗志；对外能塑造良好的组织形象，提升知名度和影响力，增进与社会和公众的友好关系、缩短心理和情感距离，得到更多的帮助与支持，营造和谐健康的生存发展环境。反之，则可能功亏一篑，前功尽弃。"成也萧何，败也萧何"，因此对其要高度重视，认真筹划，周密部署。

一、庆典仪式准备工作

1. 确定仪式出席人员

确定仪式出席人员。出席庆典仪式的人员主要由上级领导、社会名流、新闻媒体、合作伙伴和本组织员工等构成。黑龙江飞鹤乳业有限公司成立50周年庆典仪式邀请的人员可供大家参考，来宾有：行业协会负责人，乳制品工业协会负责人，省政府负责人，省质量技术监督局负责人，齐齐哈尔市委负责人，飞鹤乳业的供应商、经销商、新老员工以及文艺界、新闻界的代表等。

凡是邀请对象，均需发送请柬，注意事项见开业典礼准备工作。

2. 选择仪式场地

庆典仪式的场地宜宽敞明亮，内外部环境良好，会场布置大气、美观，突出喜庆祥和的气氛，准备好音响、摄影、录像等相关设备。

3．拟定庆典程序

庆典程序要合礼有序、忙而不乱、环环相扣。按相关礼仪，安排好本组织负责人发言、来宾致辞的次序和时间。

二、出席者礼仪与仪式程序

出席庆典仪式的来宾和本组织成员，无论身份、地位和名望高低，无论年龄大小，都要自觉遵守仪式程序、礼仪规范和庆典仪式主办方的要求，这是决定庆典仪式成功与否的关键所在。

1．出席者礼仪

（1）仪表端庄。仪表仪容应整洁，没有异味。男士服饰以西装为宜，最好是深色西装，白色或与外衣颜色搭配的浅色衬衣，色彩花纹不突兀的领带，黑色皮鞋和深色袜子，手表和皮带等配饰切忌夸张。对女士而言，可适当修饰容貌；服装穿着要大方得体，饰品佩戴恰到好处。端庄的仪表既能够彰显自身的涵养与魅力，又有助于赢得他人的尊重和好感。

（2）准时出场。主办方与出席的嘉宾一定要遵守仪式时间，准时到场，没有特殊情况，最好不要中途离场，也不要四处走动。

（3）言行自律。对发言人而言，讲话宜简短而不宜冗长；对聆听者而言，要全神贯注，不要交头接耳；对所有在场人员而言，要端正行为举止，站坐有相，注重小节，将手机关闭或设置为静音状态。

2．仪式程序

庆典仪式一般包括以下三个环节。

（1）开始。请嘉宾就座，宣布庆典正式开始，介绍到场嘉宾（重大庆典，全体起立，奏国歌）。

（2）过程。本组织负责人致辞对来宾表示感谢，介绍举办此次庆典的缘由、组织发展历程及取得的成就；邀请嘉宾致辞。

（3）结束。本组织安排文艺演出、邀请嘉宾进行参观等。

庆典仪式

三、庆典的出奇制胜

任何一个商业组织，无不希望通过开展内容不一、形式各异的仪式或活动，达到在社会和公

米希亚的
"别样"答谢会

众心目中树立良好组织形象、赢得更好口碑的目的。若要活动取得预期成效，首先要在庆典的构思和设计方面出奇制胜，不落俗套。一个好的庆典，应该给人一个格调清新、品位高雅、意味悠长、过目不忘的印象。让活动具有商业组织独有的文化内涵与商业风情，体现浓浓的人文情怀和诚信务实、创新奋进的气质与精神，让来宾在活动新奇与壮阔的氛围中，有触动、有感悟、有回味，从而加深对组织的认知与好感、信赖与支持。

礼仪故事

麻省理工学院的校庆[①]

在麻省理工学院（MIT）迎来 150 周年校庆之际，著名教育家熊丙奇先生正好出席哈佛中国论坛，趁此机会就去"蹭"了一次麻省理工学院的校庆大会。

事情是这样的：在麻省理工学院读研究生的刘欢带着熊丙奇先生参观校园时，问熊丙奇先生有无兴趣参加该校 150 周年的校庆大会，他可以拿到门票。熊丙奇先生当时很诧异，因为即将迎来校庆的校园根本没有一点气氛，没有醒目的横幅，也没有彩色气球……

在麻省理工学院 150 周年校庆展示的 150 件学生的发明中，既有第一台实时计算机、第一个人造假肢、雷达、天气追踪系统、晶体管、频闪摄影技术，也有不少被认为是"荒谬、无用"的发明或者"搞笑"的发明。"伟大的发明"和"荒谬的创意"共处一室，却道出人世间一个最简单的道理——伟大的发明往往孕育在貌似荒谬的创意中。"书呆子"看似"呆"，思想却可天马行空。大学，给学生们创造的就是这种包容"荒谬"，也包容无限想象的空间。

这次大会，校方虽然也邀请了各方贵宾，但没有介绍与会嘉宾的环节，甚至整个活动都没有主持人。这次校庆更像是一次学术活动，主题是反思麻省理工学院的办学，展望未来 50 年的新发展。学校校董、校长、教授的发言，内容实在，没有谈及学校以往的卓越成就，更多的是思考学校的未来。这和麻省理工学院的"书呆子"气质很吻合。

这种"书呆子"气还表现在：在会场后方区域吃自助餐时，大家排着长队取食，然后在一起聊天，让人感觉这就是一个盛大的 Party……

麻省理工学院 150 周年校庆，其新奇之处在于："伟大的发明"和"荒谬的创意"共处一室；反思办学，展望未来；大家一起排着长队在会场后方区域吃自助餐。这种新奇背后的隽永，让人满怀感动、深思回味、历久弥新、永久难忘。

第五节 展览会礼仪

展览会是指某一组织为介绍本单位业绩、展示推销本单位产品和技术，以集中陈列实物、文字和图表等方式组织的宣传活动。

展览会有综合性展览和专题性展览之分。综合性展览是全面展示某一主题全貌的展览，专题性展览是围绕一个专题举办的展览。专题性展览不求全面系统，但展览的主题必须突出、让人一目了然，如"国际高新电子产品展览""国际现代厨具展览"等。无论哪一种形式的展览，要取得良好的展览效果，均需参展各方自觉遵守相应的礼仪要求。

---

① 改编自《新京报》2012 年 10 月 27 日《我经历的麻省理工校庆》一文，作者熊丙奇。

展览会现场

一、展览会各方礼仪

展览会一般由主办方、参展方、来宾等三方人员组成。三方在展览会中所扮演角色不同，礼仪规范也有所不同。

（一）主办方礼仪

主办方是有权发起和举办展览会的机构。主办方的工作人员应注意以下礼仪。

（1）塑造良好形象。主办方工作人员应注重个人和组织良好形象的塑造：衣着要端庄稳重、优雅得体；容貌要干净整洁、修饰适度；举止要端庄文雅、落落大方；谈吐要文明礼貌、不卑不亢。塑造良好的形象不但能为个人增光添彩，也有利于提升组织品牌效益。

（2）提供优质服务。主办方工作人员应为参加展览会的人员提供优质服务，尤其是为各参展单位提供各项优质服务，如场地环境服务、设施通信服务等。此外，不随意改动既定的展期、展位、收费标准等，始终与各参展单位维系稳定友好的关系。

（二）参展方礼仪

参展方，又称展商，是需要向展览会主办方支付展位费和其他相关参展费用，以在展览会上通过自己的展位向参观者展示自己的产品、技术和服务的组织或个人。对任何组织来说，展览会都是一次展示形象、宣传和推销产品、拓展商机、广结客缘、创造更好的生存和发展环境的好机会。而良好的仪表仪态、规范的礼仪则是组织软实力的体现，为组织影响力的提升助力加油。因此，要注重和讲究礼仪，尤其要对注重形象、礼貌待客和善说巧做等方面予以重视。

1. 注重形象，展现企业形象

参展方每个人的仪表仪态、行为举止都关乎企业形象和企业品牌美誉度的提升，所有参展工作人员必须高度重视，严格遵守礼仪规范，不忽视任何一个细节。

参展工作人员要在妆容、服饰和仪表等方面注意：在妆容方面，女士可化淡妆，头发尽量扎起，男士应剃须，不留长发和鬓角，无论男女都不宜佩戴首饰；在服饰方面，应当统一着装，尤其在大型展览会上，女士可穿色彩明亮的单色旗袍，佩戴写有参展方名称和主打展品名称的红色绶带；在仪表方面，参展工作人员应在左胸佩戴胸卡，上面写明单位、职务、姓名。同时，要以良好的精神面貌和优雅的气质风度吸引来宾的注意，博得来宾的好感，展现企业形象，赢得良好口碑。

2. 礼貌待客，做到"来宾至上"

参展工作人员要践行"视来宾为上帝"的服务宗旨，为来宾提供热情、真诚、周到的服务，则必须礼貌待客。展览会正式开始时，参展工作人员即应各就各位，站立迎宾；当来宾走近自己的展位时，工作人员要面带微笑，注视对方，主动向对方问候："您好！欢迎光临！"并面向对方，稍许欠身，伸出右手，掌心向上，指尖直指展台，告知对方："请您参观！"当来宾离开时，工作人员应当真诚地向对方欠身施礼，并道以"谢谢光临！"或是"再见！"。工作人员应自始至终待来宾以礼，才能让来宾在获得尊重和重视的满足感中报以回馈。

微课堂
展位工作人员如何"善说"？

3. 善说巧做，善结"客户缘"

对参展工作人员而言，要做到善说巧做：一要实事求是，讲究灵活善说；二要扬长避短，讲究人无我有；三要耐心巧做，除耐心讲解介绍，还可示范或邀请来宾动手操作。掌握上述三点，定会增进与来宾的互动，赢得来宾对商品的认可和喜欢，即使买卖不成仁义也在，因为"客户缘"也是组织一笔宝贵的财富。

（三）来宾礼仪

参加展览会的来宾在展览会上应该掌握的礼仪包括：自觉遵守展览会要求与秩序，不大声喧哗，不嬉笑打闹，不乱摸、乱碰、乱拿展品，不随地吐痰，不乱扔废弃物，爱护环境，遵守展览会礼仪要求，言谈举止文明礼貌。

视野拓展
参展商营销方式——别出心裁

二、展览会的别出心裁

对商业组织而言，参加展览会既是一种机遇，又是一种挑战。组织充分利用参展这一机会，可以树立形象、拓展商机、广结客缘。然而，参展又是对组织的一次挑战，在人头攒动的展览会上，如何脱颖而出，吸引来宾的目光，让组织能够一举成名？营销方式很重要，别出心裁很关键。

礼仪故事

2014年5月20日湖北日报讯①（记者陶忠辉、通信员程良友）第七届华中旅游博览会上，黄石展区通过别出心裁的设计和众多有影响力的旅游项目，连日来吸引了大批参观者驻足。

阳新县展台，一种身形像马、毛发像羊、脸像骆驼的动物，吸引众多游客抚摸、拍照。这是仙岛湖景区花6万余元从外地购回的羊驼。"爸爸，我要开火车！"昨日上午，在铁山区展台，一位小朋友在爸爸的协助下，拨弄着"火车"上的"方向盘"。黑色车头跟实物一样大小，车头后的"车厢"则是展览厅，孔雀石、黄石玉、蜂蜜，无不诠释着"铁城"的魅力。

大冶市则把老坛豆豉、"黑寿星"黑花生、当地汉绣，以及用本地精油做的面膜产品带到现场。游客在此不仅能领略美丽风光，还能买到大冶特产。

---

① 编辑注：本讯载于2014年5月20日《湖北日报》，标题为《华中旅游博览会 黄石别出心裁揽人气》。第七届华中旅游博览会于2014年5月18日至20日在武汉国际博览中心召开。

本 章 要 点

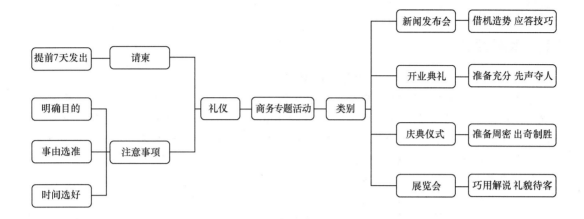

知识巩固与礼仪训练

一、知识判断

1. 商业组织举行新闻发布会，根据自身实际需求而不需要讲究时间、地点，也能办好。（　　）
2. 当记者问到一个难以回答的问题时，新闻发布会的发言人应顾左右而言他。（　　）
3. 新闻发布会重在突出新闻特点，只要有新闻，商业组织就可以举行新闻发布会。（　　）
4. 开业典礼要突出欢乐喜庆，场地环境的装饰应与整体气氛一致，庆典工作人员在装扮上也应突出喜庆特色。（　　）
5. 庆典仪式活动切忌过度的渲染，以免哗众取宠。（　　）
6. 为了让庆典活动吸引人，可以故意"搞怪"或"土洋结合"，这样效果会更好。（　　）
7. 庆典仪式要避免形式雷同或单调，与众不同的特色庆典会给人耳目一新的感觉，给人留下深刻的印象。（　　）
8. 商务专题活动重在突出主题，只能围绕一个主题。（　　）
9. 商务专题活动用于邀请来宾的请柬，提前1～2天发出即可。（　　）
10. 商业组织参加展览会，应待人礼貌。当观众走近时，应道以"请您参观"；当观众离去时，应真诚地向对方欠身施礼，并道以"谢谢光临"或是"再见"。（　　）
11. 商业组织参展要吸引观众、扩大影响，重在别出心裁。（　　）

二、知识问答

幽默语言已被广泛地运用在职场、学校、家庭、公共场所等社会生活的每个角落，请参考《萧伯纳的幽默》，对幽默语言的功效进行梳理、总结，然后选派代表上台进行阐述。

萧伯纳的幽默

三、礼仪训练

1. 以5人为一组，为佳丽文化传媒公司开业典礼活动拟定宣传方案。要求方案体现"四性"：

可行性、独特性、经济性、实效性。

2. 以 5 人为一组，为瑟尔制衣公司举行十周年庆典制订一份庆典仪式计划。要求计划体现"四性"：可行性、独特性、经济性、实效性。

四、案例评析

"难得一见"的开业典礼

李奥·贝纳广告公司于 1935 年在美国芝加哥成立。公司成立之初只有几家客户，年营业额也只有 20 万美元。但是创始人李奥·贝纳（Leo Burnett，1891—1971）并没有气馁，他举办了一场别开生面的开业典礼，全力调动前来参加庆典的宾客的注意力，一个又一个的惊喜，一层又一层的意外，让宾客惊喜不断、赞美不断。"真诚、自然、温情"是李奥·贝纳的人生信条——力求坦诚而不武断，力求热情而不感情用事。他说："我不认为一定要做得'不合常规'才有趣味。一个真正有趣的典礼是因为它本身新奇、难得一见，才不落俗套。"

经过 3 年的艰苦创业，李奥·贝纳公司终于发展成一家大公司。到庆祝开业 25 周年时，李奥·贝纳公司已成为美国第六大公司，年营业额达 1.1 亿美元，有 900 名员工。该公司后来发展成全球最大的广告公司之一。每年 8 月 5 日公司生日这天，全世界的李奥·贝纳人都会在同一个主题下共同庆祝。

问题：

1. 李奥·贝纳广告公司开业典礼的特点是什么？
2. 全世界的李奥·贝纳人为什么在每年 8 月 5 日共同庆祝？
3. 通过这则案例，评析庆典活动在企业发展中的作用。
4. 你从这则案例中得到的最深体会是什么？

第八章

商务会议与谈判礼仪

商务会议和谈判是企业开展商务活动的重要组成部分。在企业内部，部署工作、落实任务、商讨议事、制定决策等，常常通过会议来处理解决。企业与其他组织交流信息、沟通业务、实现合作等，往往也是通过会议来解决。不仅如此，企业经常通过谈判来争取更大的市场，推销更多的产品，引进更先进的生产技术，研发更新的产品等。由此可见，商务会议和谈判在企业的生存发展中具有举足轻重的地位，具有不可替代的作用。

一次圆满的商务会议和谈判，离不开会议主办方、与会者对会议礼仪的共同遵守。商务会议和谈判不仅需要礼仪，也需要技巧；不仅需要尊重规则，也需要注重艺术。因此，本章就商务会议与谈判的礼仪做以下阐释。

第一节　商务会议礼仪

无论是大型的，还是小型的商务会议，无论是地方性、全国性，还是国际性的商务会议，所有与会者的共同期待是会议圆满地结束。而会议要取得圆满的成功离不开周密的准备、有序的组织安排，以及各方对礼仪的自觉遵守。

一、商务会议各方的礼仪

商务会议礼仪主要包括主办方组织会议礼仪和应邀者参加会议礼仪。

（一）组织会议的礼仪

主办方组织一次圆满、成功的商务会议，既需要细致且充分地做好会议前的准备工作，又需要认真做好会议中的工作，还需要完善会议结束后的工作。这是会议取得成功不可或缺的环节和条件，是会议取得成功的关键所在。下面，仅就会议前和会议结束后的工作加以阐述。

1. 会议前的准备工作

按照常规，主办方组织会议，在会议前应做好"4W"准备工作。"4W"的具体内容如下。

（1）When——会议时间。一是要确定好会议开始、持续、结束的时间，二是要制定好会议的议程时间表。

（2）Where——会议地点。要选定会议地点，本单位的会议室、多功能厅等均可选用。会议室的大小要符合会议规模，室内空气要畅通，温度要适宜，设备设施要齐全，环境布置要体现会议的主题内容，并且要备好供与会者饮用的茶水等。

（3）Who——会议出席者。要确定出席会议的人员，提前对出席会议的人员发出会议通知或邀请并且予以确认，要做好出席者的食宿、交通等接待工作。

（4）What——会议议题。要明确整个会议的宗旨，并认真拟好整个会议的议题、议程，以及要解决的具体问题。

2. 会议结束后的工作

会议结束后的工作要安排好，虎头蛇尾式的会议有违礼仪规范。通常，会议结束后的工作有以下几项：①及时形成会议纪要；②安排与会人员参观，如参观企业、车间或厂房等；③与会人员最好能够合影留念，编印与会人员通信录。

（二）参加会议的礼仪

参加会议的人员自觉遵守会议礼仪，既是对他人的一种尊重，又是自我修养的一种体现，更是对会议的一种重视。与会者无论身份、职位高低，在时间观念、着装戴帽、举止言谈等方面都应自觉遵守会议礼仪。

1. 准时出席会议

出席会议的人员必须准时到达会议现场。作为贵宾或嘉宾被邀参加会议时，要按名签或主办方规定的座位就座；台下鼓掌欢迎时，要点头或招手示意；如需要讲话，则按会议安排与要求，把握好时间与内容；当其他人发言时，要聚精会神地倾听；遇精彩之处应鼓掌时，应带头鼓掌。最好不要中途离席，确有必要离退时，要在会议中间休息时离场。

一般身份出席者应在指定区域就座。就座时，要尽量先坐满前排，依顺序往后排就座。列席

思考与练习

观看视频片段，替主人公找找被解雇的原因。

人员应格外注意个人身份，如遇存在表决议程的会议，列席人员是没有表决权的，千万不要举手表决。

2. 着装和举止得体

出席会议的人员，原则上应着正装，服装色彩、图案素雅简洁。坐姿要端正，专心听讲，不要随意走动、说话，手机要关闭或调到静音状态。

3. 听从安排

出席会议的人员要一切听从主办方的安排，按照会议要求，积极参加会议的一切活动，并尽可能利用各种机会与其他代表交流信息、联络感情、增进友谊、拓宽人脉。

（三）座次礼仪规则

商务会议上座位次序安排妥当与否，直接影响议事的庄重性、发言的次序，甚至还会影响参会人员的心情和会议的质量与效果。

近代，我国的习惯是以左为尊，国内会议应以此为原则；但国际惯例则一般是以右为尊。因此，要视不同国家和地区的习俗差异，进行有针对性的安排。这里重点介绍国际惯例普遍适用的座位次序的礼仪原则：以右为尊；中间位置为上，两边为下；前排为上，后排为下；面对门为上，背对门为下。

微课堂

哪个是上位？

商务会议安排座次的礼仪规则是：主次分明、合理有序、各得其所、各就其位。首先是上下级地位永远放在第一位；其次是年龄大小，同一级别则以年长的为先；最后是性别，在级别相同、年龄相当的参会人员中，女士优先。

商务会议使用的长方形会议桌、椭圆形会议桌、U 形会议桌等，其座次礼仪规则具体如下（以国际惯例"右为尊"为例）。

视野拓展
长方形会议桌拓展

（1）长方形会议桌。举行内部会议时，职务最高的人应位于长方形会议桌短边的一侧，并且面门而坐（见图 8.1，可再参考二维码内三幅图）。

（2）椭圆形会议桌。举行内部会议时，职务最高的人应位于椭圆形会议桌的一头（见图 8.2）。

（3）U 形会议桌。举行内部会议时，职务最高的人应位于 U 形会议桌的一头（见图 8.3）。

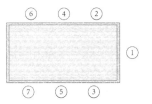

图 8.1　长方形会议桌

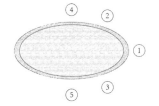

图 8.2　椭圆形会议桌

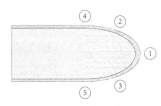

图 8.3　U 形会议桌

（4）圆形会议桌，适用于回避座次概念的内部、外部会议。圆桌会议着重体现参会人员平等互利的原则，淡化尊卑观念。以门为基点，比较靠里的位置就是较为主要的座位。

（5）举行方桌会议时要特别注意座次的安排。如果只有一位领导，一般就坐在比较靠里的位置。如果是主客双方共同出席会议，一般就分两侧就座，左尊原则下，主人坐在会议桌的右边，客人坐在左边。

（6）主席台座次排列为前排高于后排，中间高于两边，右尊原则下，右边高于左边。主持人的位置可以在前排中间，也可以在最右端，发言人在主席台正前方或右前方。台下与会人员与主席台面对面，遵循同样的座次原则（见图 8.4）。

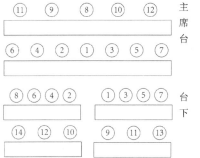

图 8.4　主席台座次（右尊）

礼仪故事

礼宾次序　彰显平等

1995 年 3 月，在丹麦哥本哈根召开联合国社会发展问题世界首脑会议，出席会议的有百余位国家元首和政府首脑。3 月 11 日，与会的各国家元首和政府首脑合影。照常规，应该按礼宾次序名单安排每位国家元首、政府首脑所站的位置。这个名单应该怎么排，根据什么原则进行排列？哪位国家元首、政府首脑排在最前，哪位国家元首、政府首脑排在最后？这项工作十分难做。丹麦和联合国的礼宾官员只好把丹麦首脑（东道国主人）、联合国秘书长、法国总统、中国总理和德国总理等安排在第一排，而对其他国家领导人，就任其自便了。好事者事后向联合国礼宾官员"请教"，答曰："这是丹麦礼宾官员安排的。"然后向丹麦礼宾官员核对，回答说："根据丹麦、联合国双方协议，该项活动由联合国礼宾官员负责。"

点评： 在有近百位国家元首、政府首脑参加的联合国社会发展问题世界首脑会议上，礼宾次序比较难处理，丹麦和联合国礼宾官员的处理方法值得商务会议的组织者借鉴。举办重大商务会议时，座位位次安排既要遵循礼仪规则，又要灵活处理，只有这样才能体现对商业伙伴的尊重。

二、商务会议发言技巧

在商务会议中，无论是主持人的讲话，还是与会者的发言，其主旨都是要给其他与会者留下深刻的印象。因此，要赢得掌声和喝彩，就一定要讲究发言技巧。

1. 与会者发言技巧

与会者发言要注重以下技巧。

（1）选择好的座位。与会者发言，要选择好的座位，最好在显眼的位置就座。坐在显眼的位置上发言时，既能够清楚地看到其他与会者，也能够让其他与会者关注到自己。

微课堂
会议发言人
如何精彩亮相？

（2）保持好的体态。与会者发言时，如为站立姿态，腰背要挺直，双脚要并拢，双目要平视前方；如为坐姿发言时，应双臂前伸，两手轻按桌沿，身体应挺直；如按发言稿发言时，要时常抬头用眼睛环视会场上的与会者，也可以面露微笑等。这些体态语言都能为自己加分。

（3）组织好内容。与会者的发言内容要精心准备，突出主题，有的放矢，有理有据，条理清晰。精准、精确、精练的内容再配以悦耳的声音、流畅的表述、抑扬顿挫的语调，能让发言内容入耳、入脑、入心。

礼仪故事

幽默机智也是一种缓冲剂

2000年9月6日上午，联合国千年首脑会议在纽约联合国总部举行。按照会议规定，每位国家领导人只能在主席台上发言5分钟。轮到马尔代夫共和国总统加尧姆先生发言时，他直截了当地说："主席先生，我只有5分钟的时间，因此我的发言将简单明了。首先我祝贺您担任千年首脑会议主席的职务，并祝贺秘书长向会议提交了一份出色的报告。我将用下面的4分37秒谈谈我们国家对新千年的一些关切和希望……"听到这里，全场发出一片笑声。各国元首和首脑们原来就对5分钟限制心存"不满"，加尧姆总统的独特开场白顿时吸引了全场的注意力，并在场内产生了共鸣。在发言结束时，加尧姆总统又幽默地说："现在我只剩下30秒了。我们最后应该做出承诺，去拯救我们的地球。如果我们不做任何承诺就离开这个会议大厅，这将是一种遗憾。我在台上的发言时间结束了，但我祝愿我的国家存在的时间永远不会结束！"这一前后呼应获得了全场的热烈掌声。幽默的谈吐不但可以缓解尴尬的局面，还能起到解嘲的作用。

点评：马尔代夫共和国总统加尧姆先生在千年首脑会议上的发言相当有技巧，幽默风趣而又直抒胸臆，既缓解了尴尬又赢得了掌声。对商务会议的发言者来说，想让自己的发言给与会者留下深刻印象和好感，讲究发言技巧是很重要的。

2. 主持人讲话技巧

主持人讲话要注重以下技巧。

（1）注重讲话的语言。主持人讲话的语言宜准确流畅、生动幽默，且吐字清晰、发音标准，这样才能有效地起到调整会议情绪，控制会议进程与时间，防止会议跑题或冷场的作用。

（2）注重讲话的态度。主持人的讲话态度宜端庄友善、落落大方、平易近人，讲话的态度如不得当，就会降低与会者对会议内容的关注度，分散与会者对会议进程的注意力。

（3）注重讲话的体态。主持人讲话时，如为站立姿势，应挺直身体，双脚并拢；如果是坐姿，身体尤其是上身应挺直，双目应平视或环视与会者，面带微笑。主持过程中不要有太多夸张的动作或一些习惯性的小动作，这些动作不但有损主持人自身形象，也会降低会议的质量和层次。

第二节　商务谈判礼仪

谈判是为了改变相互关系而交换意见，为了取得一致而相互磋商的一种行为。满足双方需要是一切谈判的目标，双方达成协议是一切谈判的最终目的。每个领域都有以满足双方或多方需要为目的、形式与内容不一的谈判存在。而存在于经济领域的谈判即为商务谈判。

商务谈判是指在商务活动中，来自不同国家、地区，或来自同一国家不同地区的商务活动的主体，为了满足各自的需要，通过彼此的信息交流、磋商协议来达成交易目的或实现交易目标的过程（以下以双边谈判为例进行说明）。

当前，在致力于开拓国内市场的同时，越来越多的国内企业进军国际市场。在这种新形势下，商务谈判不仅广泛存在于国内企业之间，也广泛地存在于国内企业与国外企业之间。然而，无论哪种类型的商务谈判，要顺利实现谈判目标、达到谈判目的，不但要掌握谈判的流程，更要注重谈判的语言艺术。

一、谈判流程与谈判语言艺术

在商务谈判的不同阶段，语言始终是谈判的主宰，它能在谈判中发挥独特的作用与艺术魅力，并控制整个谈判的节奏，推动整个谈判的流程。

（一）谈判流程

按照谈判惯例，商务谈判流程一般包括以下几个阶段。

1. 准备阶段

《孙子兵法·谋攻篇》云："知己知彼，百战不殆。"英国哲学家培根也在《谈判论》一书中指出："与人谋事，则须知其习性，以引导之。"可见在谈判中"知己知彼"的重要性与迫切性。具体来说，知己知彼就是做好谈判前的准备工作：一是自我评价等相关资料的准备；二是谈判对手相关资料的搜集、整理与分析。

值得注意的是，准备时要提前做好谈判场所、谈判桌、谈判座次的安排，也要正确解并把握谈判者的座次礼仪规则。如双边谈判用的是长方形谈判桌，双方可分别就座于桌子长边的两侧。如是国际商务谈判，各方职位最高者应在己方居中的位置，职位排在第二位的人坐在职位最高者的右边，第三位坐在职位最高者的左边，依次排列（见图 8.5 及二维码内图示，国内商务谈判会议座次以"左为尊"进行调整）。

图 8.5　双边谈判座次

2. 概说阶段

概说阶段主要是谈判双方各自进行自我介绍并表明参加本次谈判的想法、目的。介绍时要注意以下三点。

（1）把握重点。说话内容要简明扼要，态度要诚恳友善，表情要和蔼可亲，让对方感觉到我方对谈判很有诚意。

（2）措辞委婉。言辞要委婉，尽量不要使用硬性语言而引起对方的焦虑和愤怒。

（3）察言观色。当己方说话时，要注意观察对方对自己所说的内容有何反应；当对方说话时，要及时发现对方的目的、动机及与自己想法的差异。

3. 明示阶段

明示阶段，谈判双方的对立、分歧、矛盾才真正展开。对这一阶段的困难、阻力、艰险，双方必须有足够的心理准备，准备好随时回答对方的质问，应对各种各样的难题。但只要在谈判中充满自信，接受挑战，不放弃任何机会，并采用得当的策略方法，那么风雨过后就会出现彩虹。

4. 协议阶段

双方经过交锋和适可而止的妥协退让，认为基本达到了自己的目的，就可在协议书上签字，握手言和，谈判便落下帷幕，谈判的整个流程宣告结束。

（二）谈判的语言艺术

从某种意义上说，商务谈判的流程就是讲究语言艺术的过程。谈判中，双方必然存在无法避免的不同意见、分歧。如何说服对方求同存异？讲究语言艺术很重要。得当的语言在体现对对方尊重的同时，也能够成为"化干戈为玉帛"的利器。如为涉外谈判，双方在讨论合同条款时，一方认为对方提出的某些条款过于苛刻，希望对方进行修改。如果直接说："你方必须修改这些条款，否则我方将不会签署合同。"这可能会导致谈判破裂。因为句子中不但使用了"必须"使语气显得过于强势，而且后半句"否则我方将不会签署合同"用了恐吓的口吻，显得咄咄逼人，这必然会造成对方的反感。同样的意思，如果改用"恐怕执行这些条款对我方而言非常困难，如果你方能做出一点改变，我方将不胜感激"来表达，内容虽然未变，但语气却软化许多，对方一般会乐意考虑修改条款的请求。因为句子中用了"恐怕"来弱化提出异议的语气，而且第二句用到"一点改变"，重在陈述事实，有效而体面地维护了对方的尊严。这样的语言表达就增加了说服对方的筹码，有利于达到成功修改条款的目的。

谈判过程既离不开双方的提问，双方也无法避免陷入僵局。为此，下面仅对提问的语言艺术、化解僵局的语言艺术进行简要阐述。

1. 提问的语言艺术

提问是谈判中获取信息的一种手段。在谈判的不同阶段，双方都有可能向对方提问。但提问时要讲究方式，要根据不同需要采取不同的方式。

（1）直接性提问。当需要对方的回答在给定的范围内，而且己方立场坚定，对结果也很有信心时，利用直接性提问的语言方式可以节省时间，减少对方再讨价还价的余地，直接把谈判朝着有利于己方的结果推进。例如，"贵公司是否同意11月交货？"这样既传达了己方的意思，又把其回答内容做出了限定。但这种提问方式的不足之处是，一旦遭到对方拒绝就有可能导致谈判无法继续进行，甚至无法达成交易。

（2）探询性提问。如果需要对方表达真实的观点或是把问题讲清楚、完整时，则采用探询性提问。例如，"贵公司为什么不同意11月交货呢？"这样就把回答的主动权交给了对方，希望对方能给出合理的解答。这样有利于缓和气氛，同时在对方的回答中，己方可以捕捉到更多的信息，为接下来的谈判提供帮助。但是探询性提问的不足之处就是把己方置于被动地位，只能任由对方行事，而且对方的回答也有可能不能满足己方的需求。

2. 化解僵局的语言艺术

在谈判过程中，僵局是一种客观的存在，有人形象地将其称为谈判中的一道"坎"。谈判陷入僵局是不能完全避免的，但陷入僵局也不是十分可怕的。谈判僵局化解方式得当，就能化险为夷，双方皆大欢喜。恰当的语言是化解僵局的一种有效方式。

（1）语言有理、有礼。谈判中，有理、有礼的语言不失为化解僵局的一种有效方式。1986年9月，浙江杭州万向节厂厂长鲁冠球在与美国某公司国际部经理莱尔的谈判中，美方提出在全球独销万向节厂的产品，否则停止提供技术、资金、设备、市场情报和代培工程师，如不答应即收拾皮包走人。鲁冠球对此的答复是："随时欢迎贵公司代表回来继续合作。"后来，当中方打入欧亚更多市场时，美方见势不妙，又携带礼品表示歉意，礼品是一只栩栩如生的振翅欲飞的铜鹰。美方真诚地说："鹰是美利坚合众国的象征。我们敬佩鲁先生勇敢、精明、强硬的性格。愿我们的事业像雄鹰一样腾飞全球。"言之有理，而不惧怕美方关闭谈判大门，言之有礼，而向美方敞开谈判大门，这就是鲁冠球化解僵局的语言艺术。

（2）语言真诚、真意。生意场上，人们总是很愿意与信任的人打交道，然而，能够获得他人信任最重要的是真诚、真意。当谈判陷入僵局之时，待对方真诚、真意，从表达语言的态度上要发自肺腑、倾吐真情；从表达语言的内容上，如市场需求行情、产品质量价格、售后服务承诺等要真实可靠；从语言的表述上要真情实意、真挚感人。以这种"真"待对方，相信对方也会有所触动、有所感动。当对方感到言之有真意而又切合实际、符合自身利益时，就可能会做出相应的让步，从而做出适当的调整，谈判僵局可能就会随之化解。

二、谈判签字礼仪

谈判签字礼仪主要包括签字仪式的准备和签字仪式的程序。

（一）签字仪式的准备

签字仪式的准备工作主要包括签字现场的布置、合同文本的准备、签字的座次安排、出席人员的服饰等。

1. 签字现场的布置

签字现场应横放长方形签字桌，桌面最好铺上深绿色台布。签署双边合同时，在正对门的一面摆两张座椅；签署多边合同时，则可在中间放一张座椅，供各方签字人签字时轮流就座。如果是涉外签字仪式，桌上正前方需设置国旗插座，分两叉的铜旗杆上各挂一面国旗，主左客右。

2. 合同文本的准备

合同文本的准备按惯例要由主方负责。为了避免纠纷，主方要同对方一起指定专人共同负责合同文本的文字翻译、校对、印刷、装订、盖章等工作。需要注意的是，"倒本"工作一定要做好。"倒本"就是在本方使用并保存的文本中，在行文时本方的称谓应居对方之前，签字人签署的位置也应在对方前面；而对方保存的文件，则是对方在前。本方居先，是自我意识和主体尊严的体现，不能马虎。

3. 签字的座次安排

座次（见图8.6~图8.8）礼仪是各方比较在意的。双边合同的座次一般由主方代为安排。对于涉外谈判签字仪式，主方安排时应按国际惯例，注意以右为尊、为上，即把客方主签人安排在签字桌右侧就座，主方主签人在左侧就座，各方的助签人在其外侧助签，其余参加者在各方主签人的身后列队站立。站立时，各方人员按职位高低由中间向边上依次排列。

图 8.6　并列式

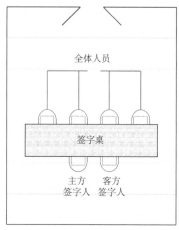

图 8.7　相对式

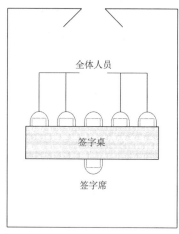

图 8.8　主席式

重点提示

我国的礼宾习惯是，将主客双方助签人员安排在签字代表后侧方，其余工作人员分别安排在签字桌后方，一字排列。主、客双方人员各占半边。涉外时主左客右，身份高者居中，由高至低，由中间向外排列。

4. 出席人员的服饰

仪式出席人员包括签字人、助签人及其他人员。对男士而言，衣着服饰宜穿深色西服套装或中山装套装，同时配白色衬衣、单色领带、黑色皮鞋和深色袜子；女士宜穿套裙、长筒丝袜和黑皮鞋；服务接待人员和礼仪人员，可穿工作制服或旗袍等礼服。

（二）签字仪式的程序

签字仪式的程序包括以下几个环节。

1. 仪式开始

出席签字仪式的人员基本上是双方参加谈判的人员，双方人员数量和级别基本相当。签字人是签字仪式的主角，一般为公司或企业的最高领导。

涉外签字仪式中，各方人员进入签字现场，如我国公司作为主方，应将客方公司的签字方迎入签字仪式现场，按既定的位次各就各位，各方助签人员分站各方签字人一侧，其余工作人员根据职位从高到低、从内向外列队，站在各方签字人的座位之后。双方签字人同时入座，助签人在其外侧负责将椅子拉出，打开合同文本并把笔递给签字人，向签字人指明具体的签字位置。

2. 正式签署

各方签字人再次确认合同内容，若无异议，则在规定的位置上签字，之后由各方助签人相互交换合同文本，再在第二份合同上签字。按惯例，各方签字人先签的是己方保存的合同文本，交换后签的是对方保存的合同文本。

3. 交换合同文本

各方签字人起身离座至桌子中间，正式交换各自签好的合同文本，而且交换文本时要用右手。一般来说，用左手传递东西是不礼貌、不文雅的。同时，双方握手或拥抱，互致祝贺，或者交换刚刚签字用过的笔作为纪念，其他成员则鼓掌祝贺。

视野拓展

签字仪式实景图

4. 饮香槟庆祝

交换合同文本后，全体成员可合影留念，服务接待人员则及时送上斟好的香槟酒。各方签字人和成员相互碰杯祝贺，当场干杯，将喜庆洋洋的签约气氛推向高潮。

三、涉外谈判的礼仪与艺术

随着我国经济实力的增强，越来越多的企业进军国际商务舞台，与其他国家开展商务活动，涉外商务谈判日渐成为企业涉外商务活动的重要组成部分。企业在涉外商务谈判中，面对来自不同国家的谈判主体，需要从思维方式、处事手段、策略运用等方面，艺术化地去适应和贴近现阶段国际商务谈判的实际状况，不断学习和借鉴国际商务谈判的经验和技巧，以求赢得谈判桌上的最后成功，从而加速推动企业国际商务活动的进程并取得成果。

（一）世界主要国家的商务谈判特点

世界上不同国家、不同地区，在政治制度、经济制度、历史传统、文化背景、价值观念等方面存在巨大的差别。这些差别反映在国际商务谈判中就是各国商人的谈判特点各不相同。如果在谈判中不了解对方的谈判特点，不仅可能产生误解、闹出笑话，还可能失礼于对方，从而失去商机，甚至导致谈判破裂。所以，在涉外商务谈判中，要知己知彼，熟悉了解世界各国商人不同的谈判特点，应用恰当的谈判策略，让对方心悦诚服地签订合约。

那么，在国际商务谈判中，各国商人究竟表现出怎样的谈判特点？在此，仅通过下面日本商人和美国商人之间的谈判故事，介绍其特点所在。

🎭 礼仪故事

有一次，一位带着一大堆分析日本人精神及心理方面的书籍的美国商人前往日本谈判。飞机在东京着陆时，美国商人受到了两位专程前来迎接他的日本职员的热情接待，他们替他办好了一切手续。

"先生，您会说日语吗？"日本职员问。

"哦，不会，但我带来了一本字典，希望学学。"

"您是不是非得准时乘机回国？到时我们可以安排车辆送您去机场。"不加戒备的美国商人觉得日本人真是体贴周到，于是毫不犹豫地掏出回程机票，说明自己何时离开。此时，日方已明确知晓对方在日本的期限，而美国商人却没有掌握日方的一点底细。

日方安排美国商人用一个星期的时间考察游玩，甚至还安排他多次参加一个用英语讲解"禅机"的短训班，据说这样可以让美国商人更好地了解日本的宗教风俗。每天晚上，日方让美国商人半跪在硬地板上，接受他们的晚宴款待，往往一跪就是四个半小时，令他厌烦透顶却又不得不连声称谢。但只要美国商人提出谈判，他们就宽慰说："时间还多，不忙，不忙！"

第十二天，谈判终于开始了，然而当天下午日方安排了高尔夫球活动。

第十三天，谈判再次开始，但为了出席盛大的欢送宴会，谈判又提前结束。晚上，美国商人着急了。

第十四天早上，谈判重新开始，不过在紧要关头时，轿车开来了，前往机场的时间到了。这时，日方和美国商人只得在汽车开赴机场途中商谈关键条件，就在到达机场之前，谈判正好达成协议。这次商务谈判中谁是赢家，结果可想而知。在这则案例中，日本商人和美国商人各自的谈判特点，在谈判过程中明显地表现出来。

世界各国、各民族商人在谈判过程中，无不鲜明地体现出自身的谈判特点。表8.1介绍了美国、德国、日本商人的谈判特点，在涉及具体谈判时还要根据国别、民族、宗教、个人习惯等综合考虑。

表8.1　美国、德国、日本商人的谈判特点

类别	民族性格特点	谈判着眼点	行事方式特点	注意事项要点
美国商人	开朗、务实、自信、果断	谈判项目，既包括品质、规格、价格、包装、数量、交货期及付款方式等条款，也包括该项目设计开发、生产工艺、销售、售后服务，以及为了推进双方更好地合作，各自所能做的事情；按照合同条款逐项进行讨论，解决一项，推进一项	十分精明，讨价还价，有理有据阐述，以智慧和谋略取胜；办事干脆利落，重实际、重功利，事事以成败来评判人；谈判不兜圈子，不拐弯抹角，不讲客套话，会将自己的观点和盘托出	必须清楚是与非，如有疑问，要毫不客气地问清楚，以免日后产生纠纷
德国商人	严谨、慎重、倔强、自信	充分准备，对所要谈判的目标、目的以及对方的经营和资信情况等均进行详尽、认真的研究，掌握大量翔实的第一手材料	签订合同之前，仔细研究合同的每一个细节，认真推敲，满意后才会签订合同；合同一经签订，会严守合同条款，一丝不苟地去履行；计划性强，重视工作效率，追求完美，很有敬业精神	妥协性不够，灵活性不足，不轻易毁约，严格要求对方守约
日本商人	礼貌、慎重、耐心、自信	商品质量、包装、生产工厂、优质服务、可接受的价格，缺一不可	将相当一部分时间、精力花在人际关系上；愿意与熟悉的人做生意并建立长期友好的合作关系；讨价还价也经常说说笑笑，体现一种礼貌在先、协商在后的态度；进取心强，工作认真，事事考虑长远	不习惯直接、纯粹的商务活动，若不事先展开人际交往就想要直接进入实质性的商务谈判，会欲速则不达

思考与练习

以5人为一组，对美国、德国与日本商人的谈判特点认真进行比较，以此讨论并总结东西方文化主要存在哪些差异。

（二）谈判细节礼仪

"细节决定成败"。在国际商务谈判过程中，如果不拘小节，不注重细节礼仪，那么不经意间的一句话、一个动作，或者处理事务粗枝大叶，都可能带来不可弥补的经济损失，或无法想象的严重后果。所以谈判中一定要重视细节礼仪，不能轻视疏忽、马虎大意。

1. 不可顺口承诺

一笔小型贸易，对国人来说，领导可能是任命能干的职员去做，或者指导身边的助理去做。而对日本人来说，无论是小型贸易还是大型贸易，领导都会在有空的情况下亲自完成，而且做事认真到位，不拖泥带水，对交货的每个环节都十分严谨。

📖 礼仪故事

一家上海企业与一家日本企业签订一项关于进出口瓷器的合同，在达成协议初期，上海商人自认为书面合同已达成，就顺口承诺了关于这批瓷器3%的价格减让，其实他并非此意，只是为了取悦日本商人，想与他们建立长期的合作关系。但日本这家企业却十分认真，把他的话当成了口头合同，在交货付款时，咬定必须减让货物价格的3%，否则退货。最后上海这家公司只好妥协，让价3%，结果造成己方利润锐减。

点评：在本案例中，上海商人顺口承诺，日本商人却认真对待。顺口承诺酿造的苦果只能由上海商人自己吞下。

2. 不可粗心大意

20 世纪 80 年代末，德国分别从我国和日本进口一批核桃，在谈判中商定，交货日期在 11 月中旬，提前交货和延后交货都有奖罚条款。但我方由于客观因素，推迟了交货日期，这批货于 1 月中旬才到达德国，错过了销售的黄金时期，而日本却如期交货。德方进口核桃是为圣诞节准备的，结果造成核桃大量积压，德方要求我方赔偿包括储藏费在内的所有损失，其赔偿费远远超过了核桃的成本。日方由于掌握了市场行情，了解到德国人有在圣诞节消费核桃的习俗，就对核桃的交货期格外当心，因而没有受到任何损失。而我方却没有注意到这样的细节问题。后来，我方负责人拜访了这家日资企业，借鉴其谨慎的处事方式。日方的这种严谨的处事方式也获得了国内大多数企业的认同，并且积极地向日方学习。

没有格外仔细地对待交货日期，结果赔偿费远远超出了核桃的成本，其付出的代价是相当大的，这就是粗心大意带来的严重后果。

3. 避免不雅体姿

商务谈判中，客方对主方的了解是离不开对主方的观察和注意的。客方不仅应注意倾听主方的话语，而且要注意观察主方的举止，如眉梢微微一挑，脑袋稍稍一偏，手臂猛然一甩……所有细小的举动，主方都不可轻视，因为客方可能就在主方做细小动作的一瞬间就决定了是否交易。

据说有一位爱国华侨经过周密的考察，决定向国内一家公司投以巨资。但当他与这个公司的经理洽谈接触后，却突然取消了这笔投资。原因很简单，原来当华侨与经理面谈时，这位经理却坐在沙发上跷着二郎腿并不停地抖动，同时，还不顾他人感受在一旁吸烟。这位华侨担心自己的巨资会被他抖落得干干净净，于是放弃投资。

生意场上瞬息万变，这笔买卖可能成交，也可能不成交。但是这一案例中不能成交的理由相当简单，因为不雅的体姿，竟然丢失了一次极佳的获得投资的机会。由此可见，细节礼仪的重要性。

4. 带病谈判不可取

中方谈判人员如按国内习惯，在感冒、发烧时仍按原计划出席谈判，外商则会如临大敌，认为对方无视他们的健康；如果中方谈判人员在面部或暴露在外的身体带有明显外伤的情况下会见外商，也很难给对方留下一个很好的印象。在外国人看来，带病见客是将疾病带给他人的表现，是不尊重他人的表现。因此，谈判过程中，中方谈判人员如遇感冒、发烧应与外商另约时间并说明原因；如患传染性疾病，应及时取消会面；如果双方的会面非常重要，应及时与外商修改日期，或征得外商同意后由专人代替前往会面。

在我国，带病出席谈判是一种令人敬佩的行为，但是与外商谈判，这是不可取的。虽然这只是一个细节，但对外商来说，却是一种尊重、一种礼貌和一种关爱，绝对不能疏忽。

（三）谈判艺术

美国哈佛大学教授罗杰·费希尔在《谈判技巧》一书中说："谈判是你从别人那里取得你所需要的东西的基本手段。你或许与对方有共同利益，或许遭到对方的反对，谈判是为达成某种协议而进行的交往。"的确，双方为了达成某种协议，为了从别人那里取得所需，在进行交往时，就不可避免地要讲究谈判艺术。

在国际商务谈判过程中，双方往往出自对各自利益的保护，无法避免谈判道路上的障碍、坎坷，甚至在谈判中，双方已经到了山穷水尽的地步。而此时谈判破裂，前功尽弃易如反掌，但这都不是双方想要的结局。如何让充满荆棘的谈判之路变得平坦，力争出现柳暗花明的场景？谈判艺术不可或缺！讲究谈判艺术是促进谈判走向成功的一条捷径。古今中外，在涉外商务谈判中，因讲究谈判艺术而取得成功的案例数不胜数。有些成功案例的经验很具有借鉴价值。在此，通过几个案例来阐述谈判之道。

（1）用语讲究贴合语境。当谈判双方的矛盾在谈判场内已无法调和，谈判无法再正常继续下去时，可以变换一下谈判场所与环境，由谈判场内转移到谈判场外，借助场外环境，将怡人悦目的环境与恰当适宜的话语自然融为一体。而贴合语境的话语可能会改变对方的心情，拉近双方的心理、情感距离。这对继续谈判、帮助谈判走向成功能起到积极的作用。

🕮 礼仪故事

20世纪80年代，江苏化纤工业总公司总经理任传俊在与联邦德国的吉玛公司进行索赔谈判时遇到麻烦，陷入僵局。当时中方提出索赔额为1 100万马克，而德方只认可300万马克，双方要求的数目相差800万马克！在这种僵持局面下，中方只好提出休会。然后中方又邀请德方游览扬州，德方为了驱散谈判的不快，欣然接受邀请。

他们来到大明寺，中方代表利用这一特殊场合，深情地向德方代表说："这里纪念的是一位为了信仰，六渡扶桑，双目失明的鉴真和尚，今天中日两国人民都没有忘记他。"听到这里，德方代表也为之动情。

接着，中方代表又把话题一转："你们不是常常对日本人对华投资比较容易的原因感到好奇吗？其中很重要的一个原因就是日本人了解中国人的特点：重感情，重友谊。"暗示德方应以友情为重，这样才能达到日本人那样的投资效果。

德方代表终于被感动了。第二天，谈判桌前的局势大转，他们欣然接受了中方代表的意见，愉快地在索赔书上签了字：赔偿中方1 100万马克。

点评： 可以这样说，这场谈判之所以能够成功，不可不归功于利用室外环境，用语讲究贴合语境的这一谈判艺术。

👨‍🏫 重点提示

在西方，人们穿戴整齐地前往大剧院观看演出被视为高雅的娱乐方式，人们也把观看演出视同出席正式的宴会。由此可见，西方人对观看演出的重视与喜爱程度。正因如此，一些国家的驻外代表机构就时常利用本国文艺团体来访的机会，邀请所在国的有关人员观看演出，以此拉近双方的情感距离。

对参加涉外谈判的国内企业来说，也不妨从中适当借鉴。在谈判之余，适当安排如京剧、杂技以及少数民族和具有地方特色的表演活动，这都是很受外商欢迎的。邀请外商观看这些富有我国民族、民间特色的表演，既能弘扬民间文化艺术，又能增进双方的友好关系。不仅如此，外商在观看这些演出时，既能得到美好的艺术享受，又能加深对我国民族、民间文化的了解。因此，选择这类活动要比安排普通的观光、购物更能让外商印象深刻，更能收到良好的谈判效果。

（2）相处讲究有张有弛。在谈判中，双方相处要保持怎样的一种距离，这是一种谈判艺术。谈判一方欲达到目的，不妨对对方冷淡待之，冷静处置，与之相处保持若即若离的关系。当对方沉不住气而迫不及待要进行谈判时，己方一定要适时地把握机会，与对方及时谈判而一举让对方就范。这就是在谈判中与对方相处时，要讲究的有张有弛的艺术。当然，与对方相处时必须了解对方，掌握信息，判断准确，并对自己充满信心。

🕮 礼仪故事

外商约翰与中方在一次产品交易过程中，认定我方需要他的产品，因而态度相当傲慢甚至蛮横，他的条件一直不肯往下降。于是，我方对谈判进行调整，先是冷淡他，然后将谈判人员陆续撤出，并制造若干假象，给他以我方不准备与他合作的错觉。几天后，约翰沉不住气了，主动找我方，我方仍不予理睬，如此反复了几次。当约翰再次找来时，我方对他说："你要谈什么，我们很忙，没时间。如果你有新的意见我们可以考虑，如果还是原来的意见就免谈。"这样就把我方急于求成的情绪，有意淡化为谈不谈无所谓的态度。这一做法使约翰彻底改变了态度，交易在新的基础上重新开始，经过几个回合的谈判，最终交易获得成功。正是由于我方在谈判中讲究张弛有度的艺术，才使谈判态度傲慢而恶劣的约翰不得不降低条件与我方达成交易。

（3）处事讲究有据有理。在谈判阶段，当双方谈判处在关键时刻，如已经到了谈判的截止日期，或者遇到对方提出了新的要求，或是出现对方想要退出谈判等各种棘手问题时，谈判一方如能够及时拿出有理有据又令人信服的资料，或能够拿出最新的论据性很强的统计数字，会让对方无可争辩、无计可施，会让谈判朝着利于己方的方向推进，直至最后与对方达成交易。这就是谈判者在处事中讲究有理有据的谈判艺术的作用。

📖 礼仪故事

美国一家公司代表向我方某电缆厂出售无氧铜主机组合炉时，报价从 220 万美元、150 万美元降至 130 万美元。见我方代表仍不同意签约，美方代表大叫道："你们毫无诚意，不谈了！"

我方代表说："这样的高价还谈什么诚意，我们早就不想谈了。"对方见中方不为所动，于是又坐下来交涉，并说："120 万美元，不能再降了！"结果仍未谈妥。

美方拿着已订好的机票与中方做告别性会晤。这时中方代表才拿出两年前美方以 95 万美元将组合炉卖给匈牙利的资料让对手看。"这是两年前的事了，现在价格自然上涨了。"美方惊叫着。"不！"中方代表反驳，"物价上涨指数是每年 6%，按此计算价格为 106.7 万美元。"美方代表此时瞠目结舌，想不到中方还有这一手。最后，双方以 107 万美元成交。

中方在最后时刻拿出的有理有据的资料，让美方不得不退让，最后以 107 万美元的价格成交，这就是有理有据的谈判艺术所产生的强大效应。在谈判中，处事讲究有理有据对摆脱谈判危机、拯救谈判危局能够发挥积极的功效。

（4）形象讲究藏优显拙。双方在谈判过程中，当面对强大的对手时，一方对自身形象的包装可表现为藏优显拙。以"拙"的形象麻痹对方，在对方放松警惕之时、掉以轻心之际、大意疏忽之刻，尽显自己的优势，出其不意地发动进攻，结果就会大获全胜。这是一种藏优显拙的形象包装艺术。

📖 礼仪故事

日本某公司与美国某公司进行一次技术协作谈判，两家公司采取了两种不同的谈判方式。谈判伊始，美方首席代表拿着各种技术数据、谈判项目等一大堆材料，滔滔不绝地发表本公司意见，完全不顾日本公司代表的意见。而日本公司代表则一言不发，仔细倾听并埋头记录。当美方讲了几个小时之后，征询日本公司代表意见时，日本公司代表却显得比较迷惘，混沌无知，反反复复地说"我们不明白""我们没做好准备""我们事先也未搞技术数据""请给我们一些时间回去准备一下"。第一轮谈判就这样不明不白地结束了。

几个月后，第二轮谈判开始了。日本公司以上次的谈判团不称职为由，将他们撤换了，一切如上次谈判一样，日本人在这个谈判项目上显得准备不足，最终还是日本公司以研究为名结束了第二次谈判。

几个月后，日本公司又如法炮制了第三轮谈判，这让美国公司负责人大为恼火，认为日本公司在这个项目上没有诚意，轻视本公司的技术和基础，于是就下了最后通知：如果半年后日本公司仍然如此，两公司的协定将取消，随后美国公司将解散谈判团，封存所有的技术资料，等待至少半年后的最后一次谈判。

哪料想，几天后，日本公司派出由前几批谈判团的首要人物组成的庞大谈判团飞抵美国。美国公司在惊愕之中仓促上阵，匆忙将原来的谈判团成员召集起来。这次谈判，日本人一反常态，他们带来了大量可靠数据，对技术、合作分配、人员、物品等一切有关事项都做了相当精细的策划，并将协议书的拟稿交给了美方代表。这使美国人迷惘万分，最后勉强签了字，谈判结果不言而喻，当然其中的条款明显倾向于日方。显然日方是在了解美方的意图后，一鼓作气制订了详细的方案，趁美方放松警惕的时候突然袭击，最终取得了决定性胜利。

日本公司的谈判代表在前三次谈判中显拙的战术，其真正目的就是迷惑和麻痹美方。而第四次的谈判代表，虽然是前三次谈判的首要人物，但他们展现出的优势让美方彻底迷惘，美方不得不在条款明显倾向于日方的协议书上签字。从此案例可以看出，日方这次谈判之所以能够收获可喜的结果，主要归功于谈判形象讲究的"藏优显拙"。藏优显拙确实不失为一种优秀的谈判艺术。

（5）说者讲究说得"有意"。当谈判的一方想要顺利、有效地达到谈判目的时，说者可以讲究说得"有意"，以此故意制造一些假象迷惑对手，并在心理和精神上给对手施加压力，敦促对手主动与己谈判，从而快速地达到签约目的。这就是说者"有意"，让听者有心的一种谈判艺术。

🎭 礼仪故事

20 世纪 80 年代，我国某公司同美国某大公司进行了一场谈判，我方谈判的目的是从美国这家公司引进一种生物产品生产技术，美方的谈判目的是向我方销售这种生物产品，但并不打算把生产技术转让给我方。谈判的矛盾焦点是一个要求技术转让，另一个要求销售产品。

为了在谈判中取胜，我方代表事先做了多方面的市场调查，了解到：这种产品在国际市场上基本被两家大公司垄断，一家是法国公司，另一家就是这家美国公司。近年来，这两家公司一直在明争暗斗，并且都打算占领中国这个大市场。

谈判之初，美方代表傲气十足，闭口不谈技术转让一事，却大谈要请我方作为其产品的进口代理在国内销售。很明显，美方不希望我方掌握该项生产技术，生怕我方自己能生产这种产品以后，就不再买其产品。针对美方这一想法，我方代表利用了解到的生产同样产品的法国公司的情况，向美方展开进攻。先是有意把法国公司的一些情况透露出来，让美方误以为我方与法国公司有不同寻常的关系，然后又佯装法国公司已经在同我方接触洽谈，并有转让技术之意。听到这里，美方谈判人员大吃一惊，态度立即来了个 180 度大转变，开始抛开产品销售这一话题，转到技术上来，大谈其技术比法国公司优越之处。接着又郑重承诺，表示愿意向我方转让技术，还恳切要求我方选择他们的技术。这样，双方很快就达成了技术转让协议，实现了我方的谈判目的。

正是我方的说者"有意"，让美方态度来了个 180 度的大转变，因而成功实现了谈判目的。此则案例中，说者讲究说的"有意"这一谈判艺术不仅显现了威力，又具有实效。

👓 视野拓展

读者可通过以下三则涉外商务谈判案例对商务谈判进行更多的了解。

涉外商务谈判案例 1

涉外商务谈判案例 2

涉外商务谈判案例 3

本 章 要 点

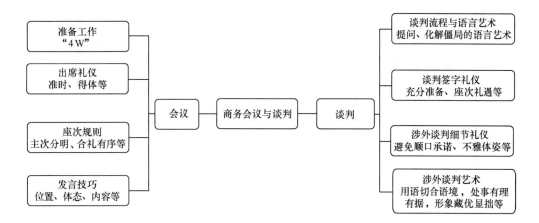

知识巩固与礼仪训练

一、知识判断

1. 参加大型商务会议，男士基本穿西装，女士基本穿西装套裙。 （ ）

2. 在大型商务会议上，如果有领导因急事不能出席，主办方可以临时撤掉领导的名牌，以免主席台上空出一个位置。 （ ）

3. 参加商务会议时，发言席上有人发言不符合事实，应当面指出发言者的错误。 （ ）

4. 商务会议的座次规则是主次分明、合礼有序、各得其所、各有其位。 （ ）

5. 会议座次有讲究，主宾面对门，主人背对门，其他人员依次按照顺序就座。 （ ）

6. 会议主持者要做到精彩开场，圆满收场。 （ ）

7. 在主持一个很重要的会议过程中，一个下属在玩弄手机，并发出声音干扰现场，这时最得当的方式是幽默地劝告下属不要玩手机。 （ ）

8. 会议主持者应善于引导话题，与会者应懂得沟通配合，不给主持者制造难堪，不提过于尖锐的问题。 （ ）

9. 会议参加者忌不雅的仪态举止、不得体的语言和与会议主题无关的话题。 （ ）

10. 参加会议者要遵守会议时间，不迟到，集中注意力，不开小差，不提前离开会场。

（ ）

11. 多边签字仪式，可设多个签字桌。 （ ）

12. 主谈人员的翻译安排在主谈人员左侧就座。 （ ）

13. 以诚为贵是商务谈判永恒不变的原则。 （ ）

14. 实现互惠双赢是商务谈判的最佳结果。 （ ）

15. 商务谈判每一阶段的让步都要与所让步的价值相对应。 （ ）

16. 有效谈判就是向对方提出比你想要得到的更多的要求。 （ ）

17. 谈判过程中应冷静地面对责难，然后迅速找到对方的思维逻辑向对方予以解释，使对方知难而退，从而化解难题。 （ ）

18. 涉外商务谈判要了解不同国家的谈判特点，有的放矢地采取不同策略，以便在谈判中取胜。   （   ）

二、礼仪训练

1. 王佳是迷你制衣公司销售部的一名新员工，初次参加公司春季新款服装销售会，王佳渴望借助会议发言博得大家的注意并留下一个好印象。请为王佳拟写发言提纲。

2. 如果你被要求负责新产品研讨会的筹备工作，请制订一份详细的会议筹备方案。

3. "PK之战"实训活动。

（1）由学生推选出8名代表，组建正方、反方两队。

（2）正方队的观点"成大事者拘小节"，反方队的观点"成大事者不拘小节"，两队就各自观点展开"PK之战"。

（3）选出优胜队，并由两队各推选"PK之星"一名，两队队员（或派代表）上台剖析自身的优缺点，最后教师做评析和总结。

三、案例评析

了解对手，巧拉广告

有一次，美国《黑檀》月刊的主编约翰逊想要拉到森尼斯公司的广告。当时，约翰逊写信要求和森尼斯公司的首脑麦唐纳当面谈谈森尼斯公司的广告在黑人社会中的重要性。麦唐纳当即回信说："来信已经收到，不过我不能见您。我并不主管广告。"

约翰逊并不气馁，又写了封信给麦唐纳，问："我可不可以拜访您，谈谈关于在黑人社会进行广告宣传的政策？"麦唐纳回信道："我决定见您。不过，要是您想谈在您的刊物上登广告的事，我就立刻结束会见。"

约翰逊翻阅了美国名人录，发现麦唐纳是一位探险家，曾到过北极，时间是在罗伯特·皮尔里和马修·汉森于1909年到达北极后的几年。汉森是黑人，他曾就本身的经历写过一本书。

这条信息是约翰逊可以利用的。于是他找到汉森，请他在书上签名，以便送给麦唐纳。此时，他又想到汉森的经历是写入《黑檀》的好题材，于是从还未出版的《黑檀》月刊中抽去一篇文章，而以一篇介绍汉森的文章代之。

当约翰逊走进办公室时，麦唐纳说的第一句话就是："看到那边那双雪鞋没有？那是汉森送给我的。我把他当作朋友，你看过他写的那本书吗？""看过，"约翰逊说，"凑巧我这里也有一本。他还特地在这本书上签了名。"

麦唐纳翻着那本书，显然他很高兴。接着他又说："您出版的是一份黑人杂志。在我看来，黑人杂志上该有一篇介绍像汉森这样的人的文章才对。"

约翰逊对他的意见表示同意，并将一本当月的杂志递给他，然后告诉他，创办这份杂志的目的就是宣传像汉森这样克服一切障碍而实现最高理想的人。麦唐纳合上杂志说："我看不出我们有什么理由不在您的杂志上登广告。"

问题：

1. 评析约翰逊与麦唐纳谈判中的取胜之道。

2. 分析约翰逊与麦唐纳的谈判过程，讨论约翰逊的过人之处。

3. 评析约翰逊的谈判礼仪与技巧中的可借鉴之处，并阐述理由。

4. 从这则案例中你可以得到哪些启示？

第九章

商务宴请礼仪

古人云"民以食为天"，一语道破"食"在人们生活中的地位和作用。随着社会的进步和人类文明程度的日益提高，"食"已不仅停留在吃饱喝足上，还上升到讲究"食"的悦目怡心、"食"的修养礼貌。

现代社会商务交往日益频繁，无论是谈判会议、拜访接待，还是洽谈涉外业务、参观旅游，"宴请"已成为商务交往中的重要事项。在商务宴请中，无论是中餐还是西餐，都要讲究礼仪，避免尴尬；懂得规矩，不丢面子；吃有吃相，不露丑相；内外有别，不损形象。中西宴请礼仪的重要性已为越来越多的商务人士所认识。本章就中餐、西餐宴请礼仪分别进行详细阐述。

第一节　中餐宴请礼仪

中餐是中式餐饮的简称。中餐宴请礼仪主要是指以中餐待客或是品尝中餐时应自觉遵守的礼仪和传统习俗。

无论是洽谈业务还是走亲访友，往往都离不开宴请。那么，如何通过宴请悦己怡人并有效地达到宴请的目的？宴请礼仪不可不知、不可不遵。

中餐宴请礼仪的内容丰富多彩，这里仅从中餐类别、时空选择、点菜艺术、位次规则、餐具礼节、赴宴礼仪等方面具体阐述。

一、中餐类别

中餐类别，主要是指用餐的具体方式。中餐的用餐方式可依据不同的标准来划分，根据用餐的规模，一般可分为以下几种类型。

1. 宴会

一般而言，宴会分为**正式宴会**与**非正式宴会**两种类型。

正式宴会，是一种隆重而正规的宴请。它往往是为宴请专人而精心安排的，在较为高档的餐馆或是其他特定的地点举行，是讲究排场、气氛的大型聚餐活动。正式宴会对到场人数、穿着打扮、席位排列、菜肴数目、音乐演奏、宾主致辞等，往往都有十分严格的要求和讲究。

非正式宴会，也称便宴。它也适用于正式的商务交往，但多见于日常交往，尤其是常来常往的友好人士之间的聚餐。其形式从简，不注重规模、档次，而且一般只安排相关人员参加，不邀请其配偶，对穿着打扮、席位排列、菜品数目往往不做过高要求，也不安排音乐演奏和宾主致辞。

2. 家宴

家宴，指的是在家中举行的宴会，是宴会的一种特殊类型。一般情况下，家宴是由主人以某种名义，在自己的私人居所内举行并招待亲朋好友的一种非正式宴会。通常，家宴在礼仪上不做特殊要求。

商务人士以家宴宴请他人，彼此可以加强交流、加深了解、增强感情、增加信任。这是开展商务活动必不可少的一种宴请方式。

3. 便餐

便餐，在这里主要是指自己在日常生活中所吃的家常便饭。享用便餐时，礼仪讲究最少。只要用餐者讲究公德，注意卫生、环境和秩序，其他方面不必介意过多。

对商务人士而言，日常生活中的便餐在吃相、举止等细节上不可掉以轻心，这些往往是人们的关注点，人们常常从这些细节认知、评判其人，这是会影响自身形象的不可忽视的因素。

二、时空选择

无论哪种类别和方式的商务宴请，要达到宴请的目的，取得事半功倍的效果，在时间和地点的选择上必须讲究技巧。

（一）时间选择技巧

依照商务礼仪惯例，在安排中餐尤其是中餐宴会时，其具体时间要考虑以下两个因素。

1. 民俗惯例

依照用餐的具体时间，中餐分为早餐、午餐、晚餐三种。在绝大多数情况下，确定正式宴会的具体时间时，要遵从民俗惯例。例如，正式宴会通常都安排在晚上，因业务交往而安排的工作餐大都选择在午间。而在广东、海南等地区，亲朋好友聚餐多选择"饮早茶"。

应注意，在筹备商务宴会时，对重要的活动日、纪念日、节假日、某一方不方便的日子或忌日，最好尽量避开。

2. 主随客便

讲究主随客便，即要优先考虑被邀请者，尤其是主宾。如有可能，应先与主宾协商一下，力求方便对方，双方达到一致。

（二）空间选择技巧

商务宴请的空间选择要注意以下三点。

（1）环境优雅。商务人士宴请不仅是为了"吃"，而是借助"吃"的方式让对方舒心愉悦，以此增进彼此的感情，拉近彼此的距离。这就需要注重"吃"的环境。在可能的情况下，"吃"的环境一定要选择优雅的用餐地点。优雅表现在：一是卫生状况良好，二是清静，三是舒适，四是有格调。

（2）设施完备。较为正规的商务宴请的用餐地点，要注意其设施的完备，包括餐具用品、音响设施等。

（3）交通方便。无论是商务宴会还是商务便宴，用餐地点都要交通方便。交通方便不仅是指位置方便、线路便捷，而且停车、出行也应便利。

三、点菜艺术

国人请客，往往会讲"请你吃饭"。其实，这一表述并不十分准确。因为无论是便餐还是宴会，主角都不是"饭"，而是"菜"。从这个意义上讲，吃中餐实际上主要是吃中国菜。那么，如何吃好中国菜？点菜是关键。

对商务人士而言，点菜首先要符合礼规，其次要讲究艺术。

1. 点菜礼规

量入为出为礼规。用餐点菜时，虽然让客人吃饱、吃好很重要，但也要量力而行。假如为了讲排场、装门面，在点菜时大点特点，甚至乱点，那么对自己没有任何好处。

🗿 礼仪故事

粗茶淡饭宴请贵宾①

1965年5月，阿尔巴尼亚劳动党中央政治局委员、部长会议第一副主席斯皮罗·科列加访华，主要同中方商谈全面经济援助问题。

5月20日上午，阿尔巴尼亚政府经济代表团在钓鱼台国宾馆与周恩来总理会谈。阿尔巴尼亚代表团提出了一个数目庞大的要求中国政府给予援助的项目清单。面对这些难以承受的援助要求，周总理非常委婉地表示无法完全满足，双方的会谈陷入僵局。

随后，周总理陪阿尔巴尼亚客人到山西大寨参观，决定让阿尔巴尼亚客人尝尝中国普通农民日常吃的粗粮，所以当日的午餐只备有俭朴的饭菜。周总理陪同外宾入席就座后，指着桌上的饭菜对阿尔巴尼亚客人说："今天大寨人为了招待你们特意增加了一两道菜，他们平时吃的比这简单多了。虽然我们国家比你们国家大，但也存在很多困难，我们取得的点滴成绩，都是像大寨人这样艰苦奋斗换来的。我们的农民生活很贫困，恐怕还比不上你们。我们给你们的援助是勒紧自己的裤腰带挤出来的。"

在大寨的参观和用餐深深地触动了阿尔巴尼亚客人。22日，周总理和阿尔巴尼亚客人回到北京接着会谈。阿尔巴尼亚代表团表示，他们理解了周恩来拒绝他们的理由，并且当即表示愿意收回原先过分的援助要求。

点评：此次的粗茶淡饭宴请贵宾既不失礼，又达到了目的，这就是周总理的宴请艺术。商务宴请既能让客人满意，又能达到目的，还不失礼数，就是一种艺术。

2. 点菜艺术

商务聚餐中，主人点菜时不应过于殷勤，也不宜过于吝啬。点菜有两种方式：一是整点，即点套餐或包桌；二是零点，即根据"个人预算"，在用餐时临时点菜。无论以何种方式点菜，都应尽量征求一下被请者，特别是主宾的意见，不要只凭个人喜好行事。

商务聚餐时，如自己是客方，被邀请点菜，应注意以下几点：一忌乱点；二忌多点，尤其是不要点名贵大菜，切勿抱有"不吃白不吃，吃了也白吃"的心态，让做东者"大出血"；三忌非议他人点的菜，切不可挑三拣四，评头论足。点菜时，可借鉴的方法有二：方法之一，告诉做东者自己没有特殊要求，请对方随便点，这实际上正是对方所欢迎的做法；方法之二，认真点上一个不太贵的菜，请其他人再点，这样做既符合做东者的要求，又没有对其他人实行"包办代替"。

---

① 本案例整理自鲁培新《我所亲历的外事活动中的沟通》一文，原文见于中央办公厅主管的《秘书工作》杂志社网站，作者曾任外交部礼宾司代司长、中国驻斯洛文尼亚共和国首任大使。

3．点菜窍门

点菜时宜选的菜肴如下。

（1）具有中餐特色的菜肴，如北京烤鸭、西湖醋鱼、新疆大盘鸡等。尤其在宴请国外人士时，对此更应注意。

（2）具有本地特色的菜肴。宴请他人，尤其是宴请外地人时，应尽量安排一些具有本地特色的菜肴，如沈阳的李连贵熏肉大饼，锦州的干豆腐，四川的麻婆豆腐，湖南的湘腊肉、臭豆腐等。选用一些特色菜，恐怕要比千篇一律的生猛海鲜更受欢迎。

（3）餐馆的招牌菜。在知名餐馆点菜时，应尽量选择一些该餐馆的招牌菜。

（4）主人的拿手菜。举办家宴时，主人要多做几道自己的拿手菜。

礼仪故事

纪念性的特色饮食

在我国历代及各民族的饮食风俗中，有不少与名人有关的食物。比如吃"年糕"，传说就是为了纪念春秋末期吴国著名的军事家、谋略家伍子胥。公元前 514 年，吴王让伍子胥建王城。吴王之子夫差即位后听信谗言，杀了伍子胥。传说伍子胥临死前对部下说：我死后若国家有难，民众没粮吃，就到城门墙下挖地三尺，可找到吃的东西。后来越国进攻吴国，城中军民断粮，伍子胥的部下就带领军民在城门墙下挖地，果然挖出许多可以充饥的"城砖"。原来"城砖"是用糯米粉压制而成的，这是伍子胥生前设下的"积粮防饥"之计，吴国军民就靠这些"城砖"渡过了难关。

此后每逢过年，吴国百姓都要压制类似于"城砖"的年糕来纪念伍子胥。像这类传说还有很多，如吃粽子纪念屈原、吃馄饨纪念盘古等。

点评：中华民族悠久的饮食文化中含有色彩鲜明的特色饮食。商务宴请以特色饮食款待客人，会收到良好的、意想不到的效果。

对于忌选的菜肴要考虑以下三个因素。

（1）宗教禁忌。例如，穆斯林不食猪肉、不饮酒；汉传佛教徒不食荤腥之物，这不仅指的是不吃肉食，也包括葱、蒜、韭菜、洋葱头之类的气味刺鼻的食物。

（2）民俗禁忌。例如，世居我国东北地区的满族和朝鲜族，虽然比邻而居，但前者不食狗肉，而后者吃狗肉；藏族人民通常不吃鱼和狗肉。

（3）个人禁忌。如有的人不吃肉、有的人不吃鱼、有的人不吃蛋等。对于个人饮食禁忌，应充分了解，并予以特殊照顾。

四、位次规则

在中餐宴请礼仪中，位次的排序相当重要，它象征着来宾的身份地位和主人给予对方的礼遇，因此受到宾主双方的高度重视。

1．桌次排序规则

商务宴请往往采用圆桌来布置菜肴、酒水，如采用一张以上的圆桌时，便出现了桌次的尊卑问题。而一桌以上的桌次应遵循怎样的排序规则呢？

以宴请欧美人士为例，由两桌组成的小型宴请，可分为两种排列形式：一种为两桌横排，另一种为两桌竖排。当两桌横排时，其桌次以右为尊，以左为卑，与我国传统以左为尊相反。这里的右与左，是由面对正门的位置来确定的，这种做法也叫**"面门定位"**（见图 9.1）。当两桌竖排时，其桌次则讲究以远为上，以近为下。这里的远近，是以距离正门的远近而言的（见图9.2）。此法也称"**以远为上**"。

由三桌或三桌以上组成的宴请，在安排桌次时，除了要注意"面门定位""以右为尊""以远为上"这三条规则之外，还应兼顾其他各桌距离主桌即第一桌的远近。通常，距离主桌越近，桌次越高；距离主桌越远，桌次越低。这项规则也称"**主桌定位**"（见图9.3和图9.4）。

图9.1　横排桌次　　　图9.2　竖排桌次　　　图9.3　五桌桌次　　　图9.4　七桌桌次

为确保宴请时赴宴者及时、准确地找到自己所在的桌次，可采用如下方法：一是在请柬上注明对方所在的桌次；二是在宴会厅入口悬挂宴会桌次排列示意图；三是安排专门人员引导宾客就座；四是在每张餐桌上摆放桌次牌，桌次牌以书写阿拉伯数字为宜。

2. 席位排序规则

商务宴请时，不仅桌次有主次尊卑之分，而且每张餐桌上的具体席位也有主次尊卑之别。如果席位的主次尊卑有误，会带来不应有的麻烦和后果。如果是邀请欧美人士，遵守席位排序规则有以下几种基本方法。

（1）主人大多面对正门而坐，并在主桌就座。

（2）举行多桌宴请时，各桌上均应有一位主人的代表在座，也称各桌主人。其位置一般应与主桌主人同向，有时也可以面向主桌主人。

（3）各桌上席位次序的尊卑，应根据其距离该桌主人的远近而定，以近为上，以远为下。

（4）各桌上距离该桌主人相同的位次，讲究以右为尊，即以该桌主人面向为准，其右为尊，其左为卑。

应注意，每张餐桌上所安排的用餐人数应限于10人之内，并宜为双数。

根据上述席位次序的排列方法，圆桌上主位的排列可分为两种（以国际惯例"右为尊"为例）。

（1）每桌一个主位的排列方法。其特点是：每桌只有一名主人，主宾在其右侧就座，每桌只有一个谈话中心（见图9.5）。

（2）每桌两个主位的排列方法。其特点是：主人夫妇就座于同一桌，以男主人为第一主人，以女主人为第二主人，主宾和主宾夫人分别在男女主人右侧就座。每桌从客观上形成了两个谈话中心（见图9.6）。

有时，倘若主宾的身份高于主人，为表示尊重，可安排其在主人位次上就座，请主人坐在主宾的位次上。

若本公司出席人员中有身份高于主人者，可请其在主位就坐，而请实际上的主人坐在其左侧。

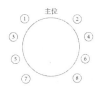

图9.5　单主位位次　　　　　　图9.6　双主位位次

礼仪故事

李嘉诚的识人技巧

李嘉诚喜欢从选座位的过程中识人。如果吃饭时，有哪位喜欢选领导身边的位子坐，他会觉得此人过于"积极"，心术可能不正；而有的人偏偏不喜欢坐在领导身边，老是挑离领导最远的位子坐，这种人要么太胆小，要么心理有问题，他也不看好。

点评：李嘉诚座位识人道出了细节的重要性。商务人员参加宴请，不要忽视任何一个细节，因为在不经意的一个动作或行为中，对方可能就会对你做出判断和评价。

3. 便餐席位规则

一般情况下，便餐时的席位排列，主要涉及的是位次的排列问题，往往与桌次无关。

在排列便餐的席位时，如需进行桌次的排列，可参照宴请桌次的排列进行。如有较多的位次排列，主要有五种方法可循。

（1）左、右位次视不同对象采用。国内一般采用左为尊，如果对方是欧美人士，可考虑右为尊的次序。

（2）中座为尊。三人一同就座用餐时，居于中座者在位次上要高于在其两侧就座之人。

（3）面门为上。面对正门者为上座，背对正门者为下座。

（4）观景为佳。在一些高档餐厅用餐时，室外或室内往往有优美的景致或高雅的演出，可供用餐者观赏。此时，以观赏角度最佳之处为上座。

（5）临墙为好。在某些中低档餐馆用餐时，通常以靠墙之位为上座，以靠过道之位为下座。

五、餐具礼节

一顿标准的中餐通常首先上桌的是冷盘，接下来是热炒，随后上的是主菜，然后上点心和汤，最后上的是水果拼盘。要吃上这样一顿标准中餐，必须配合使用各种餐具。然而，多种餐具在使用上有讲究，怎样正确地使用这些餐具呢？

筷子

1. 主餐具

（1）筷子。筷子是中餐的主要餐具，用于夹取食物。一般以右手持筷，用右手的拇指、食指和中指三指共同捏住筷子上部三分之一处。筷子应成双使用，不能用单根筷子去叉取食物。用筷子吃饭是我国的传统，在餐桌上使用筷子要注意：一不要用嘴含筷子；二不要挥动筷子；三不要敲筷子；四不要用筷子叉食物；五不要用筷子去翻搅菜肴；六不要把筷子放在碗上等。

 礼仪故事

筷子的由来

传说姜子牙喜欢钓鱼，但是又整天钓不着，只好空手而回。对此，他的妻子很生气。一天，姜子牙又钓鱼回来，妻子连忙喊他吃饭，他很饿，伸手就去抓肉吃。这时不知从哪里飞来一只小鸟，落到他的手背上。姜子牙将鸟赶走，然后又去抓肉，而小鸟又落在他的手背上。这时，小鸟说话了，叫姜子牙跟它出门。小鸟飞到一个篱笆上停下来，抓了两根小竹棒给姜子牙，说："你拿这个去夹肉吧。"姜子牙听从小鸟的话，但当竹棒触到肉片时却冒出一股烟，姜子牙很惊讶。坐在跟前的妻子只好说出了实话，承认在肉里放了毒药。从此以后，姜子牙吃饭时都用这两根小竹棒，后来人们就把它叫作"筷子"。

（2）汤匙。汤匙主要用以饮汤，尽量不要用其舀菜。用筷子取菜时，可用汤匙加以辅助。使用汤匙要注意：一是用它饮汤时，不要全部放入嘴中吸吮；二是用汤匙取食物后，应立即食用，不要再倒回原处；三是如食物过烫，不宜用汤匙来回搅拌；四是不用时，应将汤匙放在自己的食碟上，不要放在桌上或汤碗里。

（3）碗。碗主要用于盛放主食、羹和汤。在正式的商务宴会上，使用碗时要注意：一是不要端起碗进食，尤其不要双手端起碗进食；二是碗内的食品要用餐具取，不能用嘴吸；三是碗内的剩余食品不可往嘴里倒，也不可用舌头舔；四是暂不用的碗不可放杂物。

（4）盘。稍小一些的盘又叫碟子。在餐桌上，盘子一般应保持原位不动，并且不宜将多个盘子叠放在一起。每个人面前的食碟是用来暂放从公用菜盘取来的菜肴的。使用食碟时要注意：一是不要取放过多的菜肴；二是不要将多种菜肴堆放在一起，以免相互"串味"；三是不要将不宜入口的残渣、骨、刺等吐在地上、桌上，而应轻放在食碟的前端，由服务人员撤换。

2. 辅餐具

（1）水杯。中餐的水杯，主要用于盛水、饮料。使用水杯时要注意：一是不要用以盛酒；二是水或饮料不可过满；三是喝入嘴中的东西不能再吐回去。

（2）湿毛巾。在正式商务宴会开始前，服务人员会为每位用餐者送上一条湿毛巾，它是用来擦手的，不能用来擦脸、擦嘴、擦汗。宴会结束时，服务人员再送上一块湿毛巾，这是用来擦嘴的，不能用来擦脸、擦汗。

（3）餐巾。正式商务宴会都会为用餐者准备一条餐巾，用餐者应当把它铺放在并拢的大腿上，而不能把它围在脖子上，或掖在衣领里、腰带上。餐巾可用于轻揩嘴部和手，但不能用于擦餐具或擦汗。

（4）水盂。餐桌上往往摆上一个水盂，水上漂有玫瑰花瓣或柠檬片。但里面的水不能喝，只能用来洗手。洗手时，动作不要太大，不要乱抖乱甩，应用两手轮流沾湿指头，轻轻涮洗，然后用纸巾或专用小毛巾擦干。

（5）牙签。牙签主要是用来剔牙的。就餐时尽量不要当众剔牙。非剔不可时，应以一只手掩住口部。剔出的东西切勿当众把看或再次入口，也不要随手乱弹、随口乱吐。剔牙之后，不要长时间用嘴叼着牙签。

六、赴宴礼仪

细节决定成败，参加宴请时，疏忽任何一个礼仪上的细节，情况都有可能发生戏剧性的变化。商务人士赴宴或聚餐时，无论餐前、进餐时还是餐后，都不可不知礼仪、不守礼仪。

礼仪故事

有一位领导想挑选一名财务人员，他看中了一个小伙子。可是，在一次吃饭时，领导发现，那个小伙子看到桌上有一包名牌香烟，便很主动地拿着烟发给大家，不过由于很多人不抽烟，他就一根接一根地抽。吃饭结束后，香烟还剩下不少，他就把剩下的烟放进自己的口袋里带走了。就这样，这位领导否定了这个小伙子。

1. 餐前礼仪

用餐之前，一般应注意以下几个涉及礼仪的事项。

（1）适度修饰。赴宴或聚餐时，可适度地进行个人修饰。一般而言，男士可穿套装，并剃须。女士可穿时装或旗袍，并化淡妆。如仪容不洁、着装不雅，会被视为不尊重主人、不重视此次聚

微课堂
赴宴礼仪

餐或宴会。

（2）准时到达。应邀赴宴或参加聚餐时，一定要准点抵达现场。严格地讲，抵达过早或过晚均为失礼。如无特殊原因，切勿早退。

（3）对号入座。在正式的聚餐中，一定要按照指定的桌次、位次就座。若未明确，也应遵从主人的安排，或与其他人彼此谦让。入座时，应于主人、主宾之后就座，或与大家一道就座。

（4）适当交际。参加宴请是一次拓展人脉的良好机会，可以充分利用这一机会适当进行交际活动。例如，问候一下主人、联系一下老朋友、力争结识几位新朋友等。

（5）倾听致辞。在正式的商务宴会开始前，主人与主宾大多要先后进行专门的致辞。当主宾致辞时，要专心地听。如果此刻开吃、闭目养神、与人交谈，或是打打闹闹，都是不礼貌的行为。

2．进餐礼仪

进餐是宴请的主要环节，以下几个方面是要特别注意的礼仪问题。

（1）进餐文雅。吃相是进餐时需要格外注重的。进餐时要文雅，应闭嘴咀嚼，不应发出声响；如果食物太热，待稍凉后再吃，切勿直接用嘴吹；鱼刺、骨头、菜渣等不要直接外吐，可用餐巾遮口，吐到杂物盘中。倘若不重视吃相，吃得摇头晃脑、手舞足蹈、宽衣解带、脱袜脱鞋、满脸油汗、响声大作，不但影响自己的形象，也会影响他人的食欲。

思考与练习

进餐应文雅，观看图片和视频，总结进餐中的禁忌，反思自己是否有某种不良习惯。

图片　　　视频

（2）敬酒及时。要及时向主人敬酒致谢。敬酒的顺序一般是和主人、主宾先碰杯，与此同时应暂停进餐、停止交谈、注意倾听；身份低或年轻者向身份高或年长者敬酒碰杯时，应稍欠身点头，杯沿比对方杯沿略低以示尊敬。斟酒倒多少合适呢？中式白酒和啤酒可以斟满，以示尊重；红葡萄酒斟⅓杯，白葡萄酒斟⅔杯。

（3）夹菜礼让。夹菜时相互礼让，依次而行，取用适量；不要在公用的菜盘里挑挑拣拣、翻来覆去，如发现夹起的菜不合心意，不要再放回去；不要好吃的多吃，或是把好菜一人"包干"，而不考虑其他人吃过没有；够不到想吃的菜，可请人帮助，不要起身离座去取；"己所不欲，勿施于人"，不要越俎代庖、不由分说、擅自做主地主动为他人夹菜；不要轻易或有意违反食俗，尤其吃鱼时（渔家、海员吃鱼时，忌讳把鱼翻身，因为有"翻船"之意）。

（4）忌小动作。进餐期间，不宜做一些小动作，如随意玩弄餐具、敲餐桌、晃座椅等；不宜当众清嗓子、擤鼻涕、吐痰等；不宜离开自己的座位四处走动；不宜梳理头发、化妆补妆等；尤其与女士共桌时，不宜吸烟。上述小动作不但有碍观瞻，破坏自身形象，而且倒人胃口。

礼仪故事

"社会版"的分鱼

宴席上，一位男士大筷一挥，把鱼眼剔出来，呈给贵客，曰"高看一眼"；把鱼骨头剔出来，赠给另外一名贵客，曰"中流砥柱"；然后他又分配鱼嘴巴，叫作"唇齿相依"；分配鱼尾巴，叫作"委以重任"；分配鱼鳍，叫作"展翅高飞"；分配鱼肚子，叫作"推心置腹"。格外细心的这位男士还能一筷子找准鱼腔，分给座中不怎么得意的一位，此谓"定有后福"。

点评："社会版"的分鱼形象生动，贴切入耳，娱人悦心。其实，商务宴请不仅为了吃，还要吃出乐趣，吃出雅兴，吃出文化。

3. 餐后礼仪

无论何时，虎头蛇尾都不妥当，用餐后还要注意礼貌告别和表示感谢。

（1）礼貌告别。宴会后，不管是主人还是客人都不应马上离开，应与在座的人稍事寒暄，喝喝茶、吃点水果、品品咖啡等。一般吃完水果即表示宴会结束。此时，主宾应向主人示意，之后方可离开席位。离席后，应有礼貌地向主人握手道谢。通常是男宾先与男主人告别，女宾先与女主人告别，然后再与其他人告别，一般是在主宾离席后其他人再陆续告辞。如确有急事需提前退席，应向主人说明及致歉后悄悄离去，不必惊动太多的客人，以免影响整个宴会的气氛。

（2）表示感谢。受请后 2～3 天内，应致电、致信表示感谢。在通信发达的今天，使用微信、短信等即时通信工具以及电子邮件、电话、明信片等形式均可。

第二节　西餐宴请礼仪

西餐是对西式饭菜的一种约定俗成的统称。随着中西方交流的不断扩大，西餐这一"吃"文化很快传入我国，并受到了一些人士的欢迎和喜爱。当下，不管你走到哪里，不仅能享受到地道的西餐，还可以享受到随处可见的西式快餐。

然而，由于中西方饮食文化之间存在着差异，国人吃西餐时若不懂西餐礼仪，有可能闹出笑话。

商务宴请离不开西餐，商务人士需要学习和掌握有关西餐的基本礼仪。吃好西餐，不失风度；吃好西餐，事半功倍。因此，商务人士有必要对西餐的菜序、位次原则、餐具规范、西餐吃法及礼节要求有相当的了解，并能够熟练操作。

一、西餐菜序

西餐的菜序与中餐的菜序有明显的不同。例如，西餐先上汤，而中餐上汤则意味着用餐即将结束。而且，西餐的正餐与便餐的菜序也是有差异的。

西餐的正餐一般按以下顺序上菜。

（1）开胃菜。开胃菜就是用于打开胃口的菜，也叫"头盆""前菜"，一般是由蔬菜、水果、海鲜、肉食所组成的拼盘。在西餐中，它往往不被列入正式的菜序，仅充当"前奏曲"。

（2）面包。西餐正餐中的面包一般是切片面包。吃面包时，可根据个人的口味涂上黄油、果酱或奶酪。

（3）汤。西餐中的汤有两大类，即浓汤和清汤，具有很好的开胃作用。正式喝汤时，才算正式开始吃西餐。

开胃菜

汤

主菜

（4）主菜。主菜有冷有热，在正式的西餐宴会上，通常要上一个冷菜、两个热菜。两个热菜中，讲究先上一个鱼菜，由鱼或虾以及蔬菜组成；另一个是肉菜，为西餐中的大菜，是必不可少的，它多为烤肉，再配以蔬菜，往往代表着此次用餐的最高档次和水平。

（5）点心。主菜用过后，一般要上些蛋糕、饼干、吐司、三明治等西式点心。

（6）甜品。点心之后，接着上甜品，最常见的有冰淇淋、布丁等。

（7）果品。吃完甜品，一般还要摆上干鲜果品，常用的干果有核桃、榛子、腰果等，鲜果有草莓、菠萝、苹果等。

（8）热饮。在用餐结束之前，还要为用餐者提供热饮。最正规的热饮是红茶或什么都不加的黑咖啡，主要用来帮助消化。西餐的热饮可以在餐桌上喝，也可以离开餐桌去客厅或休息厅喝。

便餐与正餐相比，要简单许多，通常一顿西餐便餐的标准菜序由开胃菜、汤、主菜、甜品、咖啡构成。

礼仪故事

西餐菜单的由来

菜单，顾名思义，就是一份详细的、带价目表的菜肴清单。但起初菜单并不是为了向客人说明菜肴的名称及价格而制作的，而是厨师为了备忘而写的单子，英文为 menu。

据说，在 16 世纪初，一位意大利姑娘嫁给法国国王，作为陪嫁，她从佛罗伦萨带了厨师，从此法国宫廷菜肴才逐步得到改善。法国厨师为了记住这些意大利菜肴的烹制方法及材料，将它们一一记录下来，这就是菜单的雏形。而这些记录真正作为菜单出现，已是 16 世纪末的事情了。

1594 年，布伦斯维克侯爵在私人宅第举行晚宴时，每送上一道菜，侯爵都要看看桌子上的单子。当客人们知道他看的是今天的菜单时，十分欣赏这种做法。之后，大家都争相仿效，凡在举行宴会时都要预先制作菜单，这时菜单便真正出现了。

二、位次原则

在大多数情况下，西餐的位次更多表现为席位问题，除非极隆重的宴会，一般较少涉及桌次。因此，位次就更为引人注目，越是正式的场合，这一点就显得越重要。西餐的位次排列与中餐相比，既有一些相同之处，也有一些不同之处。

（一）位次排列的原则

西餐的位次排列原则一般有以下五项。

（1）女士优先。在西餐礼仪里，女士处处受尊重。排列位次时，一般女主人为第一主人，在主位就座；而男主人为第二主人，坐在第二主人的位置上。

（2）以右为尊。前文多有述及，此处不再重复。

（3）面向门为上。

（4）距离定位。西餐桌上席位的尊卑，是由其距离主位的远近决定的。距主位近的位置的位次要高于距主位远的位置。

（5）交叉排列。西餐排列位次时，讲究交叉排列的原则，即男女应交叉排列，熟人和生人也应交叉排列。一个就餐者的对面和两侧往往是异性或不熟悉的人，这样便于广交朋友。

（二）位次排列方法

不同桌子的位次排列方法各不相同，下面举例说明几种常见的形式。

1. 长桌的排列

最普遍、最正规的西餐桌是长桌。长桌排位方法之一：男女主人在长桌的中央相对而坐，餐桌的两端可以坐人，也可以不坐人（见图9.7和图9.8）。

长桌排位方法之二：男女主人分别就座于长桌的两端（见图9.9）；也可把多个长桌拼起来，使大家一起用餐（见图9.10）。

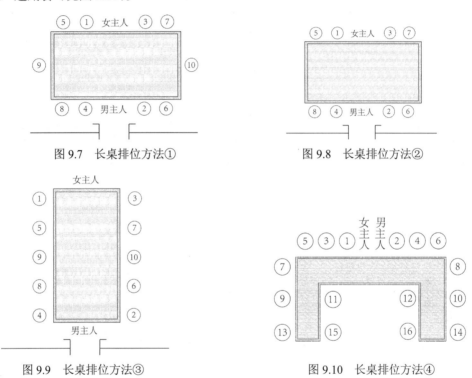

图9.7 长桌排位方法①

图9.8 长桌排位方法②

图9.9 长桌排位方法③

图9.10 长桌排位方法④

2. 圆桌的排列

西餐使用圆桌排位（见图9.11）的情况并不多见，且在隆重、正式的宴会中尤为罕见。

3. 方桌的排列

方桌排列位次时，就座于餐桌四面的人数应相等，并使男女主人与男女主宾相对而坐，所有人各自与自己的配偶或恋人成斜对角就座（见图9.12）。

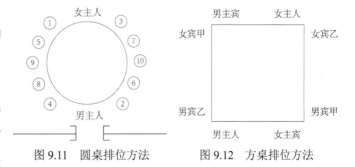

图9.11 圆桌排位方法

图9.12 方桌排位方法

三、餐具规范

刀叉是西餐最重要的餐具；除了刀叉，主要餐具还有餐匙、餐巾等。吃西餐时，使用这些餐具需要遵守规范。

微课堂

餐具规范

1. 刀叉

刀叉是对餐刀、餐叉这两种餐具的统称。多数情况下，刀叉同时配合使用。

在较正规的西餐宴会上，通常讲究吃一道菜要换一副刀叉。刀叉既不可以乱拿乱用，也不可以从头至尾只用一副刀叉。其位置、使用规则如表9.1所示。

表9.1 刀叉的位置、使用规则

位置规则	吃黄油的餐刀，没有相匹配的餐叉，正确位置是横放在用餐者的左手正前方
	吃鱼的刀叉和吃肉的刀叉，餐刀应在右、餐叉在左，分别纵向摆放在用餐者面前的餐盘两侧；餐叉的具体位置，应置于吃黄油用餐刀的正下方，有时在餐盘两侧分别摆放的刀叉会有三副之多
	取用刀叉的基本原则是，每上一道菜，应依次分别从两边由外向内侧取用
	吃甜品用的刀叉应最后使用，一般横向放置在用餐者面前的餐盘的正前方
使用规则	英国式，要求在进餐时，始终右手持刀，左手持叉，一边切割，一边叉食
	美国式，先右手持刀左手持叉，把餐盘的食物全部切割好，然后把右手的餐刀斜放在餐盘的前方，将左手的餐叉换到右手，再品尝食物，这种方式比较省事
	就餐过程中，需暂时离开一下或与人攀谈时，应放下手中的刀叉，刀右、叉左、刀口向内、叉齿向下，呈"八"字形摆放在餐盘上，以此表示此菜尚未用毕
	吃完了或者不想再吃了，可以刀口向内、叉齿向上、刀右、叉左并排放在餐盘上，以此表示不再吃了，可以连刀带餐盘一起收掉

使用刀叉时要注意：不要动作过大，影响他人；切割食物时不要弄出声响；切下的食物要刚好能一口吃下，不要叉起来后再一口一口地咬着吃；不要挥动刀叉讲话，也不要用刀叉指点他人；掉落到地上的刀叉不可捡起再用，应请服务员更换。

2. 餐匙

吃西餐时，餐匙也是一种不可缺少的餐具，其用途和注意事项如表9.2所示。

表9.2 餐匙用途与注意事项

形状	位置	用途和注意事项
外形较大	通常被摆放在用餐者右侧的最外端，与餐刀并列纵向摆放	除饮汤、吃甜品之外，绝对不可用餐匙直接舀取其他主食、菜肴
		已经开始使用的餐匙，切不可再放回原处，也不可将其插入菜品、主食中，或是令其"直立"于甜品、汤盘或红茶杯之中
		使用餐匙，要尽量保持其周身的干净清洁，不要让餐具"色彩缤纷"
		用餐匙取食，务必不要过量，而且一旦入口就要依次将其食完，不要一餐匙的东西反复品尝好几次；餐匙入口时，应以其前端入口，而不是将它全部塞进嘴里
		不能直接用茶匙去舀取红茶饮用
		用餐匙取食时，动作应干净利落，切勿在甜品、汤或红茶中搅来搅去
外形较小	横向摆放在吃甜品所用的刀叉的正上方，并与其并列	甜品匙。有时也会被外形同样较小的茶匙取代

3. 餐巾

西餐的餐巾通常会被叠成一定的形状，放置于用餐者右前方的水杯里，或是被直接平放于用餐者右侧的桌面上。在就餐中，餐巾的放置方法和用途如表9.3所示。

表9.3　餐巾的放置方法与用途

规格形状	有大、中、小之分，有正方形与长方形之别
放置部位	平铺于自己并拢的大腿上
	使用正方形餐巾，将它折成等腰三角形，并将直角朝向膝盖方向
	使用长方形餐巾，则可将其对折，然后折口向外平铺
	餐巾打开、折放的整个过程应悄然于桌下进行
一般用途	用来保持服装洁净，揩拭口部。女士进餐前，可用餐巾轻拭一下口部，以揩去唇膏
特殊用途	暗示用餐开始，当女主人把餐巾铺在腿上时，就等于宣布开始用餐了
	暗示用餐结束，当主人，尤其是女主人把餐巾放到餐桌上时，意在宣告结束
	暗示暂时离开，若中途暂时离开，还要去而复返、继续用餐，可将餐巾放置于本人座椅的椅面上
注意事项	在正式用餐时，一定不要把餐巾掖于领口、围在脖子上、塞进衣襟内，或是担心其掉落而将其系在裤腰上
	不应用餐巾擦汗、擦脸，擦手也要尽量避免，特别注意不要用餐巾去擦餐具

餐巾

整套西餐餐具及其放置方法

四、吃之得法

西餐的吃法与中餐的吃法相比有很大的不同。享用西餐，吃法得当，才能在吃好的同时吃出品位。

1. 开胃菜

开胃菜既可以是沙拉，也可以是由海鲜、蔬菜组成的拼盘。如果是已切割完毕的食物，用餐叉食用即可。

2. 面包

面包一般放在自己的左前方，吃第一道菜时方可食用。鲜面包正确的吃法是：用左手撕下一块大小合适、刚好可以一次吃下的面包，全部涂上黄油或果酱，再送入嘴中。不能拿起一大块面包，全部涂上黄油，双手托着吃；不能用叉子叉着面包吃；不能用刀叉切开吃；也不能把面包浸在汤内捞出来吃。如果是烤面包片，则不要撕开。甜食上来后，最好不要再吃面包了。

3. 汤

喝汤时，要用右手拇指和食指持汤匙，从汤盘靠近自己的一侧伸入汤里，**由内向外**将汤舀起。

注意不要将餐匙盛得太满，身子也不要靠得太近。当盘内的汤剩下不多时，可以用左手将盘子内侧稍稍托起，使其外倾，用右手持汤匙舀取汤来喝。喝汤时，一不要端起盘子；二不要发出"嘶嘶"的声音；三不要将身子俯得太低，趴到汤盘上去吸食；四不要用嘴吹，或用汤匙搅拌降温。

4. 主菜

西餐的主菜品种繁多，冷菜中的冻子、泥子，热菜中的鱼、鸡、肉等最为多见。冻子是用煮的肉、鱼等食物和汤冷却凝结而成的一种菜肴，泥子是以虾、蟹或者动物的肝、脑为主料，配以鸡蛋、蔬菜，加上佐料搅拌而成的菜肴，一般用刀叉取食。吃鱼时，可用餐刀将其切开，将鱼刺、鱼骨剥出后，再切成小块，用叉取食。吃鸡时，应切下一块，用叉取食，直接用手撕扯是失礼的。肉菜指的是西餐的猪肉、牛肉、羊肉。平常人们所说的主菜，一般都指的是荤菜。荤菜包括猪排、羊排、牛排，十分常见的是牛排，它是西餐中的"重中之重"。吃荤菜时，要用叉子摁住食物，用餐刀切下一小块，吃完后再切第二块。

5. 点心

西餐中的蛋糕、饼干、三明治、土豆片等，可以用手拿着吃。意大利面又叫通心粉，吃时不能一根一根挑着吃或吸着吃；应该右手握叉，在左手所用汤匙的帮助下，把面条缠绕在餐叉上，然后送入口中。

6. 甜品

西餐里最常见、最受欢迎的甜品有布丁、冰淇淋等。西餐中的布丁一般是半流质的，不能直接用手取食，应以专用的餐匙取食。冰淇淋上桌时，通常被置于专用的高脚玻璃杯内，应以餐匙食之。

7. 水果

西餐中水果的食用方法如下。

（1）草莓。普通的草莓可用手取食，可蘸些糖或酸奶；吃带调味汁的草莓须使用餐匙。

（2）菠萝。吃时应当将其切割成小块，然后用餐叉进食，不要用手抓食。

（3）苹果。最正规的吃法是切成大小相仿的四块，然后逐块去皮，再以刀叉食之。不过，现在绝大多数人都是用手拿着去皮的小块苹果直接吃。

（4）香蕉。食用整只香蕉时应先剥除外皮，再用刀叉切成小段，逐段食之，一般不应一边用手拿着皮，一边慢慢咬着吃。

（5）橙子有两种吃法：一是先用刀去除其外皮，再用刀叉将内皮剥离，然后用刀叉分瓣而食；二是在用刀去皮后，切成几小块，再用手取食。

（6）葡萄。吃时可取一小串，一粒一粒地用手揪下来吃。其皮、核，可先悄然吐入手中，再转移至餐盘内。吃果盘内不成串的单粒葡萄时，宜以餐叉辅助取食。

8. 咖啡

西餐中，饮用咖啡是很有讲究的（见表 9.4）。

表 9.4 饮用咖啡的讲究

用具	用途与用法	注意事项	礼仪要求
杯	一般要用右手的拇指和食指握住杯耳，轻轻地端起杯子，慢慢品尝	不能双手握住杯子，也不能用手端起碟子去吸杯子里的咖啡，也不能用手握住杯底，或用手指穿过杯耳	饮用咖啡不能过多，一般情况下一杯足矣，最多不应超过三杯。 饮用时，不能大口喝，更不能一饮而尽，一杯咖啡应喝上十分钟左右，一小口一小口细细品尝

续表

用具	用途与用法	注意事项	礼仪要求
碟	碟子是用来放咖啡匙并接溢出杯子的咖啡的。 喝咖啡时，如果离桌子近，只需端起杯子，不要端起碟子；如果离桌子比较远或站立、走动时，则可用左手将杯、碟一起端起，至齐胸高，用右手持杯饮用	—	饮用时，可根据自己的爱好，往咖啡中添加一些牛奶、方糖之类的配料。 加牛奶或其他配料时，不能弄得满桌都是。 加糖时，要用专用的糖夹和糖匙去取，不要直接用手去取
匙	咖啡匙只是在杯中加入牛奶和糖之后用来搅拌的。 如咖啡太热，也可以用匙轻轻搅动，使其变凉。 除此之外，不作他用	不能用匙去舀咖啡来饮用。 不能把匙放在咖啡中。 不用匙时，应将其平放在咖啡碟中	喝咖啡，有时要准备小甜点。 取食甜点时，要先放下咖啡杯。 饮用咖啡时，手中也不能拿着甜点食用。双手左右开弓，一手执杯，一手拿甜点，吃一口、喝一口交替进行是非常不雅的

9. 酒水

在正式的西餐宴会上，酒水是主角，十分讲究与菜肴的搭配。一般来讲，每吃一道菜便要换一种酒水。

宴会上所用的酒水可以分为餐前酒、佐餐酒和餐后酒三种，每种又有许多具体的种类。

（1）餐前酒，也叫开胃酒，在用餐前饮用或在吃开胃菜时饮用。开胃酒有鸡尾酒、味美思、威士忌和香槟酒。

（2）佐餐酒，是在正式用餐期间饮用的酒水。西餐的佐餐酒均为葡萄酒，选择佐餐酒的一条重要原则是"白酒配白肉，红酒配红肉"（白肉指的是鱼肉、海鲜；红肉指的是猪肉、牛肉、羊肉），即白葡萄酒配海鲜类，红葡萄酒配肉类、禽类。

（3）餐后酒，是用来助消化的酒水，常用的有利口酒、白兰地酒。

饮用不同的酒水，还要使用不同的专用酒杯。在每位就餐者餐桌右边，餐刀的前方，都会横排摆放着三四个酒水杯，它们分别为香槟酒杯、白葡萄酒杯、红葡萄酒杯及水杯。取用时，应按照由外侧向内侧的顺序依次取用，也可根据女主人的选择而紧随其后。

五、西餐礼节

西餐尤其是正式西餐，是非常注重礼节的。从穿衣戴帽到言谈举止，从尊重女士到要求男士，都有礼节的要求。

西餐的着装讲究也颇多，下面简要介绍几种情况。

（1）礼服。西式礼服，男装为黑色燕尾服、扎领结；女装则为拖地抹胸长裙，并配长筒薄纱手套。其他国家的人士可身着本国的盛装，如我国的中山装、旗袍。目前，在隆重的宴会上，往往要求穿礼服。

（2）正装。在普通的宴会上，通常要求穿正装。在一般情况下，正装指的是深色，特别是黑色或藏蓝色的套装或套裙。需要注意的是，男装不要色彩过淡、过艳，女装切勿过短、过小。

（3）便装。参加一般的聚餐时，可以穿便装。这里的便装是有严格界定的，即男士可穿浅色西装，或仅穿单件的西装上衣；女士可以穿时装，或是以长西裤代替裙装。但是，绝对不能随心所欲地乱穿。

观看视频，想想吃西餐时是否应该注意这些"繁文缛节"。

不管穿什么服装，在用餐时都不允许当众整理衣饰，如换衣服、松领带、脱鞋子等。

1. 尊重女士

西方对于女士的尊重体现在很多方面，在西餐中也能看到其踪影。

（1）尊崇女主人。在西餐宴请活动中，女主人的地位备受尊崇。例如，女主人要坐主位，由女主人"宣布"用餐开始或结束等。用西餐时，绝对看不到女主人忙里忙外、到处张罗甚至难以入席的情景。

（2）礼待女宾客。吃西餐时，不论是否相识，男士都应扮演"护花使者"的角色，应积极主动地照顾女士。如用餐前，要帮助女士存放外衣或就座；用餐期间，要帮助女士取菜、拿调味品，陪其交谈等。

（3）不见女侍者。欧美一些坚持传统的西餐馆，绝对讲究"女尊男卑"。在那里，只能见到清一色的男侍者迎来送往、忙忙碌碌，却难以见到一名女侍者。根据传统，西餐馆是一概不使用女侍者的。

2. 举止优雅

享用西餐时，要想使自己"举止优雅"，就要注意以下几方面问题。

（1）坐姿端正。就座时，应从左侧进入，并使身体与餐桌保持两拳左右的距离。上身要呈挺拔之态，不要东倒西歪。双手不要支在桌上或藏于桌下，而应扶住桌沿，双腿切勿乱伸。

（2）文明用餐。吃西餐时，不要吃得"四处开花"，身上、脸上到处都"痕迹斑斑"，嘴上"满嘴生辉"；也不要把餐盘、餐桌和地面弄得一塌糊涂，要维护环境卫生。

（3）禁出声音。西方人认为，只有缺乏教养者才会在进食时发出声响。因此，不论有意还是无意，吃东西还是喝东西，都不要发出声音，更不要搞得铿锵作响。在就座时，也不要把座椅、餐桌弄出怪异的声音；在用餐时，如不懂怎样使用各种餐具，可以现场观摩他人，不要把餐具相互敲击或是指点别人。此外，发出的任何声响，不管是咳嗽、打喷嚏还是打嗝，都应自觉控制，不要当众出丑。

3. 主动交际

在商务环境下的西餐中，应该主动与对方交流。

（1）应邀赴宴时，要主动向主人致意，不要吃了就走，不把主人放在眼里。

（2）用餐时，西餐礼仪要求来宾交谈几句，不仅要与老朋友寒暄，还可借机多交一些新朋友。

礼仪故事

宴会中的柯马·伊鲁斯

1962年，在英国伦敦一个著名贵族举办的豪华宴会上，一名中年男子出尽了风头。他优雅的举止、迷人的言谈，不但令在场的所有女士都对他倾心，而且所有的男士也都对他抱有极大的兴趣和好感。人们私下里纷纷相互打听，都想认识他并和他成为朋友。而那位男子在这次宴会上也收获颇丰，不仅签下了40多单生意、结交了很多朋友，还找到了他的终身伴侣。这名男子就是当时著名的房地产新秀柯马·伊鲁斯。

点评：柯马·伊鲁斯出席宴会后收获颇丰，这主要得益于其优雅的举止、迷人的言谈。对商务人员来说，无论参加中式宴会还是西式宴会，自觉遵守宴会礼节，在为自己塑造优美形象的同时，也许会有意想不到的收获。

本 章 要 点

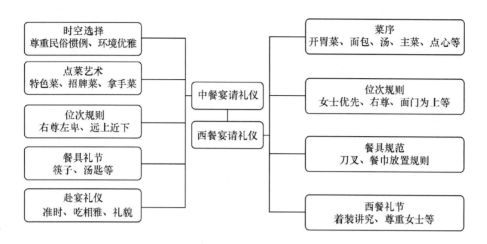

知识巩固与礼仪训练

一、知识判断

1. 你被邀请参加一场宴会，请帖上注明"出席与否请告知"，你先不表态是否出席。（　　）
2. 与客户吃饭时用筷子叉馒头。（　　）
3. 与客户用餐时，不自觉地将食物残渣、骨头吐在饭桌上。（　　）
4. 同事聚餐时，遇到自己喜欢吃的菜就一个劲地吃，吃后当着众人剔牙。（　　）
5. 在和客户吃饭时，长时间与他人通电话。（　　）
6. 吃西餐时用餐巾擦拭餐具。（　　）
7. 王×在西餐厅与客户用餐，用餐途中想去一趟洗手间，这时她应该把餐巾折叠起来放在桌子上。（　　）
8. 西餐中喝汤时应是一次分几口慢慢喝下，轻声喝，不宜发出声响。（　　）
9. 牛排是西餐中的重头戏，吃牛排要细嚼慢咽，不能边吃边与人交谈。（　　）
10. 刘×与客户吃西餐，看到端上来的水果中有香蕉，他就直接拿起来剥皮吃。（　　）
11. 西餐桌子上有一个小玻璃碗，里面装了撒着花瓣的水，这碗水不是用来喝的，而是用来洗手的。（　　）
12. 一般而言，中餐宴请外宾的桌次安排以右为上，当餐桌分左右时，以面门为尊，右桌为上。（　　）
13. 中餐宴请的座次安排是主人面对正门，当有两位主人时，两人可相向而坐，一人面对门，一人背对门。（　　）
14. 西餐是讲究礼仪的，穿衣戴帽、言谈举止，若对任何一个细节掉以轻心，都会影响自身的形象。（　　）
15. "女士优先"就是在吃西餐的过程中，让女士吃得开心、吃得尽兴。（　　）

二、礼仪训练

1. 假设你是凌子化妆品公司的公关部经理，拟举办一次有规格的宴会，请列出一份宴会注意事项表。

2. 组织"现场西餐秀"活动。要求全体同学在西餐厅现场"秀"西餐礼仪，在此基础上梳理总结吃西餐的礼仪规则和注意事项。

3. 如果你吃饭、喝汤易发出很大的声音，请自我练习闭嘴咀嚼。

三、案例评析

李嘉诚请客①

一个月前我去香港，和李嘉诚吃了一次饭，感触非常大。李先生76岁，是华人世界的财富状元，也是我的偶像。大家可以想象，这样的人会怎么样。一般大人物都会等到大家到来坐好，然后才会缓缓过来，讲几句话。如果要吃饭，他一定坐在主桌，然后我们企业界20多人中有名望的人坐在他边上，其余人坐在其他桌，饭还没有吃完，李先生就该走了。如果他这样做，我们也不会怪他，因为他是个伟大的人。

但是让我非常感动的是，我们走到电梯口，开电梯门的时候，李先生在门口等着，然后给我们发名片，这已经出乎我们的意料——以李先生的身份和地位已经不用名片了！但是他还是给我们发了名片。发完名片后，我们一人抽了一个签，这个签就是一个号码，是我们照相时站的位置，是随便抽的。我当时想为什么照相还要抽签，后来猜测到，这是用心良苦，为了大家都舒服，否则怎么站呢？

照相后又抽一个号，说是吃饭的位置，又是为了让大家感到舒服。最后让李先生说几句，他说没有什么要讲的，主要是和大家见面。后来大家让他讲，他就把生活中的一些体会与大家分享。然后他看着几个外国人，用英语讲了几句，把全场的人都照顾到了。他讲的是"建立自我，追求无我"，就是让自己强大起来，要建立自我，追求无我，把自己融入生活和社会当中，不要给大家压力，让大家感觉不到他的存在，然后接纳他、欢迎他。之后我们就吃饭。我抽到的座位正好与他隔着一个人，我以为可以就近聊天，但吃了一会儿，李先生站起来了，说："抱歉，我要到那桌坐一会儿。"后来，我发现他们安排李先生在每桌坐15分钟，总共4桌，每桌15分钟，正好一个小时。临走的时候他说一定要与大家握手告别，每个人都要握手，包括边上的服务人员，然后送大家到电梯口，直到电梯门关上才走。这就是他追求的无我，在整个过程中得到了充分体现。

问题：

1. 请从商务礼仪的视角评析李嘉诚请客的礼仪之道。

2. 评析李嘉诚的"建立自我，追求无我"，你从中收获了哪些感悟？

3. 从李嘉诚的请客过程评析李嘉诚的伟大之处。

4. 李嘉诚的请客给你带来哪些启示？

---

① 编辑注：本文整理自《新闻世界（社会生活）》2007年第8期《与李嘉诚一起吃饭》一文，作者冯仑为万通控股董事长。从文中提到的年龄来看，此事应发生在2004年，并非文章发表时间的前一个月。

第十章

涉外商务礼仪

著名礼仪专家杰奎琳·惠特摩尔在《最权威商务礼仪课》一书中写道：随着越来越多的公司走向全球化，公司文化也变得越来越多元化，因此，具备与不同文化背景的人的沟通能力是很重要的。确如其言，一次，一位英国女士去纽约参加一个高新技术商务会。会上，有个美国人的精彩报告给她留下很深的印象，她情不自禁地走上前去祝贺说："你的报告非常成功（like a bomb）！"而那位美国人听后却十分不高兴。原来，在美国文化背景中，"bomb"往往意味着"搞砸、不成功"，并非赞美之词。这就是文化差异带来的不良沟通结果的案例。由此可见，了解并熟悉不同文化之间的差异，得心应手、游刃有余地与不同文化背景的人进行有效沟通，在国际商务活动中是极为重要的。

21 世纪是我国迈向世界经济强国之列的时代，这一背景条件下的涉外商务活动的触角，正在触及地球的每一个角落。这就要求商务人员必须熟练掌握与不同国家和地区、不同肤色和信仰的人打交道的方法。入乡随俗，遵守礼俗，不卑不亢，热情有度，注重形象，信守约定，这些既是对商务人员的礼仪要求，又是商务活动走向成功的必备条件。因此，开展涉外商务活动，必须熟知涉外商务礼仪的基本原则及特点，谙熟商务活动之道，这正是本章将要阐述的内容。

第一节　涉外商务礼仪的基本原则

商务人员无论是出国进行业务洽谈，还是出席国际会议，无论是参加双边谈判，还是参观旅游，言谈举止是否得当、仪表仪态是否得体，不仅影响个人形象，还影响其所属国家及所在组织的形象。对于涉外商务礼仪的基本原则，主要阐述以下几点。

一、平等互敬

伴随着国内改革力度的加大和改革步伐的加快，我国涉外商务活动无论从广度，还是从深度上都得到前所未有的发展。而我国在与世界各国、各民族商务往来日渐增多的过程中，必须始终坚守的一项原则就是**相互尊敬、平等相待**。

在交往中，无论强或弱、远或近、亲或疏，还是不同人种、不同宗教信仰，都应该互相尊敬并平等相待。

据说，一位纽约商人在周五住进曼谷东方饭店，发现饭店把他安排在二楼靠近楼梯的地方。因为饭店人员了解到，由于宗教信仰，每逢周五他是不能乘坐电梯的。曼谷东方饭店员工的服务非常周到，连客人的宗教习惯也了解得一清二楚，安排得周密细致。此后，这位商人成了曼谷东方饭店的常客。这足以说明，尊重客人就要对他进行细致周到的服务。

商务人员在涉外商务活动开始前，要做好案头工作，尽可能多地了解所接触对象的宗教信仰、风俗习惯和个人喜好、禁忌等问题，做到心中有数。在与东南亚商人洽谈业务时，要注意自身的体态语言，既不要跷二郎腿，也不要让鞋底悬着颠来颠去；在与俄罗斯商人洽谈业务时，要注意对对方的称呼，"俄国人"之类的字眼是绝不能说的；在与阿拉伯国家的商人洽谈业务时，要注意会面的方式，会面最好喝咖啡、茶或清凉饮料，绝对不能饮酒、吸烟和拍照；在与南美洲各国的商人洽谈业务时，要注意着装和谈话方式，原则上应穿深色系服装，不能穿浅色系服装，谈话宜亲热，座位的距离应靠近一些。总之，良好的仪态、优雅的举止、得体的语言，会赢得对方的好感与信任，有利于交易的成功，而尊重和平等对待交往对象，带来的必然是收获与成功。

📖 礼仪故事

萧伯纳与小女孩

爱尔兰著名剧作家、诺贝尔文学奖获得者萧伯纳曾经访问苏联。他在莫斯科街头散步时，遇到了一个聪明伶俐的小女孩，便与她玩了很长一段时间。分手时，萧伯纳对她说："回去告诉你妈妈，今天陪你玩的是世界上有名的萧伯纳。"小姑娘看着萧伯纳，学着他的口气对他说："回去告诉你妈妈，今天和你一起玩的是苏联小姑娘安妮娜。"这让萧伯纳非常吃惊，立刻意识到自己太傲慢了。后来，他时常回忆起这件事，并感慨万分地说："一个人不论有多大的成就，对任何人都要平等相待，要永远谦虚。这就是苏联小姑娘给我的教训，我一辈子也忘不了她！"

点评： 萧伯纳与小女孩的对话反映出涉外交往中，无论双方的身份、地位、年龄、成就等有多大的差异，其相处都应该是平等互敬的，尤其身份、地位居高的人更要注意这一点。在涉外商务活动中，各国、各民族之间必然存在差异，若能对对方平等互敬，更能显现出自身的风范。

二、入乡随俗

世界上的不同国家，具有不同的社会制度、历史文化和宗教信仰；世界上不同民族的人，其风俗习惯、思维方式和处世方式也各有不同。因此，在涉外商务活动中，必须遵守的一个共同原则就是"**入乡随俗**"。入乡随俗，即尊重当地的风俗习惯，遵守当地的商业惯例，已成为世界众多跨国公司的共识。如果反其道而行之，必然会受到排斥。例如，英国人有在工作时间饮茶、休息的习惯，曾经有几家在英国投资的美国公司试图说服英国雇员放弃这一习惯，结果引起英国雇员的强烈不满，并警告说这将导致工作效率下降，最后公司不得不放弃了这一想法。

在与其他国家的商务人员进行商务洽谈之前，应提前对其国家的文化、宗教、风土人情等进行了解，并了解客户的日常喜好和禁忌，以便在交往中加以注意。例如，我们在称呼他人时，特别重视对方的社会地位、身份，注重上下尊卑、礼貌习惯，在国内进行商务交往时，常常可以听到"唐董事长""王经理""张局长""费厂长"这样的称呼。但在讲究独立和平等的西方人看来，根本不存在"Chairman Tang"和"Manager Wang"这样的称呼。他们大都直呼"Mr+姓名"或"Ms+姓名"。如果对西方人使用中国式的称呼，会让他们觉得别扭，不利于彼此继续交往。因此，要入乡随俗，只有这样才能保证商务活动取得良好的效果。

微课堂
将军学习用刀叉

三、维护形象

在国际交往中，人们对交往对象的个人形象非常重视，原因就是个人形象既能体现个人的教养和品位，又能代表国家及所在组织的形象。所以，商务人员在涉外活动中需坚持的一项原则，就是要注重维护个人的良好形象，唯有如此才能彰显礼仪之邦的风采。1962 年，周总理到北京西郊机场为西哈努克亲王及其夫人送行。亲王的飞机刚一起飞，我国参加欢送的人便自行散开，准备返回，而周总理却依然笔直地站在原地未动，并让工作人员立即把那些离去的同志请回来。这次周总理发了脾气，他严厉地批评了相关同志。当天下午，周总理就把外交部礼宾司和国务院机关事务管理局的负责同志找去，要他们立即在《礼宾工作条例》中加上一条：今后到机场为贵宾送行，须等到飞机起飞绕场一周、表示谢意后，送行者方可离开。**"形象是金"**，涉外场合的个人形象不仅代表自己，也代表自己的组织，更代表自己的国家，同时，还是自身精神面貌和礼仪素养的集中体现。

维护个人的良好形象既要注重大事，也不要忽略小事；既表现在穿衣戴帽、为人处世上，也体现在言谈举止、待人态度上。与人交往要注重诚信，要言而有信，说到做到。如果说到做不到，失去的不仅是诚信形象，还有更多。

四、以右为尊

前文对此已经多有涉及，涉外商务活动一般遵守**"以右为尊"**原则。这里需要特别说明的是，如果是谈判签字，一般情况下双方的第一谈判手座次居中，翻译坐在第一谈判手的右侧，以右为上，这是对翻译的尊重；第二谈判手坐在第一谈判手的左侧。

以右为尊

五、女士优先

关于"女士优先"，世界各地都有一些动人的故事。1912年，"泰坦尼克"号邮轮沉没前，男士们纷纷把逃生的机会让给妇女和小孩。1937年9月22日，日本侵略者的飞机开始对南京进行轰炸。这一天，德国西门子公司南京分行的经理拉贝守在自己家简陋的防空洞门口，让抱着婴儿的妇女优先进入，其次是带着较大孩子的妇女，最后才让男人进入。事后，数百位难民在院子里排队向拉贝鞠躬致谢。拉贝却说："不敢当！我只是在危险时刻做了我认为正确的事。"这些故事体现出了对女士的尊重和关爱。

"女士优先"在西方不仅有历史传统，而且在社会交往中也会通过一些场合体现出来。在涉外商务活动中，应把**"女士优先"**作为一项原则。当然，"女士优先"并非通行于所有国家，也非通行于一切场合。

在英美等西方国家，宴会、舞会、音乐会以及一些公众场合，要优先对待女士。如女士就座时要把椅子搬过来，帮助女士提笨重物品，在地铁、汽车、火车上把座位让给女士，到朋友家中做客要先与女主人打招呼等。尊重、礼让女士是一种礼貌和教养，也是一种形象和风度，在涉外商务活动中不可轻待之。

女士优先

礼让女士（视频）

视野拓展

"女士优先"的由来

"女士优先"的传统起源于欧洲中世纪的骑士之风。当时，骑士为贵妇人开道，勇战匪徒，为贵妇人吟唱英雄史诗，为贵妇人决斗并接受对方的赞美，被认为是骑士的莫大荣耀。后来逐渐演变为对女士的关爱和保护，即"女士优先"的传统。

六、遵守时间

遵守时间是古今中外公认的美好品德。"常存抱柱信，岂上望夫台"（李白《长干行》）中"抱柱信"的主角尾生，是遵时守约的典范。《庄子·盗跖篇》记载其事："尾生与女子期于梁下，女子不来，水至不去，抱梁柱而死。"德国哲学家康德有一次约好了时间拜访朋友威廉先生，虽然他提前出发，但不幸的是洪水冲垮了河上的桥梁。为了节约二三十分钟的时间以准时抵达，他不惜花重金买下一栋房子，用房子的木料修桥，最终准时赴约。

鲁迅先生说："无端地浪费别人的时间无异于谋财害命。"这句话精辟地说明了遵守时间是对别人尊重的一种重要体现，甚至是珍惜别人生命的一种重要体现。放在商务活动中，鲁迅先生的这句话更恰当，时间就是金钱，时间就是财富，时间就是生命。在商场上，人们最看重的莫过于守信，而遵守时间就是守信的一种表现。在涉外商务活动中，无论是出席会议，还是洽谈、签约，最需要遵守的一项原则就是**守时**。

据说，我国的一家企业前往日本寻找合作伙伴，经过多方努力，找到一家很有声誉的大公司。经过长时间的讨价还价，双方决定草签一个协议。正式签协议那天，由于我方人员有点事耽误了几分钟，结果到达签字厅的时候，日方人员正在等待他们的到来，他们个个衣着整齐。但是，等他们都进来后，日方人员毕恭毕敬地鞠了一个45度的躬，随后集体退出了大厅，结果可想而知。迟到几分钟导致这次合作功亏一篑，这就是不守时造成的严重后果。

守时

礼仪故事

准时是一种人格魅力[1]

被朱元璋赞为"开国文臣之首"的文学家宋濂（1310—1381），自小就喜欢读书，但是家里很穷，没有多余的钱买书。他只好向别人借书看，每次都会与借给他书的人约好还书时间，按时还书，从不违约。

据说，有一次他借到一本好书，爱不释手，还书的期限快到了，可他还没读完。为了不错过这本好书，他决定连夜把书誊抄下来。当时正值寒冬腊月，晚上更是寒冷，母亲见他的手都冻红了，非常心疼，就说："孩子，明天再抄吧，这么冷，人家又不着急看这本书。"他说："不行，不管人家看不看，约定了期限就要归还，这是信用问题，也是对别人的尊重。如果失信于人，人

---

[1] 编辑注：本文未查明出处，故事梗概与宋濂所著《送东阳马生序》中所述基本相符。

家怎么还会借书给我呢？"

　　有一次，他约好了去请教远方一位有学问的先生。谁知正要出发，突然下起了鹅毛大雪，他毅然挑起行李准备出发。家人阻止他说："这么糟糕的天气怎么能出门呢？先生那里恐怕早已大雪封山了，你会被困在路上的，再说，你的旧棉袄根本抵挡不了山里的严寒。"他坚定地说："要是今天不出发，就会耽误了求教的日子，这样我就失约了，那就是对老师的不尊重啊！所以，不管风雪多大，我都得马上上路。"

　　当他如约到达先生家里后，先生连连称赞，不仅给予他很大的帮助，还毫不犹豫地将自己心爱的藏书送给他。

　　点评：明代文学家宋濂为准时赴约而历经千辛万苦，排除千难万险，至今为国人所称颂。商务人员在涉外商务活动中，信守约定，准时赴约，既是对对方的尊重，也是对自身形象和国家形象的维护。

七、热情有度

　　热情是指在待人接物过程中的一种热烈的情感。中华民族在数千年的文明进程中，在待人接物上形成了热情待客的礼仪。然而，"百里不同风，千里不同俗"，中西方在历史文化、待人处事、风俗习惯等方面存在一定的差异。涉外商务人士要把握好商务活动的度，在商务交往中，待人要热情有理，不能淡然而冷漠，但也不能过于热情，给人唐突之感。也就是说，商务人士在待人接物时要**热情有度**，这既是涉外商务礼仪的一项原则，也是涉外商务人员游刃于商海的制胜法宝。

第二节　涉外商务礼仪的基本特点

　　世界上不同的国家和民族，在各自长期的商务活动中形成了各具特色的礼仪文化。例如，德国商人很注重工作效率，同他们洽谈业务时，严禁闲谈；与美国人洽谈业务时，不必过多地握手与客套，贸易谈判可直截了当地进入正题，甚至在吃早点时也可开始。这些各具特色的商务礼仪文化汇聚成了人类共有的商务礼仪文化。

　　商务人员开展涉外商务活动，既要认识到商务礼仪文化的差异性，又要给予对方充分的包容；既能了解商务礼仪文化的多样性，又能看到发展的趋同性。正是这种差别与包容、多样与趋同构成了涉外商务礼仪的特点，其具体表现如下。

一、差异性

　　世界各国家、地区不仅在举止、表情上拥有不同的含义，而且在待人接物方面也表现出差异性。

　　（1）点头表达含义的差异。在中国、美国等国家，点头表示"是"（Yes），而在印度、尼泊尔等国家可能表示"不"（No）；在日本点头不代表同意，只表示对讲话者的尊重与理解。作为公司的谈判高手，冯经理被委任为首席谈判代表和日本公司谈判。这是公司拓展国际业务后的首次重要谈判，冯经理自信满满，却以失利而结束。究其原因，谈判中冯经理一行高兴地发现，每当他们提出一个意见时，日方代表都微笑点头。他以为这次谈判特别顺利，"日本人很讲究效率"。直到他拿出合同

> **视野拓展**
>
> 　　印度、尼泊尔等国家点头表示"不"只是一个相对笼统的说法，该地区人士交流时，头部动作的含义相当复杂。读者如有兴趣，可看一下印度小伙做的演示视频。
>
>

样本给对方时，才震惊地发现，日本人并没有同意他们的任何条款！这一下子把他们的节奏全打乱了。原因是以讲究礼仪著称的日本人，在谈判中的点头仅仅是一种礼貌，表示"我听到了"，并不表示对方同意你的任何观点。

（2）对待时间态度的差异。同样是美洲，北美洲人与拉丁美洲人对待时间的态度就有很大的差别。北美洲人一旦定下约会时间，会很守时。拉丁美洲人则认为实际情况比事先约定的时间更重要，迟到只是小事。

（3）商务邀请的差异。我们认为最佳的朋友相聚时间是节假日或周末，喜欢在此时和商业伙伴欢聚一堂，以拉近彼此的关系。但欧洲人则正好相反，他们不喜欢在节假日接受邀请。他们认为节假日是自我放松和休闲的时间，应该与家人团聚。如被邀赴约，特别是因为公务被邀约，他们会认为对方干涉其私生活，有意妨碍他人休息，对个人不够尊重。所以，商务人员在涉外商务活动中，在了解对方文化习惯的同时，理应合理安排日程和时间。

在涉外商务活动中，既要知彼知己，了解双方的差异所在，又要在交往中以礼待之。这样才能有效地打开交往的大门，才能有助于交往的成功。

🎓 礼仪故事

中德文化差异

一个中国人在法兰克福着急赶路，中途向德国人打听还要走多久才能抵达目的地。德国人看着他一言不发，中国人以为对方听不懂自己说话，便低头继续赶路。不承想没走几步，那个德国人便追上来告诉他，大概二十分钟就能到了。中国人觉得好奇，问他为什么刚才不回答。德国人认真地说："我不知道你走路的速度，怎么能估算出时间呢？"

点评： 一件小事却折射出中德文化的差异。商务人员在涉外商务活动中，既要认识东西方文化的差异，又要尊重差异，还要入乡随俗。

视野拓展

除了常见的握手和我国传统的拱手外，还有什么样的见面礼节？

二、多样性

世界上不同国家、地区、民族在其历史发展过程中形成了不同的思维方式、处事风格、审美态度、价值取向等。因而，在面对同一事物时会表现出多种多样的处理方式。例如，眼睛是与他人交往中最能传情达意的，但在不同国家、地区，眼睛所传达的是不同的情和不同的意，可谓千奇百怪（见表10.1）。

表10.1　千奇百怪的眼睛交流礼仪

方式	某国家（地区）的人	具体内容
直视	美国人	直视他人交谈表示真诚自信
	阿拉伯人	倾听尊长或宾朋讲话时，两眼总要直直地注视着对方，以示敬重
	日本人	交谈时，往往恭恭敬敬地注视着对方的颈部，以示礼貌
远视	南美洲的一些印第安人	与亲友或贵客谈话，目光总是向着远方，似东张西望状；如对三位以上的亲朋讲话，则要背向听众，看着远方，以示尊敬
眯眼	波兰亚斯沃等地区	已婚女子同丈夫的兄长交谈时，女方要始终眯着双眼，以示谦恭
眨眼	安哥拉基母崩杜人	贵宾光临时，总要不断地眨着左眼，以示欢迎。来宾则要眨着右眼，以表答礼
挤眼	澳大利亚人	路遇熟人时，除了说"Hello""Hi"以示礼遇之外，有时要行挤眼礼，即挤一下左眼，以示礼节性招呼

事实上，在涉外商务场合与他人交流，不仅用语言和眼神，手势、体态等也常常运用于交往中。商务人员身处不同国家，要与不同对象有效地交流，只有准确认知而又区别对待，有的放矢而又以礼待之，才能高质、有效地开展商务活动。

微课堂

多姿多彩的饮食文化

重点提示

附录 1、附录 2 和本章及前文简要介绍了个别国家和地区或群体的风俗习惯，这种刻板印象是社会化的结果，同一群体中的个体由于经历了相似的社会化过程，自然也容易形成类似的刻板印象，学习附录中介绍的相关知识有助于与来自不同群体的人沟通。

但读者应注意文化是复杂的，各民族、各国家的文化都不是单一的，也不是一成不变的，具体到每个人又有其个性特点。意大利人灵活多变、德国人负责任、英国人乐于助人、荷兰人谨慎等描述放在具体的个人身上可能不适用，这需要多沟通、多了解，遵循"入境而问禁，入国而问俗，入门而问讳"的原则，方可降低触碰涉外商务礼仪"雷区"的概率。

视野拓展

印度、巴西、俄罗斯、南非和我国并称为金砖五国，其他四国是我国对外经济交往避不开的市场。但对于欧美发达国家，因篇幅所限本书介绍较少。

推荐读者业余时间观看2012年中央电视台9集纪录片《金砖之国》，体会、总结这四个国家的商务礼仪特点。

三、趋同性

毋庸置疑，21 世纪世界各国商业贸易的往来，比历史上的任何一个时代都要频繁。随着商业交往的日益增加，商务礼仪规则也在相互接触和交往中逐渐融合与趋同，如握手礼，几乎成为世界通行的见面礼。

当然，在享受趋同性带来的便利的同时，还要注意差异性，如同样是握手，南亚不少区域忌讳用左手（只用右手）。由于世界礼仪存在多样性、差异性，涉外商务交往中偶有失误也不必过于自责，道歉后只要遵循真诚、友善的原则，对方一般会给予谅解。

四、自律性

生为社会人，每个人都要有良好的自律性。商务人员不管是在国内还是在国外，很重要的就是在遵守规范礼俗的同时要严格自律。无论是在谈判桌还是在洗手间，无论是在正式场合还是在非正式场合，无论交往的对象是董事长、总经理还是餐厅的接待员、洗手间的清洁员，在任何场合，与任何人打交道，在言语表情、举止行为、穿着外貌等方面注意细节，处处约束自己，这不仅是对他人的尊重和礼貌，也是自身人格和修养的体现。严格自律的形象会赢得他人的尊敬和友好相待，有助于商务交往取得成功。

礼仪故事

我国加入世界贸易组织首席谈判代表龙永图曾给人们讲过他在瑞典经历的一件小事，这件事给他留下了深刻的印象，也格外耐人寻味。

在瑞典，龙永图和几个朋友去公园散步，中途去卫生间时，听到隔壁隔间里发出"砰砰"的响声，他心中有点纳闷：究竟是什么声音？为什么会发出这种声音？

当他从卫生间出来后，一位女士焦急地迎上来，询问有没有在卫生间里看到她的孩子，她的孩子进卫生间都十多分钟了，还没有出来，她又不能进去找。龙永图想起刚才隔壁隔间里奇怪的声响，便又折回卫生间，打开了隔间的门，只见一个七八岁的小男孩正在摆弄抽水马桶，因为怎么弄都抽不出水来，急得满头大汗。在小男孩心中，觉得上完厕所不冲水是不能离开的，如果那样做就违背了他一向遵守的行为规范[①]。

无独有偶，胡适有一次去英国时，正逢第一次世界大战停战纪念日。纪念的方式是撞钟，听到钟声的人都要停下手头工作，静默 1 分钟。胡适看到一个漆匠提着油漆登梯子上墙，这时钟声响起，漆匠一只手扶梯，一只手提着漆桶，停在梯子中间，低头静默。过了 1 分钟，他才提着漆桶，继续工作。这种不欺暗室的自觉让胡适感到震惊。

五、包容性

世界众多国家和民族在长期的生产和生活中，共同绘制出一幅绚丽多彩的民俗风情画卷。千姿百态的民俗、礼俗，无不体现在现代商务活动和人们的相互交往之中。

一位英国公爵曾经主持了一个招待当地居民代表的宴会。在宴会结束的时候，侍者为每位客人端来了洗手盆。让人意想不到的是，当客人看到那做工精巧的银质器皿里盛着亮晶晶的水时，以为是皇室的待客之道，便端起盆来将水一饮而尽。这一举动让英国贵族们目瞪口呆，不知如何是好，只好愣愣地看向温莎公爵（爱德华八世，1894—1972）。温莎公爵神色自如、不露声色，一边与客人继续谈笑风生，一边也端起面前的洗手盆，仰起头来将水一饮而尽。于是，大家纷纷端起面前的洗手盆将水一饮而尽。宴会在热烈而又祥和的气氛中取得预期的成功。

一场险生尴尬的宴会，在温莎公爵的包容和机智处理下取得了成功。无独有偶，据英国《每日邮报》2012 年 2 月 28 日报道：德国总理默克尔在德国北部城市戴明出席一次宴会活动时，一位侍者不小心将五杯啤酒全部洒在她的背上。她一开始吓了一跳，但很快平静下来，随后像没事发生一样举杯祝酒。由此可见，包容不仅是避免尴尬的良药，也是一种尊重、一种体谅。商务人员在涉外商务活动中，尤其在正式商务场合，包容对方的失态、失言、失意，不但能避免不愉快场面的出现，而且能促进双方的合作，从而迈向成功的大门。

第三节　涉外商务礼仪之道

广义的涉外商务活动包括出国准备、付小费、参观、赠送礼物，甚至出入公众场合等。商务人员在处理这类商务事务时，要有的放矢，讲究技巧，遵守礼节。

一、准备工作充分细致

开展涉外商务活动一定要做好准备工作。准备工作包括预订酒店、安排接机、设定行程，准备中英文的名片、必要的文件、有单位或公司抬头的信纸信封、出国证件以及一些重要的、不是随处都能买到的物品。这些都需要提前规划，做到心中有数。

由此可见，商务人员出国前的准备工作一定要有的放矢、做精做细。由于世界民俗多姿多彩，各国待客习惯千差万别，商务人员出国前对所去国家的风俗习惯、特殊规定等都应了如指掌。比如，欧洲饭店内电源插头的插孔大多是圆的，电压有的国家是 110 伏，有的国家是 220 伏，有些饭店不配备牙具、剃须刀和拖鞋，有些饭店不提供电热水壶或者热开水等。只有准备工作既充分又有的放矢，才能在与各个国家的商务交往中游刃有余。

---

① 整理自杨友苏、石达平《品礼：中外礼仪故事选评》，2005 年学林出版社出版。

二、付小费的学问

在涉外商务活动中，和欧美国家打交道会比较多，小费文化和我国大不相同，这里对其进行特别介绍。

"小费"一词在英语中叫"Tips"。它来自拉丁语"gratis"，意思是"自由"。据说，小费始于18世纪的英国伦敦。当时，在一家生意红火的酒吧里，每张桌子上都放着一个硬币箱，硬币箱上写着"To insure prompt service"，意思是"保证服务迅速"。顾客放一个硬币在箱子里就可以确保得到快捷的服务。这句话的首字母放在一起就成了"Tips"。后来，向服务人员支付小费的习俗就延续下来并流行于世界上的许多国家。

商务人员在世界各国家、地区开展业务时，应了解和掌握所在地付小费的习惯，这样才不失礼仪。

1. 付小费的方法和比例

世界各国家、地区付小费的做法不一，支付小费的比例也有差异。有些国家或地区，如日本、新加坡、东欧国家等不收小费。即使在收小费的国家，也并不是所有场合、所有服务都需要付小费。例如，住旅馆时，要给打扫房间和帮你拿行李的服务员付小费，而不需要对柜台上的服务员支付小费；在餐馆用餐时，要给上菜的服务员付小费，而不必对领班服务员支付小费；要给理发师和美容师付小费，而不必对售货员和自助洗衣店里的服务员支付小费；在机场、车站和码头，需要搬运工搬运行李时，就要给搬运工付小费。

在习惯上，凡是站柜台的服务员一般不收取小费，如咨询处工作人员、售票处职员，画廊、博物馆等处的导游，电梯司机，警察、海关检查员、大使馆职员、政府机关职员等公务人员都不必向其支付小费。特别值得注意的是，在美国，根据美国邮政总局的规定，给送信人小费是非法的。

视野拓展

小费的起源与发展

美国小费支付常识

2. 付小费的场合和惯例

对涉外商务人员来说，了解付小费的场合和惯例是很重要的。付小费的场合和惯例如表10.2所示。

表 10.2　付小费的场合和惯例

场合	对象	标准
机场、车站、码头	行李搬运工人	按照行李件数给，一件行李至少1美元，如果件数多，每件付25～50美分；特殊服务，就多给几美元
	出租车司机	出租车费的15%
	免费的搭载服务	一般不给小费，如工人帮搬行李通常要给2美元小费
饭店	门童	只是打开车门，可以不给小费；如叫来出租车，应给1美元小费
	接待员	刚到达就给5～20美元的小费，会受到热情的接待，每接受一次服务，付2～10美元小费，也可以在离开的时候给5～50美元的小费
	侍者领班	有的饭店的收银台上有专为侍者领班而设的独立的盒子，可以把小费直接放在里面，一般是账单金额的5%
		若这名侍者是提供专门服务的，小费应多给点，一般是账单金额的15%
	衣帽间服务员	很多酒店都设有衣帽间，提供的服务即使是免费的，也可以给1美元的小费；如果是收费的，可以把有零头的数额再进一位，给整数
	餐厅领班	在人满为患的餐厅里，领班给你找个不错的位置，不妨在握手的时候给对方一点小费，5～10美元不等

续表

场合	对象	标准
宾馆	客房服务员	即使已经收取服务费了，也可以给提供直接服务的人一些小费，1~5美元不等；擦鞋，50美分~1美元；清理房间，每人每晚1美元
		如没有服务费，则按账单金额的15%付小费
	盥洗室的服务员	通常50美分
理发美发		男士理发比较简单，付总费用的10%~15%就可以
		女士美发比男士复杂，需付小费的名目也多
		帮拿外套的人要付1美元，洗头、烫发的人要分别付1美元，剪发的设计师还要再付15%。一般是消费总额的10%~20%
演出或晚会侍者、领座人员		若衣帽间的收费是75美分，可以给侍者25美分的小费；如果是免费的，则对一件以上的外套每件给50美分；如果只有一件，给1美元
		领座的引导员是公开收小费的，一般是1美元

付小费

3. 付小费的技巧

当商务人员付小费时，要掌握技巧、懂得惯例。如果是给打扫房间的服务生的，只要在其离开房间时放在显眼的位置即可。切忌放在枕头底下，那样会被服务生认为是客人自己的东西忘了拿。

如果要当面付小费给行李员，最好与之握手，在表示感谢的同时将小费暗中递给他。如给导游、司机小费时，则要由团员交齐后放到信封里，派一个代表当众交给他们。

如果是在酒店，可以将小费放在茶杯或酒杯下，也可直接塞在服务员手中，但最好的方式是在付款时只将找回来的整票收起，零钱不收，就算付小费了。

当面付小费时，忌付硬币，那样会让人觉得对他不够尊重。如果与美国朋友"AA制"，一定要记住，不仅餐费是各付各的，小费也是各付一半，否则会出现一些不必要的尴尬情况。

三、涉外礼物馈赠技巧

本书第三章已经介绍过礼物馈赠技巧，本部分只对涉外商务环境下的礼物馈赠技巧加以说明与补充。

（1）选取礼物，宜突出民族性和纪念性，严格控制礼品价值。例如，将极具我国地域特色的风筝、剪纸、筷子、图章、书画、茶叶等作为礼物，往往会备受外籍人士的欢迎和青睐。选择礼物的原则是既有纪念价值但又不贵重，过于贵重，会让受礼者有受贿之感。

（2）选取礼物，要避开受礼者的禁忌。每个国家、民族都有相应禁忌，应事先充分了解。不同国家的人赠送礼物的讲究与禁忌如表10.3所示。

思考与练习

在我国，馈赠礼物的禁忌有很多，而且不同地区、不同民族的禁忌也有差异，你平时注意过吗？推荐观看视频并简要了解，然后与朋友分享自己家乡馈赠礼物的禁忌。

表10.3　不同国家的人赠送礼物的讲究与禁忌

英国人	一般送价钱不贵但具有纪念意义的礼物
	不要送百合花，因为百合花意味着死亡
	收到礼物的人要当面打开

续表

美国人	送礼物要送单数，且讲究包装
	蜗牛是吉祥物
俄罗斯人	送鲜花要送单数
	用面包与盐招待贵客，表示友好和尊敬
	最忌讳送钱给受礼人，这意味着施舍与侮辱
日本人	探亲访友、参加宴请都带礼物，要用双手接送礼物，不当面打开礼物
	接受礼物后，再一次见到送礼的人一定要提及礼物的事并表示感谢
	礼物忌送梳子，因为日语中梳子的发音与"死"相近。也不要送带有狐狸和獾图案的礼物。一般人不要送菊花，因为菊花一般是王室专用花卉
法国人	送花不要送菊花、杜鹃花以及黄色的花
	不要送带有仙鹤图案的礼物，不要送核桃。因为对法国人来说，仙鹤是愚蠢的标志，而核桃是不吉利的

（3）重视礼物的包装。赠送礼物一定要重视礼物的包装，这也是对对方的一种尊重。另外，包装盒或纸的颜色、图案的选取要考虑受礼人遵从的习俗与禁忌。

（4）注意赠送礼物的时间。一般情况下，应避免在商业交易正在进行时赠送礼物。与日本人做生意，一般要等对方先送礼物，己方方可回礼，如己方赠礼在前，日本人会觉得有失面子。在与阿拉伯国家的商人交往时，见过几次面后，再赠送小礼物才妥当。

（5）注意赠送礼物的地点。礼物的赠送地点要注意公私有别。一般而言，公务交往所赠送的礼物应在公务场合赠送；在谈判之余，商务活动之外或私人交往中赠送的礼物，则应在私人居所赠送。

四、商务参观的礼节

在涉外商务活动中，当中外双方有合作意向时，商务参观往往就成为商务活动的一种形式。一般而言，商务参观分为两种：一种是为完成某一考察计划而进行的实地参观，这种参观通常由参观者自己事先计划好；另一种是东道主为客人准备的参观。

无论哪一种参观，要实现预定的目标、取得有效的效果，在参观之前，都必须做好充分的准备，甚至需要制订专门的参观计划。

参观是一个学习交流的过程，也是一个体现礼貌修养的过程。商务人员在参观过程中应有的礼节表现为以下两方面。

> **视野拓展**
> 参观计划内容包括：一是参观项目，二是参观人数，三是负责人及工作人员，四是起止时间，五是交通工具，六是餐饮住宿，七是安全保卫，八是费用预算。

（1）认真聆听。一般来说，参观地都配备讲解员。讲解员在讲解过程中，参观者应有序而行，神情专注，认真倾听所介绍的情况，不能走马观花、心不在焉。适当提问是会受到欢迎的，但不应贸然打断对方的讲述。如确有疑问，应在合适的时候礼貌提问。

（2）遵守规定。有些参观场所是限制参观者携带某些物品自由出入的。对这样的规定，参观者一定要自觉遵守，不要抱有侥幸心理携带这些物品。有的参观项目对录音、拍照、摄像用具等都有明文的禁止或限制，参观者要自觉遵守。

五、公众场所礼仪细节

在涉外商务活动中，商务人员经常会出入公众场所，然而有些商务人员不太在意自己在公众场所的礼节，这不但会影响自身的形象，严重的还

会阻碍商务活动的进行。以下列出商务人员在公众场所要格外注意的几个问题。

（1）不乱扔、乱吐。在公众场所不能吸烟、不能随手乱扔物品、不能随地吐痰，这些都是衡量个人素质的重要方面。

（2）自觉排队，不能插队。世界上多数国家都有自觉排队的习惯，公交车站、火车站、地铁站，都可以看到人们一个接一个地排队。很多人认为，插队是一种令人不齿的行为。

（3）乘扶手电梯靠右站，以方便有急事的人能从左侧走过去（"左行右立"曾是世界上绝大部分地区通行的礼仪规范，因会造成电梯两侧磨损不均，近来有取消这一规范的呼声）。

排队

（4）购物时不要随意砍价。有些人在国内购物时习惯讨价还价，但在国外情况可能会不同。在欧美发达国家，传统上人们不喜欢讨价还价，购物前最好提前了解是明码标价还是可以砍价。

（5）要注意谈吐。公众场所要遵守谈吐礼节，说话声音不要太大，高谈阔论会给他人粗鲁无礼的感觉，而且有碍他人。打招呼在称谓上要使用规范的尊称，说话要讲礼貌用语，力戒不雅的言语，还要注意不要随心所欲地议论别人、不要随便打断别人的谈话等。

（6）要注重衣着。在公众场所要注重自身仪表的干净整洁，身上没有异味，服饰选择要得体。

本章要点

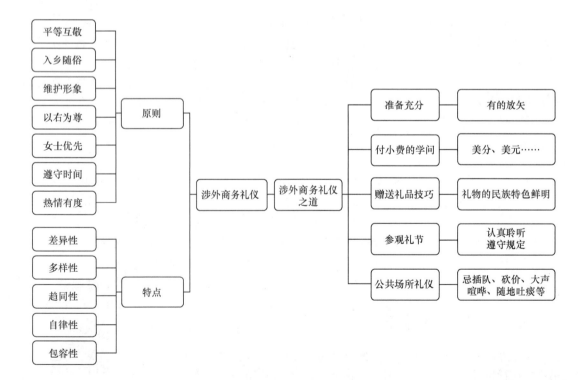

知识巩固与礼仪训练

一、知识判断

1. 礼仪不仅代表个人的形象，也是一个国家的国格和形象的体现。 （ ）

2. 在北京飞往瑞士的商务旅途中，你的身边坐着一位看书的亚洲人，你坐下后一声不吭，视而不见。 （ ）

3. 无论何种礼仪，"女士优先"是一个普遍的原则，商务礼仪也不例外。 （ ）

4. 在国际通行礼仪中，尊重女性体现在生活的每个角落。例如，走路时男士走在外侧以保护女士；乘坐飞机、火车时，男士主动帮助女士提拿沉重的行李。 （ ）

5. 王×与法国客户一起去咖啡厅用餐，当服务员把餐具送上来后，王×看到盘子上有污迹，就让服务员重新换了一套。 （ ）

6. 在涉外商务交往过程中，与欧美人闲聊时可论及双方工资待遇问题。 （ ）

7. 王×到美国后在总公司附近找了酒店住下，她将一定金额的美元作为小费放到房间床头柜上，等服务员前来打扫卫生时让其自行取走。 （ ）

8. 刘×到美国在酒店住下后，尊重入乡随俗的原则，把小费放枕头下，让服务员取走。 （ ）

9. 有些人在公共场所不拘小节，例如，乘坐地铁时跟朋友大声交谈。 （ ）

10. 日本人商务见面一般都互致问候，脱帽鞠躬，尤其在初次见面时，会相互鞠躬，交换名片，一般不握手。 （ ）

11. 与英国客户约会需事先安排，准时赴约，也可以稍稍晚到，但不可以很早到达。 （ ）

12. 与法国客户打交道，要事先了解法国人的喜好和忌讳。例如，忌讳"13""星期五"，忌讳男人向女人送香水。 （ ）

13. 商务出差应邀到美国朋友家中做客，当上菜之后，客人一般要等女主人动手吃后才开始吃。饭后，应等女主人先离席，客人才离席。 （ ）

14. 涉外商务赠送礼物，给印度人送礼不要送与牛皮相关的东西。 （ ）

15. 同欧洲客户交谈时，可以谈谈天气、历史、建筑和园艺，不要谈及宗教、政治等话题。 （ ）

16. 在德国，参加商宴时，吃鱼的刀叉不能再用来吃其他东西。 （ ）

二、知识问答

以5人为一组，运用所学涉外商务礼仪知识，讨论如何做到"在涉外商务活动中避免国际冲突"，然后选派代表上台阐述要点。

三、礼仪训练

1. 你的朋友要到泰国洽谈业务，请你用所学的涉外商务礼仪知识为你的朋友拟定一个礼仪事项表。

2. 对镜自我练习鞠躬礼、合十礼、拱手礼。

四、案例评析

送礼之道

　　据说，我国有一支代表团在出国之前，携带了一批 20 世纪五六十年代仿制的清代御用古铜镜作为礼物。古铜镜体积小，包装不甚精美，价格也不高。但他们每送出一枚铜镜，都会精心地向外国朋友讲解铜镜背后的故事，包括清代的宫廷礼仪、铜镜在古代生活中的作用、铜镜的制作工艺以及其装饰分别具有怎样的含义……事后证明，经过这番阐释，外国人对于这件礼物格外感兴趣。而围绕铜镜的交流，也传达了中国历史与文化的信息，很好地加深了彼此的情谊。

　　其中的一位受赠者在获得铜镜并了解了有关铜镜的知识以后，兴致勃勃地给他的朋友打电话，不但提及所得到的这枚铜镜，还绘声绘色地将代表团成员的讲解复述给他的朋友听，并且连声赞叹古代中国人生活得太精致了，恨不得立刻去中国看看……不过是一个在国内随处可见的小工艺品，经过一番文化的提炼和转述，竟然"升值"成为备受外国朋友青睐的礼物。可见在国外送礼时，历史和文化层面的表达很重要。

仿制清代古铜镜

问题：

1. 评析这一案例中的送礼之道。
2. "礼轻情意重"是否符合涉外商务交往中的礼物赠送礼仪？
3. 这一案例中是否蕴含送礼是一门艺术的道理？请阐述理由。
4. 读完这一案例，你最大的收获是什么？

附录 1

千姿百态的民俗风情

世界之大，无奇不有。不同的国家和民族在各自的地理环境、气候条件、历史文化、民族信仰的基础上形成了各自独特的民俗风情。众多的民俗风情可谓多姿多彩。仅以见面礼为例，就有握手、鞠躬、合十、拥抱、贴面颊、吻额头、吻脚、击掌、碰鼻等数十种。民俗让人类生活的大千世界绚丽多姿而又流光溢彩，商务人员如能广泛了解并自觉尊重世界各国的民俗，无疑会有利于开展商务活动。为此，下文对世界上主要国家的民俗作简要介绍。

一、亚洲主要国家的民俗风情

（一）日本

日本古称大和，后来正式定名为日本国。大和民族与中华民族的交往源远流长，其许多民俗，尤其是民间习俗受中国古代文化的影响较大。由于日本人酷爱樱花，以其象征民族精神，故日本享有"樱花之国"的美誉。日本民俗特色的主要表现如下。

1．饮食

闻名遐迩的"日本料理"的特点是多以鱼、虾、贝等海鲜为烹调原料，可热吃、冷吃、生吃或熟吃。日本料理的主食为大米，逢年过节或过生日时，日本人喜欢吃红豆饭。他们还喜欢吃酱、喝酱汤，餐前餐后一杯清茶，方便食品有"便当"（盒饭）和"寿司"等。

在日本，人们普遍喜欢喝茶，形成了"和、敬、清、寂"四规的茶道。茶道具有参禅的意味，重在陶冶人们的情趣。它不仅要求幽雅自然的环境，而且还有一整套的搭配点心和泡茶、献茶、饮茶的具体方法。

饮食方面有很多忌讳，如用筷八忌：忌舔筷、迷筷、移筷、扭筷、掏筷、插筷、跨筷、剔筷。

2．服饰

日本的民族服饰为"和服"，在正式隆重的场合以穿"和服"为最高礼节。"和服"宽袖、开衿、束腰、宽带，穿"和服"时，应着木屐或草屐。

3．交际

日本以注重礼节而闻名。日本人见面时，要互相问候致意，鞠躬礼是普遍的施礼致意方式。鞠躬礼又称屈体礼，分为"站礼""坐礼"。行"站礼"时，两手自然下垂，手指自然并拢，身体前倾 90 度、45 度或 30 度。"坐礼"一般在日式房间的榻榻米上进行。常见的有三种：①指尖礼——端正地跪在榻榻米上，双手垂在双膝的两侧，指尖着席地，身体略微前倾，多用于接受晚辈施礼和向对方请教问题时。②屈手礼——双手撑地，身体前倾 45 度，脸基本向下，多用于同辈之间以及向对方请教问题时。③双手礼——双手手掌向前靠拢着席地，脊椎和脖颈挺直，整个身子向前倾伏，甚至达到面额着席地的程度，多用于下对上或对尊贵客人时。

　　与人告别时弯腰行礼是 45 度，而遇到长辈和重要交际对象时是 90 度，以示尊敬。妻子送丈夫、晚辈送长辈外出时，弯腰行礼至看不见其背影后才直起身。在较正式的场合，递物和接物都用双手。在国际交往时，一般行握手礼。

日本鞠躬礼

　　日本人在谈话时，常使用自谦语，贬己抬人；与人交谈时，总是面带微笑。

　　日本人与他人初次见面时，通常会互换名片，否则会被理解为不愿与对方交往。在一般情况下，日本人外出时身上往往会带上好几种印有不同头衔的名片，以便根据不同需求交换名片。

　　称呼日本人时，可称为"先生""小姐""夫人"，也可在其姓氏之后加上一个"君"字，将其尊称为"某某君"。

　　日本人见面时除了行间候礼之外，还要问好致意，见面时多用"您早""您好""请多关照"，分手时则用"再见""请休息""晚安"等用语。

视野拓展

泰国合十礼（图）

（二）泰国

　　泰国被称为"千佛之国"，大部分人信奉佛教。

1. 饮食

　　泰国人喜食辛辣、新鲜食物，不爱吃过甜或过咸的食物，也不爱吃红烧的菜肴；不喝热茶，不喝开水，直接饮用冷茶或冷水，饮果汁时习惯加少许盐或辣椒粉。

2. 宗教信仰

　　佛教在泰国人生活的各个方面都发挥着重要作用，具有较大影响。泰国采用佛历。泰国男子年满 20 岁后都要出家一次，当 3 个月的僧侣，即使国王也不例外，以表示对佛的虔诚，否则会被人看不起。几乎所有泰国人的脖子上都佩戴有佛饰，用来趋吉避凶。

3. 交际习俗

　　由于信奉佛教，泰国人一般在交际应酬时不喜欢握手，而是行带有佛门色彩的合十礼。行合十礼时，需站好立正，低眉欠身，双手十指相互并拢，并且问候对方"您好！"，合十的双手举得越高，越表示对对方的尊重。行合十礼时，晚辈要先向长辈行礼，身份、地位低的要先向身份、地位高的行礼，对方随后还之以合十礼，否则会被认为失礼。

　　泰国人很有涵养，总喜欢面带微笑，所以泰国也有"微笑之国"的美称。在交谈时，泰国人总是低声细语。与泰国人交谈不要非议佛教或对佛门弟子有失敬意，特别是不能对佛祖表示不恭。到泰国人家里做客一定要脱掉鞋子，否则便是对主人的不尊重，且会被看成一种不礼貌的行为。有趣的是，客人脱掉的鞋子不可随便放置，要根据客人的身份和地位放在门前的不同台阶上。最受欢迎的客人，鞋子要放在最上面的一个台阶，而身份低微的客人，只可将鞋子放在最下面的一个台阶，可谓等级森严。

（三）印度

印度是个多民族的国家，信奉多种宗教，有的人信奉印度教，有的人信奉伊斯兰教，有的人信奉佛教、锡克教等。因此，印度的民俗礼仪比较繁杂。

1. 服饰

印度人的服饰因教派不同而有所区别。一般来说，印度教男信徒上身穿"吉尔达"，下身穿"陀地"，女信徒着"纱丽"。伊斯兰教女教徒戴面纱，长袍遮身。锡克教男子常以白布缠头。

2. 交际

印度人与人交谈时，其首语与我国意思相反，点头表示"不同意""不是"，向左摇头或歪头表示"是""同意"。印度人一般用右手递接东西，不用左手，也不用双手。印度妇女一般不见陌生男子，也不在公共场合露面，不轻易接触外人。妻子送丈夫出远门，常摸丈夫脚跟和吻脚，以示祝福。

在印度，"视牛如神"和"打夫节"的习俗极具民族特色。

（1）视牛如神。据说，印度有两亿多头牛。牛是印度教徒奉若神明的动物，任何人不能伤它丝毫。在这里，牛可以说是"逍遥自在"。人们在路上碰到这些牛，不能赶它们，相反要自动让路。有人说，在印度开车，看到牛要格外小心，若撞伤了牛可就麻烦了。

在印度，若要进入印度教的寺庙，身上绝不可以穿用牛皮制作的东西；女性在这种场合尤其要注意不要携带牛皮制品，以免发生争执。

（2）打夫节。每年 12 月的第一个星期天，是印度传统的"打夫节"。"打夫节"就是用棍子打丈夫出气的节日。这个节日在印度已有数百年的历史，在北部一些地区至今仍然流行。打夫节的活动往往要进行一整天，不仅妇女们喜爱这个节日，男人们对此也十分重视。

节日当天，男人们一早就起床，沐浴更衣。早饭后便聚集在一起唱歌、跳舞，并结伴来到村外林子里，做好挨打前的自我保护工作。先砍下树条，扎成盾牌，缚上牛皮；然后用棉布将头、手、臂膀及背部厚厚地缠好。一切准备妥当后，又回到村子里，美美地睡一觉。下午醒来，男人们先喝几杯自家酿制的水酒壮胆，做好挨打的思想准备，然后列队来到晒场。

打夫活动开始后，先是一个女人打一个男人（一般是妻子打丈夫），随着围观者的欢呼、助威声越来越高，便开始乱打一气。平日里作威作福的男人被打得最凶，男人们一个个乖乖地在地上挨打，有的男人的盾牌都被打碎了。尽管女人用棍子狠揍男人，但很少发生打死人的事。这是因为打夫圈中有几位见证人，见证人一旦发现某位丈夫被打得受不了时，便提醒妻子手下留情。尽管妻子平日备受欺压，但此时并不计较丈夫的过错，而是心慈手软不再继续打下去。黄昏时分，一位长者（全村岁数最大、最有威望的人）宣布打夫节结束。打夫节结束后，有些妻子还要跑许多路请来医生为丈夫敷药治伤。

为什么会有打夫节？据说是因为印度妇女受尽欺压，她们生活在社会的最底层，神权、夫权如同沉重的枷锁套在她们的脖子上，让她们在一年之中有一天能出出自己心中的怨气，教训一下平日里骑在她们头上的丈夫。

二、欧美主要国家的民俗风情

（一）英国

英国的全称是大不列颠及北爱尔兰联合王国，有时被称为"联合王国""不列颠帝国""英伦三岛"等。"英国"

印度打夫节

是我国对它的称呼。英国的主要宗教是基督教。英国民俗特点的表现如下。

1. 饮食

英国人的饭菜讲究简朴实惠，爱吃烤牛肉、羊肉、鱼肉、蔬菜等，喜欢清淡、鲜嫩、焦香的口味。一般一日四餐，即早点（7—9时）、午餐（中午1时）、茶点（午后4—5时）和晚餐（晚7时左右）。他们的原则是："早餐吃饱，午餐潦草，晚餐吃好。"晚餐是正餐，是一天中最丰盛的一餐。"烤牛肉加约克郡布丁"被誉为英国国菜。英国人不吃狗肉，不吃过咸、过辣或带有黏汁的菜肴。

英国人嗜茶，而且饮茶是每天必不可少的生活享受。早晨喜欢喝的红茶被称为"床茶"，上午10时左右喝"早茶"，下午4时左右喝"午茶"，晚上还来一次晚茶。英国人一般不喝清茶，一般先在杯里倒上冷牛奶或鲜柠檬，再倒茶加糖，制成奶茶或柠檬茶。

2. 服饰

英国人注重仪表，讲究穿着。男士参加社交活动要穿深色西服，忌戴条纹领带；女士要着西式套裙或连衣裙。花格裙子是苏格兰男子的传统服装。

3. 交际

英国人不喜欢被统称为"英国人"，而喜欢被称为"不列颠人"。在社交场合，英国人极其强调所谓的绅士风度，坚持"女士第一"的原则。他们十分重视个人教养，"请""谢谢""对不起""你好""再见"等礼貌用语是日常用语。握手礼是英国人使用最多的见面礼节。在一般情况下，与他人见面时，英国人既不会像美国人那样"嗨"上一声作罢，也不会像法国人那样要跟对方热烈地拥抱、亲吻，他们认为那样做有失风度。英国人注重实际，不喜欢空谈，不喜欢谈论带有政治倾向或宗教的话题。

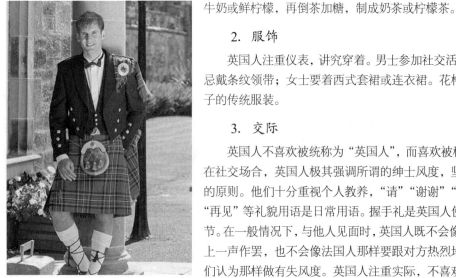

苏格兰花格裙子

（二）法国

法国的正式名称是法兰西共和国，其首都巴黎享有"艺术宫殿""浪漫之都""时装之都""花都"的美称。其主要宗教是天主教。法国的民俗特点表现如下。

1. 饮食

法国素有"烹调王国"的美誉。其烹饪特点是香浓味厚，鲜嫩味美，注重色、形和营养。法国人吃的菜比较生，牛排、烧羊腿只需烧到七八成熟，鸭只烧到三四成熟，牡蛎一般生吃。据经济合作与发展组织2009年5月4日发布的名为"社会万花筒"的研究结果表明，法国是18个经合组织成员中在吃饭、睡觉上花时间最多的国家，其中每天吃饭的时间大约为2小时15分钟，是美国人的一倍还多。

法国人也有饮酒冠军之称。他们好饮，但有节、有度。他们懂酒道，不同的场合喝不同的酒，不同的酒用不同的杯，不同的酒配不同的菜，不同的酒该怎么喝都有一定之规。

2. 服饰

法国时装在国际上享有盛誉，巴黎拥有许多世界著名的时装大师，每年都在世界各地举办时装展销会。法国人注重服饰的华丽和式样的更新。在他们看来，时装代表时代的潮流，代表一个人的修养、地位、身份等。

3. 交际

法国人重礼仪，当今欧美流行的许多社交礼仪规范都出自法国。据考证，法国是世界上最早使用亲吻礼的国家，且使用频率最高。法国人使用的亲吻礼，主要是相互之间亲面颊或贴面颊。至于吻手礼，则主要限于男士在室内象征性地吻一下已婚女士的手背，但少女的手不能吻。

与法国人交往，称呼对方时宜称其姓，并冠以"先生""小姐""夫人"等尊称。唯有区别同姓之人时，方可姓与名兼称。熟人、同事之间，可直呼其名。对拥有教授或工程师头衔的，以其头衔相称。

法国人自尊心强，很重视本国的语言。在交往中，若发现跟自己交谈的人会说法语，却使用了英语，其肯定会生气；但也忌讳别人讲蹩脚的法语，认为这是对其祖国语言的亵渎。与法国人交往时，若不能熟练地讲法语，最好讲英语或借助翻译。法国人自由浪漫，时间观念不强，喜欢度假，享受生活，爱好聊天，但在公共场合往往注意律己、尊敬他人。

（三）德国

德国的全称是德意志联邦共和国。在世界上，德国具有"经济巨人""欧洲心脏""出口大国""啤酒之国""香肠之国"等美称。德国的民俗特点表现如下。

1. 饮食

德国人讲究饮食，最爱吃猪肉，其次才是牛肉。用猪肉做成的各种香肠令德国人百吃不厌。德国人爱吃冷菜和偏甜、偏酸的菜肴，对过辣或过咸的菜不太欣赏。德国人喜欢喝啤酒，人人都可能是海量，也很喜欢喝咖啡、红茶、矿泉水。

2. 服饰

德国人在穿着打扮上的总体风格是庄重、朴素、整洁。他们不容易接受过分前卫的服装，不喜欢穿着过分鲜艳花哨的服装，并对衣冠不整、服装不洁者难以忍受。德国人在正式场合露面时，必须穿戴整齐，衣着一般多为深色。在商务交往中，男士讲究穿三件套，打领带，穿深色鞋袜；女士穿裙式服装，并配以长筒袜。公共场合，几乎看不到穿性感上衣和超短裙、佩戴过多的首饰的女士。

3. 交际

在社交场合，德国人通常采用握手礼。他们比较看重职衔、学衔，不喜欢别人直呼其名，喜欢称头衔。德国人遵守纪律、自觉维护公共秩序的意识很强，即使是深更半夜开车遇红灯，他们也会毫不犹豫地停下来。遵纪守法的人，会受到德国人的敬重。

在欧洲人中，德国人十分遵约守时。德语中有一句话"准时就是帝王的礼貌"。德国人邀请客人，往往提前一周发邀请信或打电话通知被邀请者。如果打电话，被邀请者可以马上口头做出答复；如果书面邀请，也可通过电话口头答复。但不管接受与否，应尽可能回复早一点。如果不能赴约，应客气地说明理由。既不赴约又不说明理由是很不礼貌的。官方或半官方的邀请信，往往还注明衣着要求。接受邀请后如中途有变不能如约前往，应早日通知主人，以便主人另作安排。如因临时问题，迟到 10 分钟以上，应提前打电话通知。

看电影如迟到，德国人可以平常对待，但在听音乐会时迟到，则会令他们极为反感。音乐会迟到者最好等到一幕或一个乐章结束后再入座。如等不及，需慢慢走到座位上，千万别走错排次，并且要对站起来让路的人轻声说"谢谢"。

（四）美国

美国全称为美利坚合众国，是一个典型的移民国家，其主要的宗教是基督教和天主教。美国人以不拘小节闻名于世。美国的民俗特点表现如下。

1. 饮食

美国人喜食"生""冷""淡"的食物，不太讲究形式与排场，但强调营养搭配。其一般以肉食为主，喜食牛肉、鸡肉、鱼肉和火鸡肉等，很少吃羊肉，也不吃生蒜、韭菜、皮蛋等。在美国，快餐十分流行，热狗、炸鸡、三明治、汉堡、冰淇淋很受欢迎。美国人爱喝矿泉水或冰水，不喜欢喝茶。美国人用餐有以下六个注意事项：①不允许进餐时发出声响；②不允许替他人取菜；③不允许吸烟；④不允许向别人劝酒；⑤不允许当众宽衣解带；⑥不允许议论令人作呕之事。

2. 服饰

美国人在穿着上比较随意。崇尚自然，偏爱宽松，展现个性，是他们穿着打扮的基本特征，但在不同场合穿不同的服装，仍有一定之规。如在办公室或商务谈判场合，需穿西装或套裙，并要保持服装的整洁和配套。在宴会或舞会上，必须穿礼服。女士不宜穿睡衣、拖鞋会客或外出等。美国人在服饰方面也有六个注意事项。

（1）美国人非常注重服装的整洁。

（2）拜访美国人时，进了门一定要摘掉帽子并脱掉外套，他们认为这是一种礼貌。

（3）美国人十分重视着装细节。

（4）在美国，一位女士要是随随便便地在男士面前脱下自己的鞋子，或者撩动自己裙子的下摆，往往有成心引诱对方之嫌。

（5）在美国，出入公共场合时化艳妆或在大庭广众下化妆、补妆，不但会被人视为缺乏教养，而且还有可能令人感到"身份可疑"。

（6）在室内依旧戴着墨镜的人，往往会被美国人视为"见不得阳光的人"。

3. 交际

美国人为人诚挚、乐观大方、性格开朗、善于攀谈、喜欢社交。他们与人交往时讲究礼仪，但没有过多的客套。朋友见面，说声"Hello"就算打招呼。社交场合一般行握手礼，熟人则施亲吻礼。较熟的朋友常直呼其名，不喜欢称官衔。但对于能反映对方成就与地位的头衔、职称，如"博士""教授""律师""法官""医生"等却乐于称呼。经常说"请原谅"等礼貌用语。

美国人崇尚自立、理性，视法律为神圣，几乎事事都要签合同、定契约，并按合同规定办事。注重隐私，不愿被问年龄、收入、信仰、健康状况、婚姻状况等。注重平等待人，包括对子女也惯于平等相待。讲究女士优先，尤其是在社交场合。在美国要拜访别人，在一周之前要打电话预约，贸然到访是不礼貌的。约定时间后必须准时到达。

（五）加拿大

加拿大作为国名，出自当地土著居民的语言，本意是"棚屋"。由于境内多枫树，素有"枫叶之国"的美誉。加拿大国民多是英、法移民的后裔，多数信奉天主教。加拿大的民俗特点表现如下。

1. 饮食

加拿大饮食习俗上与英、法两国相近，以肉食为主，偏爱法式菜肴，口味比较清淡，爱吃烤制食品。忌食肥肉、动物内脏、腐乳、虾酱及带有腥味、怪味的食物。一日三餐中，加拿大人同样最重视晚餐，并有邀客到家共进晚餐的习惯。

2. 服饰

参加社交活动时，加拿大人十分注意仪表。男子大都事前理发、修面，女士则适度化妆，并选戴得体的首饰。在日常生活中，加拿大人的着装以欧式为主，上班时一般着西装、套裙，正式社交时一般穿礼服或时装，休闲场合则自由着装，节假日时穿自己传统的民族服装。在服装配色上偏爱浅蓝、火红和金黄。

3. 交际

加拿大人性格开朗热情，对人朴实友好，容易接近，讲究礼貌，但又喜欢无拘无束，不爱搞繁文缛节。人们相遇时，多会主动打招呼、问好，握手是其见面礼，拥抱、亲吻只用于亲友、熟人、恋人和夫妻之间。一般场合中，加拿大人称呼别人时往往喜欢直呼其名。正式场合中，会完整地称呼姓名并冠以"先生""小姐""夫人"等尊称。在官方活动中，会具体称呼交往对象的头衔、学位、职务，平时不称呼对方担任的职务。

三、大洋洲主要国家的民俗风情

大洋洲有 14 个国家，但国土面积最大、人口最多的要数澳大利亚。下面就以澳大利亚为例来介绍其民俗。澳大利亚的全称为澳大利亚联邦，具有"牧羊之国""骑在羊背上的国家""坐在矿车上的国家""淘金圣地"等美称。大部分居民信奉基督教，少数居民信奉犹太教、伊斯兰教、佛教。澳大利亚的民俗特点表现如下。

1. 饮食

饮食习惯上喜欢英式西餐，口味清淡，爱甜酸，忌辣味；喜欢食牛羊肉和鸡鱼、禽蛋等；不吃狗肉、猫肉、蛇肉，不吃动物的内脏、头和爪；爱喝牛奶，喜喝啤酒，对咖啡也感兴趣。

2. 服饰

正式场合男子多穿西服，打领带。达尔文服是流行于达尔文市的一种简便服装。妇女一年中大部分时间都穿裙子，在社交场合则套上西装上衣。无论男女都喜欢穿牛仔裤。土著居民往往赤身裸体或在腰间扎一条围巾，有些地方的土著人讲究些，把围巾披在身上。但他们注重装饰，饰品丰富多彩。

澳大利亚土著

3. 交际

澳大利亚人热情好客，待人谦逊有礼，没有等级观念；重视公共道德、社会秩序，尊老爱幼；时间观念强，赴约准时。澳大利亚的交往礼节既有拥抱礼、亲吻礼，也有合十礼、鞠躬礼、拱手礼、点头礼。土著居民行勾指礼，即相见时，让双方的中指紧紧钩住，然后轻轻往自己身边一拉，以示相亲相敬。

四、拉丁美洲国家的民俗风情

巴西是拉丁美洲面积最大的国家，下面就以巴西为例介绍其民俗。巴西是拉丁美洲的大国之一，也是世界上种族融合最广泛的国家之一，素有"人种大熔炉"之称。大多数巴西人信奉天主教或基督教。巴西的民俗特点表现如下。

1. 饮食

巴西人主要吃欧式西餐，喜欢麻辣的口味。巴西人喜欢喝咖啡，正如巴西男人几乎无一不会踢足球一样，一日三餐除早餐喝红茶外，其余每餐基本都喝咖啡。

2. 服饰

巴西人的服饰既有现代西方人的风格，又有巴西土著人的典雅。在社交活动中，大部分男士喜欢穿保守式深色西装，女士爱穿长裙。

3. 交际

巴西人坦率豪放、活泼好动、幽默风趣、感情外露。在社交场合，通常都是以拥抱或亲吻作为见面礼节，只在正式场合才以握手为礼。不仅如此，巴西还有一些独特的见面礼节流行于民间：如握拳礼，行此礼时，先握紧自己的拳头，然后向上方伸出大拇指，主要用于问候和致意。贴面礼，妇女们相见时脸贴脸，

巴西桑巴舞

虽然唇不触脸，但双方都用嘴发出亲吻时的声音。洗澡礼，这是巴西土著居民迎客的重要礼节。主人招待宾客，首先请客人洗澡。主人设法让客人在浴池里待的时间越长，表示对客人越尊敬。如果客人遇急事，无法久留，那么主人便会和他一边洗澡，一边交谈，以示惜别之意。倘若客人一天要去看望好几个亲戚朋友，那他一天就得洗好几个澡。

4. 文体

巴西人喜欢跳桑巴舞，这是巴西的一种民族舞蹈。桑巴舞节奏感强，动作激烈，感染力强。每逢节日，巴西人都会自觉或不自觉地跳桑巴舞。足球也是巴西人酷爱的体育运动。巴西人爱踢足球、谈足球、看足球，因此，巴西享有"足球王国"的美誉。

五、非洲主要国家的民俗风情

非洲共有60个国家和地区，各国、各民族风俗差异较大，因篇幅所限，下面仅介绍埃及的民俗。

埃及的全称是阿拉伯埃及共和国，是一个具有悠久历史和文明的古国。埃及多数居民信奉伊斯兰教。

1. 服饰

埃及人的服饰种类和式样繁多，而且随着社会的发展变化也很快。"米拉叶"是埃及妇女特别是农村妇女的一种很有特色的民间服饰，实际上是一块面积宽大的长方形黑色细布，绣有花边，不裁剪成固定样式，因此穿法各异。穿"米拉叶"是埃及民间女子显示身体美的方法之一。

2. 交际

埃及人采用的社交见面礼节主要是握手礼。除此礼之外，埃及人在某些场合还使用拥抱礼或亲吻礼。他们所采用的亲吻礼，往往因交往对象的不同，而亲吻不同的部位。

埃及人在社交活动中，与交往对象行过见面礼之后，往往要互致问候。"祝你平安""真主保佑你""早上好""晚上好"等，都是他们常用的问候语。埃及人热情好客，去埃及人家里做客时，要事先预约。通常晚上六点后及斋月期间不宜进行拜访。

附录2

我国少数民族民俗拾趣

我国共有 56 个民族。由于历史、文化、自然、经济生活等方面的因素，生活在不同区域的各少数民族形成并表现出鲜明的特色民俗。可以这样说，中华大地上的少数民族民俗多彩多姿、数不胜数。商务人员为了更好地开展商务活动，一定要了解少数民族的民俗、民风。这里仅撷取部分少数民族的民俗作简要介绍。

一、满族

旗袍是满族别具特色的民族服装（部分学者认为，狭义旗袍不包括满族的传统袍服）。按满族传统，男女老少都穿旗袍。男子穿的是马蹄袖袍褂，女子穿的是直筒宽袖、长衫。旗袍的式样有长短之分，短旗袍俗称马褂，只有男子穿，一般套在长旗袍外面。随着历史的变迁，改良后的旗袍渐成为我国传统服装，并为妇女所喜爱。由于旗袍非常适合我国妇女的体态、形貌和贤淑个性、民族气质，后来便成为中华民族富有特色的民族服装。

满族传统男士旗袍

满族传统女士旗袍

现代旗袍

二、蒙古族

1. 饮食

牧区以肉食为主，主要是牛羊肉、乳制品和各种蔬菜。蒙古族男子爱好饮酒，夏季饮马奶酒，平时饮"泡子"、白酒和其他烈酒。

2. 蒙古袍

蒙古袍是富有特色的传统服装，其宽大、袖子长、右衽、高领。一般下端不开衩，这种袍便于骑马放牧，有利于护膝防寒。

3. 蒙古包

蒙古包又叫毡房，是蒙古族牧民世代居住的一种圆形的住所。蒙古包由木栅栏和白毛毡构成。栅栏外包以白羊毛毡，圆形顶篷上有天窗，可打开以通风和采光。蒙古包便于拆卸和搬运。

蒙古袍

4. 那达慕

蒙古语"那达慕"是娱乐、游戏的意思。那达慕大会是蒙古族一年一度的盛会，每年七八月举行。那达慕大会的内容包括射箭、赛马、摔跤等比赛。

三、回族

1. 饮食

回族同胞在饮食方面最主要的习俗是不吃猪肉，也不吃马、驴、骡及各种野兽的肉，并且忌食一切动物的血和自死的动物。他们喜欢吃牛、羊、骆驼的肉及鸡、鸭、鹅等家禽的肉。

2. 服饰

回族同胞在衣冠上以白色、绿色或黑色为主，妇女一般戴盖头（也叫搭盖头），男子戴礼拜帽。

3. 沐浴

喜欢沐浴是回族同胞良好的卫生习惯。各清真寺都备有沐浴室，供清洁身体之用。

四、藏族

1. 饮食

藏族人民喜欢酥油茶、青稞酒，主食为糌粑、牛羊肉等。糌粑即炒熟的青稞或豌豆磨成的炒面拌以酥油或茶水而成。

2. 服饰

藏袍是藏族人民的主要服饰，其特点是袍子长及脚面，袖子宽大并长出手指一二十厘米，无口袋，无纽扣，只在腰间束一条带子；为便于活动，常袒露右臂或双臂。

3. 献哈达

献哈达是藏族人民最常见的一种礼节（严格来说应该是藏传佛教的礼节，信奉藏传佛教的蒙古族也用此礼节）。哈达是藏语，即纱巾或绸巾，以白色为主，也有浅蓝色或淡黄色的，一般长约1.5～2米，宽约20厘米。藏族人民在迎送宾客或与亲戚朋友交往中，常将哈达赠送给对方，以表示敬意和祝贺。敬献时仪式隆重，方式讲究，敬献者双手托起哈达，高举过头。

4. 藏历年

藏历年是藏族人民最隆重的传统节日。按照藏族的传统习惯，大年初一，年纪最大的长者第一个起床，他洗漱完后，到外边打来第一桶吉祥水，将牲畜喂饱之后再叫醒全家人。在举行家庭的新年仪式后，全家人围在一起喝青稞酒，吃人参果，欢度新年。按藏族的规矩，初一这一天不外出，全家人团聚在一起。从初二开始，亲戚、朋友相互拜年。藏历年期间，各地会演藏戏，跳锅庄舞和弦子舞，还会普遍举行角力、投掷、拔河、赛马和射箭等活动。

西藏水文局有关领导为三峡局测量人员献哈达
2013 年 6 月[①]

五、朝鲜族

1. 饮食

主食米饭，还有打糕、片糕、冷面等。一日三餐几乎不离泡菜和汤，口味喜辣，偏爱香、辣口味的菜肴。爱喝花茶，饭前饭后有喝冷开水的习惯，男人爱喝酒。

2. 服饰

朝鲜族人民喜穿素白色衣服，有"白衣民族"之称。男子一般多穿白色上衣，黑色坎肩，下穿肥大裤子；妇女多穿素色短衣、大长裙。

3. 歌舞体育活动

朝鲜族是一个能歌善舞的民族，唱歌跳舞不仅是青年人的爱好，连白发苍苍的老人也喜欢引吭高歌。家庭、田地、工地上常常看见朝鲜族男女轻歌曼舞。朝鲜族人民性格爽朗、活泼、富有幽默感，歌舞是他们生活中不可缺少的一部分。

朝鲜族是一个爱好体育运动的民族，荡秋千是朝鲜族妇女喜爱的传统体育活动。每到节日，人们在村头或是打谷场上竖起高高的秋千架。比赛时，一串金黄色的铜铃悬挂在高空的彩带上，谁碰到铜铃次数多，谁就是胜者。此外还有跳板、摔跤等体育项目。

朝鲜族荡秋千

六、维吾尔族

1. 饮食

维吾尔族人民的主食为面食，肉食以羊肉为主，烤全羊、烤羊肉串是其特色的风味食品，"抓饭"是特有的饮食习惯；禁吃猪、驴、狗、骡肉，以及自死的牲畜和一切动物的血。

2. 服饰

男女老少都爱戴一顶小花帽，男子身穿短衣、长裤，外罩一件对襟无扣"袷袢"长袍，系以腰带；妇女一般穿宽袖连衣裙或短上衣和裙子，喜画眉，染指甲，佩戴项链、耳环等。

---

① 图片引自长江水文西藏测量前方报道组《[西藏湖泊测量]哈达献给长江水文人》。

维吾尔族手鼓舞

3. 音乐歌舞

维吾尔族素有歌舞民族之称。在维吾尔族居住的地区，男女老少几乎人人都能歌善舞，维吾尔族的舞蹈以优美轻巧、快速多变著称。其舞蹈种类很多，有手鼓舞、铁环舞、顶碗舞、摘葡萄舞等。

七、傣族

1. 饮食

傣族的主食为大米，西双版纳等地的傣族同胞爱食糯米，喜酸味食物，不吃羊肉，男子喜欢喝酒。

2. 服饰

男子一般上穿无领对襟或大襟小袖短衫，下着长管裤，冷天外披毛毯，大多用白布或蓝布包头。妇女服饰各地差异较大，西双版纳傣族妇女上身多穿白色、蓝色、咖啡色紧身内衣，外面套以大襟或对襟的圆领窄袖短衫，下身穿颜色艳丽的长筒裙。

3. 泼水节

泼水节是傣族一年一度的盛大节日，时间在清明节前后十天左右，此时正是傣历的六月。傣历是以六月作为一年的开头，泼水节恰好是傣历的新年。因此，泼水节成了西双版纳一带傣族人民传统的年节。

按照传统的习惯，节日的清晨，男女都要淋浴，换上节日盛装，先到佛寺赕佛。赕佛就是将供品、鲜花和钱币奉献给佛王，然后在寺院内堆沙为塔，大家围塔而坐，听佛爷诵经。诵经之后，把佛寺里的佛像挂在院子里，由全寨的妇女端来一盆盆清水泼在佛像身上为佛洗尘。然后，青年男女在一起泼水，他们还跑到街上去泼过往的行人，是为了消灾灭祸。

傣族泼水节

八、彝族

彝族是一个人数较多、分布较广、历史悠久的少数民族，其具有民族特色的节日是火把节。

彝族火把节

火把节是彝族的传统节日，一般在农历六月二十四前后举行。四川凉山一带的彝族人民的火把节要持续三天。三天中各个村寨都要宰牛，吃"坨坨肉"。男人的活动主要是摔跤、赛马、斗牛、斗羊等。妇女的活动大都是唱歌、跳舞，有的弹口弦，有的向小伙子敬酒。火把节的高潮是在节日之夜，夜幕中人们举着火把边唱边跳，嘴里不时发出"吼""吼"的叫喊声。由于举火把的人很多，于是形成一条长长的火龙，闪动的火光组成各种绚丽多姿的图案，十分壮观。

附录 3

世界三大宗教礼俗与主要节日礼俗

不知道读者是否注意到，附录 1、附录 2 和本书正文内介绍各国风俗习惯时多有相同或相通之处，其实国家、民族风俗习惯除本地、本族特色外，更多来源于宗教信仰，如受藏传佛教影响的蒙古族也有献哈达礼节，世界各地的穆斯林有相似的饮食禁忌，对数字"13"的忌讳来源于基督教等。

一、世界三大宗教

1. 佛教礼俗

佛教是世界最古老的宗教之一，创立于公元前 6 世纪，创始人为乔达摩·悉达多。

我国于 1953 年成立了中国佛教协会。寺院中的主要负责人称为"住持"或"方丈"，负责处理寺院内部事务的称为"监院"，负责对外联系的称为"知客"。佛教徒中出家的男性称为"比丘"，简称"僧"，俗称"和尚"；出家的女性称为"比丘尼"，简称"尼"，俗称"尼姑"。不出家的佛教徒称居士。

> **视野拓展**
> 读者可通过中国佛教协会官网"佛学研究""佛教教育"栏目了解更多信息。

佛教仪式主要有披剃、灌顶、四威仪、受戒、合十、礼拜、顶礼、闭关、超度、追福、布萨、安居、自恣、打七、传衣、打静、忏悔、焰口等。

佛教禁忌有很多，忌以怨报怨、随意触摸佛像等，除此之外，还有五戒、十戒等戒律。五戒：不可杀生、不可偷窃、不可邪淫、不可妄语、不可饮酒。十戒：不杀、不盗、不淫、不妄、不酒、不着彩色衣服和不用化妆品、不听看歌舞、不睡高床、过午不食、不蓄财宝。

非佛教徒进入寺庙时，衣服要整洁，不能着背心、打赤膊和穿拖鞋进入。不经过寺内职事人员的允许，不可随便进入寮房以及其他不对外开放的地方。

2. 基督教礼俗

> **视野拓展**
> 读者可通过中国基督教网站和中国天主教网站相关栏目了解更多信息。

基督教又称耶稣教、新教。我国于 1954 年成立了基督教的三自爱国运动委员会，于 1980 年成立了基督教协会。

基督教的信徒之间称平信徒（教友），新教的教徒之间可称兄弟姐妹，还可称同道。教会的神职人员，按其教职可称呼主教、牧师、神父、父老等。主要仪式有洗礼、礼拜、祈祷、告解、祝福、圣事、按手礼、祝圣、圣餐、派立礼等。

基督教主要禁忌：忌拜别的神，忌造别的偶像，忌妄称上帝的名字，忌杀人、奸淫、盗窃、出假证明陷害他人，忌对别人的妻子与财物有不轨行为。到基督教徒家中做客，送给女主人礼物，数目忌"13"，日期忌星期五。

非基督教徒进入礼拜堂时衣着应整洁，谈吐应文明，在室内应免冠，不可吸烟，在宗教活动进行中，不可大声交谈、嬉笑，不可随意走动，不可鼓掌。

3. 伊斯兰教礼俗

公元 7 世纪，穆罕默德创立伊斯兰教，它主要流行于西亚、北非、东南亚、东南欧等地。其基本教义是信仰安拉为唯一的神，《古兰经》为信奉的经典。

1953 年，我国成立了伊斯兰教协会。

伊斯兰教信徒被称作穆斯林，信徒之间不分职位高低，互称兄弟。到麦加朝觐的穆斯林，称为朝觐者，在姓名前加"哈吉"。在清真寺做礼拜的穆斯林统称为"乡老"。管理寺物和办经学教育的穆斯林被称为"管寺乡老"。德高望重的、有学识和有地位的穆斯林长者被尊称"筛海"。主持清真女寺教务或教学的妇女称为"师娘"。在清真寺求学的学生称为"满拉"或"海里发"。

穆斯林遵奉"五功"，即念功、拜功、斋功、课功和朝功。忌食猪肉，禁饮酒，忌任何偶像崇拜，禁模制、塑造、绘制任何生物的图像，禁止近亲、血亲之间通婚，忌与宗教信仰不同者通婚。不戴面纱的妇女忌进清真寺。回历九月要进行斋戒，从日出到日落禁止饮食、房事。每天穆斯林要做五次祈祷，饮食时要用右手，忌用左手。殡葬要从速、从俭，不用任何陪葬物，不用棺椁，只用洁净的白布包裹遗体。

进入清真寺要注意衣着端正、洁净，不露"羞体"，不袒胸露背，不穿短裤、短裙，不吸烟，不高声喧哗，不唱歌跳舞，不讲污言秽语。

视野拓展

读者可通过中国伊斯兰教协会中文官网相关栏目了解更多信息。

二、世界主要节日礼俗

1. 新年

1 月 1 日是公元纪年的新年元旦，也是世界各国普遍通行的节日。由于各个国家、各个民族、各个地域的习俗不尽相同，迎新年的方式也就各不相同。

英国人在 12 月 31 日这一天，家家户户必须瓶中有酒，橱中有肉，否则便会认为来年要受穷。

加拿大人以白雪为祥瑞，过年节时，会在住宅周围堆一道雪墙，以祈求幸福与欢乐。

意大利人会在 12 月 31 日晚涌上街头，欢乐起舞。到午夜时分，由家人拾些旧物从窗口抛出去，以示丢掉烦恼与厄运。

法国人在 12 月 31 日夜里必须把家中剩下的最后一滴酒喝完，以迎接新一年的好日子。

德国人过新年有传统的爬树比赛。

美国人在 12 月 31 日晚，喜欢在外举行篝火晚会，午夜时，会把一些旧物扔进火里烧掉，并围火跳舞。

瑞士人过年时，会从屋外取些白雪，洒在地上压尘，然后再进行清扫。

"守岁"在世界各国是比较普遍的。除夕之夜，人们一般都要守候到新年的钟声响起。待新年到来则走亲访友，互相拜年，送贺年卡。

2. 春节

春节是中华民族的农历新年，也是全世界华人最重要的传统民族节日。中华民族这一传统节日隆重而热烈，过节时人们会贴春联、穿新衣、吃团圆饭、相互拜年。有的地方还举行庆祝仪式，舞狮子、玩龙灯。散居在世界各地的华侨、华人也把春节的习俗和文化带到了异国他乡。各驻外使领馆也会在春节期间同当地华侨、华人举行联欢活动。

3. 狂欢节

狂欢节是欧美各国的传统节日。它起源于古罗马的农神节，发展于中世纪。

狂欢节的节期，各国不一。即使同一国家，节期也不尽相同，如德国的慕尼黑于 1 月 6 日开始狂欢节，而科隆在 11 月 11 日 11 时 11 分开始狂欢节。

　　拉丁美洲的巴西是世界公认的"狂欢节之乡"，每年的 2 月中下旬开始为期 3 天的狂欢节。节日期间，巴西的主要城市到处张灯结彩，白天黑夜，无论男女老幼，人人穿盛装、戴假面具、穿旱冰鞋、踩高跷、跳桑巴舞，表演各种节目，尽情地欢度狂欢节。

4. 情人节

　　情人节为每年的 2 月 14 日，它已是欧美各国青年人十分喜爱的节日。每当节日来临，男女青年忙着挑选礼物送给心爱的人，常见的是互赠心形糖盒、饰物和香水。不仅如此，有的情侣在一起郊游，或参加各种情人舞会。

　　在我国，传统的情人节是农历七月初七的"七夕"。但如今情侣们也逐渐接受了 2 月 14 日，并在这一天互赠礼物或以其他方式庆祝。

5. 母亲节

　　母亲节起源于古希腊，现代母亲节则开始于美国费城，1907 年由名为安娜·贾维斯的女教师提出并于 1914 年由美国国会正式通过，美国总统威尔逊正式宣布把每年 5 月的第二个星期日定为母亲节。

　　母亲节是人类对女性承担延续和抚育生命责任的一种酬谢。这一天，每一位家庭成员都要做使母亲愉快的事，并向她赠送各种礼物表示祝福。目前，母亲节几乎成为国际性节日。虽然各国的日期不一，活动也不同，但有一点是共同的，都是为了表达对母亲辛勤抚育的感激之情。

6. 圣诞节

　　圣诞节一般从 12 月 24 日平安夜开始，直到次年 1 月 6 日在主显节前夜结束。欧美各国每年都要举行一个星期的盛大的狂欢活动，活动有扮演圣诞老人、摸圣诞树、送圣诞贺卡、做圣诞食品、点圣诞蜡烛、烧圣诞柴、唱圣诞歌等。在平安夜，年轻人高唱圣诞颂歌，庆祝节日。圣诞节当天，阖家团圆，共进主菜为火鸡、烤羊羔、烤乳猪的节日盛餐。

7. 教师节

　　为了尊师重教，让全社会敬重教师，世界许多国家都有教师节，如中国 9 月 10 日、泰国 1 月 16 日、委内瑞拉 1 月 15 日、也门 2 月 28 日、印度 9 月 5 日、法国 12 月 25 日、葡萄牙 5 月 18 日、德国 6 月 12 日、朝鲜 9 月 5 日、波兰 10 月 14 日、俄罗斯 10 月的第 1 个星期日等。尽管各国教师节的日期不同，但都在教师节这一天为教师送上一份祝福并举行各种各样的庆祝活动。

五花八门的禁忌

世界各个国家、各个民族在其漫长的历史发展过程中，不但形成了各自独特的民俗礼仪，而且逐步形成并确定了各种各样的民俗禁忌。这些民俗禁忌大多来源于自然崇拜、图腾、民间传说、宗教等，有的出自某些集团或个人的利益，用法律法规形式固定下来。这些民俗禁忌已成为各民族风俗习惯的重要组成部分。

"千里不同风，百里不同俗""入乡随俗""入境问禁"，商务人员不仅要熟悉我国各民族、各地区的民俗禁忌，还应了解各国家、各民族的民俗禁忌常识，尊重不同国家和民族的风俗习惯，这有助于彼此融洽相处，避免给商务合作带来不应有的障碍。

一、数字禁忌

亚洲许多国家都忌讳"4"，"4"字在这些国家的发音同"死"相近。除此之外，阿富汗忌讳"13""39"，巴基斯坦忌讳"13""420"。

欧美许多国家都忌讳"13"。在他们的观念里，"13"是不吉利的数字：宴会不能13人同坐一桌，也不能上13道菜；门牌、楼层及各种编号，都不用"13"这个数字，12层楼之上就是14层，旅馆没有第13号房间，人们往往以"12B"或"14B"来代替13；一些学生在考场拒绝13号座位；海员们厌恶在13日起航。一般人到每月13日这一天就感到惴惴不安。如果13日又正好是星期五，那许多人就更是惶惶不可终日了。1985年9月13日和12月13日均与星期五重合。这两天，西方国家有一些人借口有病全天不起床，以免发生不吉利的事。

时至今日，西方有些球队已开始用"13"作为队员的编号，有些大的团体也敢在13日星期五执行新的计划。此外，非洲的加纳、埃及等国，也视"13"为不祥。亚洲的巴基斯坦、新加坡等国也不喜欢数字"13"。

二、颜色禁忌

亚洲国家中，日本忌讳绿色，泰国忌讳褐色，新加坡忌讳白色、黑色，菲律宾忌讳茶色，土耳其忌讳花色，伊拉克忌讳蓝色，阿富汗忌讳灰色、黄色。

欧美一些国家多忌讳黑色，德国忌讳红色、黑色、茶色，比利时忌讳墨绿色。拉丁美洲一些国家忌讳紫色、黑色，巴西忌讳棕黄色。非洲国家埃及、埃塞俄比亚忌讳黑色，摩洛哥忌讳白色。

三、花卉禁忌

在欧洲，人们以花为礼时，除生日与命名日外，一般忌用白色鲜花。德国人往往忌以蔷薇为馈赠品，他们认为它是无情之花；英国人忌以白色百合花为礼花；法国人往往忌送黄玫瑰，法国传统的习俗认为，黄玫瑰象征着不忠诚。

许多拉丁美洲人将菊花视为妖花，他们忌用菊花装饰房间，忌以菊花为礼。巴西人忌用绛紫色的花为礼，因为巴西人惯以紫花为葬礼之花。日本人忌用白花探视病人，忌用山茶花送人。印度人忌用荷花送礼。

四、生活禁忌

中东、印度绝大部分人都忌用左手握手，忌用棕色物送礼或装饰。英国人忌用人像作为商品装饰。法国人忌用核桃待客或作为装饰物。意大利人忌以手帕作为礼品，忌以菊花为图案之物作为礼品。希腊人忌养猫、玩猫、爱猫。巴西人忌用黄与紫的调配色作为装饰色。

五、我国台湾地区民间送礼禁忌

商务人员与台湾同胞进行商务往来时，应懂得台湾地区民间送礼禁忌（见附表 4.1），这些禁忌中不少和福建省礼俗相同。

附表 4.1　台湾地区民间送礼禁忌

禁用手巾赠人	按台湾地区民俗，丧事办完，送手巾给吊丧者留念，意为让吊丧者与死者断绝来往。所以台湾地区俗语有"送巾断根"或"送巾离根"之说。因此，非丧事不宜赠手巾
禁用扇子赠人	扇子用于夏季扇凉，一到深秋，再无利用价值，可狠心抛弃；俗语有"送扇，无相见"之说（泉州话"扇"和"见"借音），因此，扇子不可当作礼物送人
禁用雨伞赠人	闽南语中"伞"与"散"同音，"雨"与"互"同音，因此"雨伞"与"互散"同音；拿伞送人，难免会引起对方的误解
禁用刀剪赠人	刀剪是伤人的利器，含有"一刀两断"之意。以刀剪赠人，会让获赠者有威胁之感
禁用粽子送人	居丧习惯既不蒸甜果，也不包粽子；如果赠粽子给别人，会被误解为把对方当作丧家，所以忌讳
禁用鸭子赠坐月子的人	台湾女性坐月子通常吃麻油鸡、猪肝、猪腰子等热性食物；鸭子属凉性食物，而且台湾地区民间还有"七月半的鸭仔——不知死期"等谚语；若以鸭子赠给坐月子的人，易使对方认为是不祥之兆
禁用甜果赠人	民间逢年过节，常以甜果为祭祖之物。若以甜果赠人，会使对方有不祥之感

六、我国香港地区的禁忌

商务人员与香港同胞进行商务往来时，应了解他们的一些禁忌（见附表 4.2），这些禁忌中不少和广东省礼俗相同。

附表 4.2　香港人的禁忌

看望病人的禁忌	看望病人忌送剑兰和扶桑，因为"扶桑"和"服丧"谐音，"剑兰"与"见难"谐音
赠送商人花卉禁忌	茉莉花与梅花千万不要送给商人，因为"茉莉"与"没利"谐音，梅和倒霉的"霉"谐音
称呼禁忌	中老年妇女忌称"伯母"，因为"伯母"与"百无"谐音。夫妻向香港人介绍称"先生"或"太太"，勿称"爱人"，在香港，"爱人"有"第三者"的意思
过节的禁忌	在内地，"元旦""春节"都说"新年快乐""春节快乐"，而在香港就不行。因为"快乐"和"快落"谐音，被认为不吉利
饮食业的禁忌	香港饮食业的雇员在店内不能看书，因为"书"与"输"谐音；香港人开的餐馆最忌第一个光顾的人点"炒饭"，因为"炒"字在香港是"解雇"的意思，开灶就炒，是不吉利的

称谓集萃

一、传统称呼称谓

父母——高堂、双亲
夫妻——伉俪、佳偶
丈夫——良人
岳父——泰山
夫称妻——内室、内人、拙荆、荆妇、荆妻、山荆
他人父母——令尊、令堂
妻称夫——夫婿、郎君、夫君、外子
他人兄妹——令兄、令妹
他人儿女——令郎、令爱（媛）
初婚夫妻——结发、原（元）配
后娶妻——续弦、续室
干爹——义父
父逝后——先父、先严、先考
母逝后——先母、先慈
自称父母——家父、家严、家母、家慈
夫死称妻——寡、孀
自称兄妹——家兄、舍妹
妻死——亡妻
兄弟——昆仲、唐（棠）棣、手足
妹死——亡妹
老师——恩师、夫子
学生——门生、受业
同学——同窗
妃——帝王的妾或太子、王、侯的妻
姬——妾
妇女——巾帼
男子——须眉
妇——已婚女子、女性通称
媒人——月老、冰人
女婿——东床
结婚——花烛
孥——妻儿统称
妾——妻外另娶之女
您——足下
鄙人——我
称他人家——府上、尊府
称自己家——寒舍、舍下、草堂
士——男子
妮——女性代称
倩——古为男子的美称
婢——受役使的女子
嫜——丈夫的父亲
嫡——正妻所生之子、女
娥、媛——美女

二、古代年龄称谓

1. 源自容颜的称谓

朱颜——红润美好的容颜，有时指美女或少年；童颜——儿童的容颜，红润如儿童的容颜；鲐背——背上生斑如鲐鱼之纹，是高寿的象征，泛指长寿老人，鲐背之年是九十岁的别称。

2. 源自鬓发的称谓

儿童——垂髫。古代儿童（三四岁至七八岁）未成年时不戴帽子，头发下垂，因此"垂髫"代指儿童。

少年——总角。古人不剪发，孩子（八九岁至十三四岁）的头发长了，就将头发分作左右两半，在头顶各扎成一个髻，形如两个羊角，故称"总角"。

女童——留头。古时女孩子幼年剃发，年龄稍长，先蓄顶心头发，再蓄全部头发，全部蓄发叫"留头"。

老年——皓首，又称"白首"。

老人——黄发。老年人头发由白转黄，旧时是长寿的象征，后黄发常用于指老人。

3. 源自装饰的称谓

女子 15 岁——及笄。古代女子满 15 岁结发，用笄贯之，因称女子满 15 岁为及笄，也指已到了结婚的年龄，如"年已及笄"。

男子 20 岁——弱冠。古时男子 20 岁行成年礼，束发戴冠，表示已经成年，故 20 岁称"冠年"；因为还没达到壮年，故称"弱冠"。

4. 源自典故的称谓

十三四岁的少年女子——豆蔻。唐朝杜牧有诗："娉娉袅袅十三余，豆蔻梢头二月初。"

女子十六岁——破瓜。古代文人把"瓜"字拆分为二，成为两个"八"字，后来有女子十六岁为"破瓜之年"一说。

三十岁——而立。孔子《论语·为政》："吾十有五而志于学，三十而立。"

四十岁——不惑；五十岁——知命；六十岁——花甲。子曰："四十而不惑，五十而知天命"。花甲即一甲子，每一干支代表一年，六十年为一循环；因干支名号错综参互，故称花甲子；后称年满六十为花甲。

六十岁——耆。"耆宿"指社会上有名望的老年人。

七十岁——古稀。唐杜甫有诗曰："人生七十古来稀。"

八十岁——耋。

八十至九十岁——耄耋。耄耋之年，泛指老年人。

一百岁——期颐。

5. 民间流行称谓

婴儿出生三日——汤饼之期	小儿周岁——初度	儿童七岁——龆龀
儿童九岁——指数之年	儿童十岁——幼学之年	男孩十三岁——舞勺之年
结婚之年——有室之年	三十岁——而立之年	五十岁——杖家之年
六十岁——杖乡之年	七十岁——杖国之年	八十岁——杖朝之年

三、婚龄称谓

一周年——纸婚	七周年——手婚	十三周年——花边婚	三十五周年——珊瑚婚
二周年——棉婚	八周年——古铜婚	十四周年——象牙婚	四十周年——红宝石婚
三周年——皮婚	九周年——陶器婚	十五周年——水晶婚	四十五周年——蓝宝石婚
四周年——花果婚	十周年——锡婚	二十周年——瓷婚	五十周年——金婚
五周年——木婚	十一周年——钢婚	二十五周年——银婚	五十五周年——绿宝石婚
六周年——糖婚	十二周年——丝婚	三十周年——珍珠婚	六十周年——钻石婚

花卉知识

一、花色象征

红色：象征热烈、热情、活泼、兴奋、健康和希望

黄色：象征崇高、辉煌、高贵、明朗、欢乐和光明

橙色：象征明亮、喜悦、华美、活泼和温暖

绿色：象征生命、青春、希望、新生、健康和活力

紫色：象征高贵、典雅、忧郁和冷艳

蓝色：象征温柔、轻松、宁静、安定、幽远和不朽

白色：象征纯洁、神圣、真诚和坦率

黑色：象征庄严、朴素、神秘、寂静和沉稳

二、数量寓意

1 朵——你是我的唯一

3 朵——我爱你，请原谅我

5 朵——无怨无悔，由衷欣赏

7 朵——喜相逢，我偷偷地爱着你

9 朵——长长久久，长相厮守，相爱到永远

11 朵——一心一意，最美

13 朵——暗恋的人，友谊长存

16 朵——成长的喜悦，多变不安的爱情

19 朵——一生守候，忍耐与期待

21 朵——你是我的最爱

24 朵——思念，我好想你

26 朵——旧爱新欢

32 朵——告诉你，我不会三心二意

36 朵——我心属于你

50 朵——这是无悔的爱

57 朵——吾爱吾妻

77 朵——有缘相逢，嫁给我吧

88 朵——用心弥补一切的错

100 朵——百分之百的爱，白头偕老，百年好合

2 朵——你浓我浓

4 朵——山盟海誓，相爱长久，至死不渝

6 朵——祝你一切顺利，互敬、互爱、互谅

8 朵——弥补，请原谅我，感谢你的关怀

10 朵——十全十美，完美的你

12 朵——心心相印

15 朵——守住你的人，对你感到歉意

17 朵——好聚好散，让爱结束吧

20 朵——两心相悦，矢志不渝

22 朵——双双对对，生生世世，祝你好运

25 朵——没有猜忌，祝你幸福

30 朵——不需言语的爱

33 朵——爱你三生三世

44 朵——亘古不变的誓言

56 朵——吾爱

66 朵——情场顺利，真爱不变

80 朵——让我尽一切地弥补你

99 朵——天长地久，长相厮守

101 朵——你是我的唯一，唯一的爱

108 朵——求婚，嫁给我吧　　　　　　111 朵——无尽的爱

123 朵——爱情自由　　　　　　　　　144 朵——爱你生生世世

365 朵——天天爱你　　　　　　　　　999 朵——天长地久，亘古不变

1001 朵——忠贞的爱，永恒的爱，直到永远

三、常见花卉别称

牡丹——花中之王　　　　芍药——花中之相　　　　荷花——花中君子

菊花——花中隐士　　　　杜鹃——花中西施　　　　月季——花中皇后

松、竹、梅——岁寒三友　　　月季、玫瑰、蔷薇——蔷薇三姊妹

杜鹃、报春、龙胆——三大高山花卉

西府海棠、垂丝海棠、木瓜海棠、贴梗海棠——海棠四品

玉兰、海棠、牡丹、桂花、翠竹、芭蕉、梅花、兰花——庭园名花八品

四、我国花语

兰花——正气　　　　芍药——离别　　　　萱草——勿忘　　　白桑——智慧

茶花——可爱谦让　　红玫瑰——爱情　　　牡丹花——富贵　　秋海棠——苦恋

野丁香——谦逊　　　木棉花——英雄　　　紫藤花——热情　　白百合花——纯洁

蓝紫罗兰——诚实　　梅花——坚强、刚毅　蜡梅——无畏、高洁　水仙花——吉祥如意

水仙——想你、纯洁　荷花——高洁、纯真　向日葵——光明、自由

五、欧美花语

红菊——我爱　　　　玫瑰——爱情　　　　白菊——真实　　　橄榄——和平

豆蔻——离别　　　　桂花——光荣　　　　樱花——青春　　　杏花——疑惑

垂柳——悲哀　　　　石竹——拒绝　　　　凌霄——母爱　　　水仙——尊敬

薄荷——有德　　　　丁香——爱慕　　　　墨菊——追念　　　柠檬——挚爱

白桦树——独立　　　杜鹃花——节制　　　野葡萄——慈善　　紫丁香——初恋

白丁香——念我　　　鸡冠花——爱情　　　白茶花——真美　　刺玫瑰——优美

紫玫瑰——忠诚　　　黑桑——生死与共　　洋绣球——自私

铃兰——祝福、渴望　剑兰——用心执着　　仙客来——无言的忍耐

大丽花——感谢、优美　　　　　　　　　　红茶花——天生丽质

四叶丁香——属于我　　　　　　　　　　　红郁金香——宣布爱恋

紫郁金香——无尽的爱　　　　　　　　　　黄郁金香——珍重财富

粉郁金香——美人热爱　　　　　　　　　　八仙花——多姿多彩

白郁金香——纯洁健康　　　　　　　　　　红玫瑰——热情、爱慕

白玫瑰——纯洁、高贵　　　　　　　　　　黄玫瑰——希望、道歉

满天星——祝福、思念　　　　　　　　　　康乃馨——爱慕、关怀

红康乃馨——信你的爱　　　　　　　　　　紫康乃馨——真诚勇敢

白康乃馨——吾爱永在　　　　　　　　　　波斯菊——野性之美

粉康乃馨——年轻美丽　　　　　　　　　　非洲菊——优雅、怀念

白头翁——坚韧、追随　　　　　　　　　　勿忘我——深情的等待

小苍兰——浓情、幸福　　　　　　千日红——不变的恋情

尤加利——美好的回忆　　　　　　铃兰——祝福、渴望

天堂鸟——潇洒、多情　　　　　　黄康乃馨——轻蔑

六、授花对象

父母——剑兰花、康乃馨、百合花、菊花、满天星，祝福父母百年好合。

夫妻——合欢花、百合花、并蒂莲、红掌。合欢花的叶子两两相对合抱，是夫妻好合的象征。百合花、并蒂莲和红掌寓"爱情之树常青""恩爱相印如初""百年幸福长存"。

新婚——百合、玫瑰、牡丹、月季等。送新婚夫妇玫瑰或百合花，表示新婚快乐；送并蒂莲表示夫妻恩爱，白头偕老；送月季，表示爱情永远不衰；送牡丹，表示家庭幸福。

视野拓展
各国国花
上　　下

情人——玫瑰花、蔷薇花或丁香花。送恋人玫瑰花，表示求爱；送蔷薇花，表示热恋；送丁香花，象征对爱情坚贞不渝。

乔迁——剑兰、玫瑰、盆栽、盆景，以此表示隆重之意。

迎友——紫藤、月季、马蹄莲组成花束表示热情好客。

送别——万年青、芍药花、满天星等，送别亲友万年青，表示友谊长存；赠一束芍药花，表示依依惜别之情；与师长告别送满天星，寓意纯真和幸运。

附录 7

礼仪趣味知识

一、寿品寓意

南山——"寿比南山"是家喻户晓的一句祝词。典故出自《诗经·小雅》:"降尔遐福,维日不足……,如南山之寿,不骞不崩。"朱熹注释说:这是臣子在宴会上祝福君王所唱的歌。这里人们以高山的永恒久远来寄寓对寿命长久的美好追求。

桃——民间传说,桃能驱鬼避邪,桃又象征长寿,所以祝寿要有寿桃,如没有鲜桃可用面粉做桃代替。

酒——"酒"与"久"谐音,象征长久,向寿星祝酒是寿宴必有之项。

龟——"千年老鳖万年龟",用龟象征长寿当之无愧。

松——人称"万年松",具有顽强的生命力,所以老人被称为"不老松"。

柏——高大挺拔,常青不败落,树龄长,因此它被誉为"长寿之木"。

椿——古代人们以"灵椿""椿年""椿龄""椿寿"来指父寿或遍指男寿,椿字是祝男寿对联常用字。

萱——古代礼制,母亲一般居北堂,而萱草又常种在北堂之畔,所以后世以萱堂指代母亲的居室或作为母亲的代称。萱字是祝女寿对联常用字。

二、城市别号

我国部分城市别号见附表 7.1。

附表 7.1　部分城市别号

省　份	城　市	别　号	省　份	城　市	别　号	省　份	城　市	别　号
四川	成都	蓉城、锦城	辽宁	抚顺	煤都	福建	泉州	刺桐城
	雅安	雨城		鞍山	钢都		福州	榕城
	自贡	盐都	江西	景德镇	瓷都	内蒙古	呼和浩特	青城
	泸州	酒城		南昌	英雄城		包头	草原钢城
重庆	重庆	山城	吉林	长春	汽车城	云南	个旧	锡都
甘肃	玉门	油城		吉林	化学城		昆明	春城
	金昌	镍都	江苏	南京	石头城	山西	太原	龙城
	兰州	瓜果城		苏州	水城		临汾	花果城
黑龙江	哈尔滨	冰城	浙江	杭州	花园城	西藏	拉萨	日光城
广东	广州	羊城、花城	河南	洛阳	牡丹城	山东	济南	泉城
宁夏	石嘴山	塞上煤城	陕西	咸阳	纺织城	湖北	武汉	江城

三、交友雅称

君子交——道义之交，即在道义上相互支持的朋友。"君子之交淡如水"指君子之交不讲功利，而注重友谊。

忘年交——打破年龄、辈分差异而结为朋友，指一老一少年龄差异很大而建立友谊。

忘形交——不拘形迹的缺欠或丑陋而结成不分你我的朋友。

莫逆交——彼此心心相通、无所违逆的朋友。

刎颈交——友谊深挚，不惜以同生死共患难的朋友。

贫贱交——穷困潦倒时结交的朋友。

至交——友谊至深的朋友。

世交——指两家长辈有世代交情，结下了深厚情谊而成为的朋友。

故交——过去曾经有过交往而成为的朋友。

布衣交——两人都是老百姓，彼此没有做官而结交成的朋友。

患难之交——历经磨难而成为的朋友。

一面之交——仅仅一次见面相识，双方了解很少的朋友。

市道交——古代人做生意时结交的朋友，后代又称其为小人之交。

总角之交——从小结交的朋友。

金兰之好——如同胞兄弟姐妹一样的朋友。

诤友——直言不讳、坦诚相待、开诚布公、无话不谈的朋友。

主要参考文献

[1] 卜松林，夏欣欣，2007. 趣味社交[M]. 上海：上海古籍出版社.

[2] 郭文臣，蔡小慎，刘海燕，等，1998. 交际与公关礼仪[M]. 大连：大连理工大学出版社.

[3] 胡晓明，肖春晔，2011. 艺术管理[M]. 广州：中山大学出版社.

[4] 黄庆杰，吴琼，2002. 成功者礼仪全书[M]. 北京：中国华侨出版社.

[5] 贾浓铀，2010. 知书达理·礼仪礼节全知道[M]. 天津：天津古籍出版社.

[6] 金正昆，2016. 社交礼仪教程[M]. 5版. 北京：中国人民大学出版社.

[7] 靳斓，2018. 服务礼仪与服务技巧[M]. 3版. 北京：中国经济出版社.

[8] 靳斓，2018. 商务礼仪与形象魅力[M]. 4版. 北京：中国经济出版社.

[9] 马飞，2013. 现代商务礼仪规范手册[M]. 北京：金城出版社.

[10] 穆清，2012. 二十几岁要懂的商务礼仪[M]. 北京：经济管理出版社.

[11] 王玉苓，2018. 商务礼仪[M]. 2版. 北京：人民邮电出版社.

[12] 谢大京，一丁，2007. 演艺业管理与运作[M]. 上海：上海音乐出版社.

[13] 许湘岳，蒋璟萍，费秋萍，2016. 礼仪训练教程[M]. 北京：人民出版社.

[14] 严考亮，杨遵贤，2000. 最新实用礼仪全书[M]. 上海：上海远东出版社.

[15] 杨眉，何浩然，2016. 现代商务礼仪[M]. 5版. 大连：东北财经大学出版社.

[16] 杨友苏，石达平，2005. 品礼：中外礼仪故事选评[M]. 上海：学林出版社.

[17] 张百章，何伟祥，2005. 公关礼仪[M]. 大连：东北财经大学出版社.

[18] 张国斌，2009. 外交官说礼仪[M]. 北京：华文出版社.

[19] 张国斌，2012. 礼赢天下[M]. 北京：中国纺织出版社.

[20] 张萌，2019. 从受欢迎到被需要[M]. 北京：文化发展出版社.

[21] 张守刚，2016. 商务沟通与谈判[M]. 2版. 北京：人民邮电出版社.

[22] 周思敏，2012. 你的礼仪价值百万[M]. 北京：中国纺织出版社.

[23] 周裕新，2004. 公关礼仪艺术[M]. 上海：同济大学出版社.

更新勘误表和配套资料索取示意图

说明1：本书配套资料完成后会上传至人邮教育社区（www.ryjiaoyu.com）本书页面内。注册后即可下载学习参考资料；本书配套教学资料的下载受教师身份、下载权限限制，教师身份、下载权限需网站后台审批，参见以下示意图。

说明2："用书教师"，是指学生订购了本书的授课教师。

说明3：本书配套教学资料将不定期更新、完善，新资料会随时上传至人邮教育社区本书页面内。

更新勘误及意见建议记录表

说明4：扫描二维码可查看本书现有"更新勘误记录表""意见建议记录表"。如发现本书或配套资料中有需要更新、完善之处，望及时反馈，我们将尽快处理。

咨询邮箱：13051901888@163.com

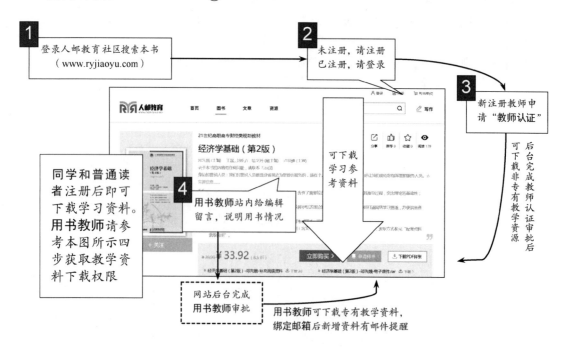